現代文化を学ぶ人のために

井上　俊　編

世界思想社

I　現代文化のとらえ方

第1章　現代文化のとらえ方……井上　俊　2
——都市・消費・情報——
1　「みせもの」の文化　2
2　「みせかけ」の文化　7
3　リアリティの変容　13

第2章　都市文化としての現代文化……吉見俊哉　21
1　都市文化としての現代文化　21
2　大都会の誕生と都市文学の視点　24
3　考現学と大東京のモダン生活　28
4　都市的関係のなかの都市文化　33
5　街頭文化のエスノグラフィー　38

第3章　消費文化としての現代文化……池井　望　45
1　工業社会と消費　45
2　ポスト工業社会と消費　51

3　消費社会論・その後　58

第4章　国際化と文化摩擦……………………今津孝次郎　66

1　文化摩擦　66

2　日本の国際化と「単一民族」観　71

3　異文化接触　76

Ⅱ　シンボルの世界

第5章　映像化社会の成立と映画の変容……………長谷正人　86

1　遊びとしての映画　87

2　映像化社会　93

3　映像化社会における「遊び」としての映画　100

第6章　漂流する言葉……………………木股知史　105

——ハイパーメディア時代の文学——

1　文学と言語理論　105

2　物語の構造　110

3　メディアとしての文学　114

第7章　ジャーナリズムのまなざし……永井良和　123
――客観報道と好奇心――
1　犯罪報道　123
2　実名報道と匿名報道　128
3　匿名性とジャーナリズム　134

第8章　ポピュラー音楽へのアプローチ……小川博司　144
――〈SAY YES〉をめぐって――
1　歌詞分析―見田宗介の方法　145
2　歌詞分析の限界　149
3　現代的ヒットの構造　155
4　ポピュラー音楽研究の課題　159

第9章　豊かな時代の宗教ブーム……芦田徹郎　167
1　宗教ブーム　167
2　剥奪理論と豊かな社会　171
3　〈霊＝術〉系新宗教と表出主義　176

4 宗教ブームの聖-俗-遊 180

Ⅲ 日常の文化

第10章 テレコム文化の現在形
――電話をめぐる情報環境―― …… 岡田朋之 188
1 電話からテレコミュニケーションへ 188
2 電話コミュニケーションをめぐる文化 193
3 伝言ダイヤル――テレコム文化のアヴァンギャルド 197
4 テレコム文化の可能性 204

第11章 旅行文化の発展
――人類史的視点から―― …… 高田公理 209
1 人間――旅行をする動物 209
2 旅行の文化史 214
3 現代社会と旅行 219
4 旅行の周辺とその将来 224

第12章　「私らしさ」の神話……河原和枝　234
——ファッションという制度——
1　ファッション革命　234
2　ファッショナブル・ライフ　240
3　キャリアウーマンの選択　245
4　制度としてのファッション　249

第13章　スポーツと日常生活にみる滑走感覚……亀山佳明　255
1　スポーツと身体　255
2　滑る身体の生きられた経験　260
3　日常生活のなかの滑走感覚　269

第14章　文化としての現代医療……黒田浩一郎　279
1　医療と文化　279
2　しろうとの世界／専門職の世界——既存研究の概観　282
3　現代医療の文化　291
4　文化と社会　296

第15章　愛・性・結婚……牟田和恵　302
——男と女をめぐる文化——
1　恋愛の海に泳ぐ若者たち　303
2　恋愛と結婚の微妙な関係　308
3　愛と性のファンタジー　314

★見開きエッセイ
ユーロ・ディズニーランド〔富永茂樹〕64
社会学者の文化論〔井上章一〕142
「勉強」の系譜〔竹内洋〕232
階級文化の不在〔大村英昭〕300

現代文化を学ぶ人のためのキーワード……319

I 現代文化のとらえ方

第1章　現代文化のとらえ方
——都市・消費・情報——

井上　俊

1　「みせもの」の文化

劇場のメタファー

現代文化は、都市文化であり、消費文化であり、情報文化である。もちろん、ほかの特徴をあげることもできるが、現代文化を大きな枠でとらえようとするなら、少なくとも都市、消費、情報という三つの要因に注目する必要がある——というのが本書の出発点である。もし、もう一つ要因をつけ加えるとしたら、いわゆる「国際化」であろうか（本書第**4**章参照）。現代文化は、国際文化、グローバル文化でもある。

本書では、都市の問題は主として第**2**章で、消費の問題は主として第**3**章で、情報の問題は第**7**章、第**10**章などで論じられる。しかし、ほかの章でもこれらの要因には十分な注意が払われており、むしろそのことが本書全体に共通する基本視点となっているともいえる。

現代文化が都市文化としての性質を強くもっていることは、誰の目にも明らかであろう。もちろん都市そのものの歴史は古いが、ある社会の大多数の人びとが都市に住み、そこを生活の場にするというのは、比較的新しい現象である。産業化の進展にともなって、西欧では二〇世紀に入る頃から、多くの社会で都市人口が総人口の半数を上まわるようになった。日本では大正期から急速な都市の発展がみられるが、都市人口が過半数を超えるのは、第二次大戦後一〇年ほどしてからのことである。

こうした動向は一般に「都市化」(アーバニゼーション)と呼ばれる社会過程の進展を示している。しかし都市化とは、都市人口の増大だけを指すのではない。都市社会学の古典といわれるルイス・ワースの論文「生活様式としてのアーバニズム」(一九三八年)にすでにみられるように、都市化の概念には、都市的な生活様式の発展と普及ということが含まれている。ここでいう「生活様式」とは、人びとの特徴的な行為の仕方、生活の流儀、価値観などの複合体、つまりは社会学や文化人類学でいう「文化」のことである。そしてこの都市的生活様式は、もちろん都市を基盤として形成されるのだが、しだいに非都市地域にも及んでいく。この意味で都市文化は、単に都市地域の文化ではない。むしろ、現代文化全体が都市文化なのである。

「都市は芸術を育てるが、同時に都市そのものが芸術である。都市は劇場をつくるが、同時に都市そのものが劇場である」というルイス・マンフォードの言葉にもみられるように、都市はしばしば劇場にたとえられる。この劇場のメタファーには、相互に関連してはいるが区別される二つの意味が含まれている。すなわち、「みせもの」と「みせかけ」である。劇場は人びとに楽しい「みせもの」を提供する場所であるが、同時に、そこで提供されるのは演出と演技によってつくられた「模擬」の遊び(R・カイヨワ)であり、その意味で「みせかけ」のものだからである。「都市は劇場である」とか「劇場としての都市」といったフレーズが用いられるとき、そこにはしばしば、都市文化（ひいては現代文化全体）が「みせもの」の文化であり、また「みせかけ」の文化であるという含意がある。

博覧会と百貨店

都市文化のもつ「みせもの」文化としての側面をよく示しているものに、たとえば博覧会がある。近代文明の製品や技術を展示して産業の発展に役立てようとする博覧会の試みは、一八世紀から欧米諸国で盛んになるが、国際的規模での博覧会のはじまりは、一八五一年にロンドンで開かれた万国博覧会である。ハイド・パークに鉄骨とガラスで建てられた巨大なドーム「水晶宮」を中心とするこの博覧会は、一四一日間に、のべ六〇〇万を超える人びとを動員して大成功を収め、その後、パリ（一八五五年、六七年）、ウィーン（一八七三年）、フィラデルフィア（一八七六年）等、万国博覧会の開催が相次ぐことになる（吉田光邦『万国博覧会』日本放送出版協会、改訂版一九八五年）。

博覧会は、工業文明の発達、都市の発展、商品経済の浸透を象徴するものであると同時に、それらを促進するものでもあった。ヴァルター・ベンヤミンがいうように、「万国博覧会は商品という物神《フェティシュ》の霊場」であり、「大衆が交換価値への感情移入を学ばされる上級学校」としての意味をもっていた。

万国博への日本の参加は、駐日イギリス公使ラザフォード・オルコックが一八六二年の第二回ロンドン万博に日本の工芸品を送ったことにはじまる。六七年のパリ万博には、幕府、薩摩藩、佐賀藩が個別に参加した。日本政府としての参加は七三年のウィーン博が最初である。このウィーン博への参加準備をかねて一八七二年（明治五年）に文部省博物局主催の湯島聖堂博覧会が開かれ、これがのちに内務省主催の内国勧業博覧会に発展する。第一回の内国勧業博覧会は一八七七年（明治一〇年）八月から一一月まで上野公園で開催され、のべ入場者は四五万人を超えたという。この種の博覧会は、いわば「文明開化」「殖産興業」の装置としての役割を与えられ、そして実際にそういう機能を果たしたのだが、同時に、多くの入場者にとって、それは楽しいスペクタクルでもあり、またさまざまのドラマをはらむ社交と遊びの場でもあったはずである。

博覧会をいわば「商店化」すると百貨店が生まれる。欧米諸国におけるデパートの誕生が、万国博覧会がはじまり発展していく時期と重なっているのは決して偶然ではない。一九世紀の半ばすぎから、まずパリのボン・マルシェ、次いでニューヨークのメイシーズ、フィラデルフィアのワナメーカーズ、ロンドンのホワイトリー、ベルリンのヴェルトハイムなど、次々と本格的なデパートが誕生し、発展するが、それらはいずれも、建物の構造や空間の構成、ディスプレイの技術などにおいて、博覧会から大きな影響を受け、多くを学んでいる。

消費文化の形成

デパートの発展の背景には、生産技術が発達して大量生産方式が可能になったという状況があり、また都市の中流階級が消費の主体として（つまり有力なマーケットとして）成長してきたという事情もある。デパートは、この中流階級の、とくに女性たちを相手に、個々の商品というよりはむしろ商品の複合体としてのライフスタイルを売り込むことによって成功した。工夫を凝らして展示されているさまざまの商品は、総体として、中流階級のあるべきライフスタイル、あるいは望ましいライフスタイルを示しており、そのライフスタイルを調えることによってはじめて、中流階級としてのアイデンティティが確認される。今や、階級的アイデンティティは、生産機構のなかでの位置にというより、むしろ消費のスタイルに依存するようになった。そしてデパート側は、モデルとなるライフスタイルを絶えず新しいものへ、しかも一段上のもの（少なくとも、そうみえるもの）へと更新していくことによって、人びとの消費欲求を誘導し拡大していった。

デパートには、いつもたくさんの人が集まり、デパート側の演出やイベント企画などもあって、博覧会ふうの祝祭的、スペクタクル的な雰囲気が漂っていた。個々の商品よりも、この雰囲気が、人びとをひきつける大きな力であった。鹿島茂が、ボン・マルシェとその創設者アリスティッド・ブシコーについて述べているように、「消費者が、とくに何を買うという目的がなくても、無料のスペクタクルを見物するような軽い気持ちで〈ボン・マルシェ〉にやってくること」が重要なのだ。しかしもちろん、いったんやってくれれば、無料ではすまない。デパートという「スペクタクル空間」は、同時に、巧みに計算された「欲望喚起装置」でもあるのだから（鹿島茂『デパートを発明した夫婦』講談社現代新書、一九九一年）。

一八七〇年の一二月、著名なフェミニストであり慈善家でもあったエリザベス・フェルプス夫人がメイシーズで万引きのためにつかまり、当時のジャーナリズムにセンセーショナルな話題を提供した。これは、一九世紀後半のアメリカのデパートにおける万引きの歴史を扱いながら階級とジェンダーの問題に光を当てたエレイン・エイベルソンの研究のなかで報告されている事件だが、エイベルソンによると、世論もジャーナリズムの反応もメイシーズ側にきわめて不利であった。つまり、フェルプス夫人のようなレディが万引きをするはずはないので、何かの間違いにちがいない、というのである。しかしその後も、この種の立派なレディによる万引き事件はあとを絶たないどころか、「欲望喚起装置」の発展につれて、アメリカでもフランスでもイギリスでも、ますます増えてきたので、中流階級（およびその利害を反映する世論やジャーナリズム）にとっても、またデパート側にとっても、たいへん困ったことになってきた。そこで一種の社会的調整として、「窃盗症」（クレプトマニア）という病気が発明されることになった。中流階級のレディによる万引きは「病気」であって、下層階級の「犯罪」としての万引きとは別であり、したがって当然その処遇もちがってくるというわけである（E・S・エイベルソン『淑女が盗みにはしるとき――ヴィクトリア朝期アメリカのデパートと中流階級の万引き犯』椎名美智・吉田俊美訳、国文社、一九九二年）。

エイベルソンはまた、アメリカのデパートは「消費の文化」（culture of consumption）の中枢に位置し、いわゆる大衆消費社会の形成における「最も有力な制度」であったと述べているが、これは別にアメリカにかぎったことではない。日本においても、いくぶん時期は遅れるが、明治三七年（一九〇四年）にまず三越、次いで明治四〇年頃から白木屋、大丸、高島屋、松坂屋などが近代的なデパートとしての歩みをはじめ、都市の中流階級を担い手とする消費文化の形成に中心的な役割を果たしていくことになる。

2　「みせかけ」の文化

情報化の進展

現代文化は「みせかけ」の文化でもある。たとえばデパートという「スペクタクル空間」は、消費者の欲望をかきたてるためのさまざまな戦略や演出を含む舞台でもあるから、明らかに「みせかけ」としての側面をもそなえている。そして現代の消費文化のなかでの購買行動は、必ずしも生活に必要だから買うというのではなく、むしろ階層感覚を確認するために、あるいは流行に遅れないために、あるいはまた隣人に遅れをとらず、あわよくばいくらか差をつけるために、といった「差異への欲望」（J・ボードリヤール）に動かされており、ここにも「みせかけ」の要素が認められる。

「みせかけ」の文化は、情報化の過程とも深く関連している。一九七三年にダニエル・ベルが『脱《ポスト》工業社会の到来』を公刊し、二年後にその日本語訳（内田忠夫他訳、上下、ダイヤモンド社）が出版された頃から、「脱工業社会」あるいは「情報化社会」ということが盛んにいわれるようになり、「財からサービスへ」「モノから情報へ」という変化の過程が強調されるようになった。それは、たとえば産業構造の変化（第二次産業に対する第三次産業の優位）のなかにもあらわれていたし、またブランド商品やキャラクター商品の人気のなかにも示されていた。一般に、商品の性能や機能よりもむしろ色やデザイン、中身よりも容器、といった具合に、情報的な付加価値が売れ行きを左右する傾向が強まってきた。

商品の情報価値は、売る側に利益をもたらすだけではない。消費者の側も、商品の情報価値を利用して、自分自身にある種の付加価値を与えようとする（きょうはアルマーニのセーターにレノマの靴で出かけようか、それとも……）。別に高価なブランド商品にかぎらない。あらゆる商品が、その使用者の社会的背景やライフスタイルを示す情報として用いられる。ビールの銘柄などにしても、村上春樹によると、たとえばプリンストン大学関係者のあいだでは、ハイネケン、ギネス、ベックあたりを好むのが適切で、バドワイザー、ミラー、シュリッツなどは不適当という、暗黙の、しかしかなり明確な規準があるという。「要するにバドとかミラーといったようなテレビでばんばん広告をうっているようなビールは、主として労働者階級向けのものであって、大学人、学究の徒というのはもっとクラッシーでインタレクチュアルなビールを飲まなくてはならないのだ」（村上春樹「大学村スノビズムの興亡」『本』講談社、一九九二年九月号）。

この種のスノビズムを含めて、私たちは、さまざまの商品をとおして自分自身を演出し、望ましい自分のイメージをアピールしようとする。これはいわば自己の情報化ということであり、のちに論じられるファッションの領域などに関係の深いテーマといえるが（本書第**12**章）、この同じ自己情報化の問題を、対人関係やコミュニケーションという社会心理学の基本的な文脈でとりあげたのがアーヴィング・ゴフマンである。ゴフマンの社会心理学は、みずから断わっているように、二〇世紀中葉以降のアメリカの都市の中流階級の人びとの日常的行動についての観察と調査をもとにして組み立てられている。

自己の情報化

社会的な相互作用状況のなかで他者を前にして行為するとき、私たちの行為は多かれ少なかれ演技の性格をおびる。俳優が舞台で役を演じるように、私たちも、ある状況のなかで何らかの役を演じ、そこに「理想化された自己」や「偽りの自己」を投射する。つまり私たちは、状況を舞台とし、その状況に含まれる他者をオーディエンスとするパフォーマーであり、そのパフォーマンスをとおして、自分が他者に与える印象を統制し操作しようとする「印象の演出者」である。しかしこのことはオーディエンスにもよくわかっているので、オーディエンスは多くの場合パフォーマーの自己呈示を額面どおりに受け入れることに慎重であり、パフォーマーが意図的に発している情報の妥当性を、パフォーマーが何気なく漏洩してしまう情報によってチェックしようとする。だがさらに、今度はパフォーマーの側がこのチェックを利用して、「計算された何気なさ」（calculated unintentionality）を演出し、それを印象操作の有力な手段とすることもある。こうして、私たちの社会的相互作用は「一種の情報ゲーム」となる（E・ゴフマン『行為と演技――日常生活における自己呈示』石黒毅訳、誠信書房、一九七四年）。

このような自己情報化の展開は、どこの誰ともわからない未知の人びと《ストレンジャー》（あるいはそれに近い人びと）同士の接触交渉を必然化する都市化の進展を背景としている。都市化した状況のなかでこそ、さまざまの「みせかけ」が効果を発揮する。と同時にそれは、いわゆるパーソナリティ・マーケットの拡大をもたらす脱工業化の過程とも関連している。商品の売れ行きが性能や機能とは直接関係のない「みせかけ」要因にしばしば依存するように、私たちの人生や人間関係、昇進や恋愛の成否もまた、印象操作によってつくられる「みせかけ」のパーソナリティ・イメージに左右されるかのようだ。

もちろん、ゴフマンも強調しているように、こうした演技や「みせかけ」のすべてが利己的な動機や目的から生じるわけではない。たとえば、相手を傷つけないための演技やうそといったものもある。これをもう少し広くとらえて、ゴフマンは「相互作用儀礼」と呼んだ。それは、たとえば出会いや別れの際の挨拶の仕方から、一般にエチケットやマナーと呼ばれているもの、あるいは相手の失態に気づかないふりをする「思いやりある不注意」などにいたるまで、具体的にはさまざまの形をとってあらわれるが、ゴフマンによれば、その根本は、相手の体面を守り人格を傷つけないという原則に立つ儀礼的パフォーマンスであり、これによって私たちの社会的相互作用の秩序が保たれている。いいかえれば、私たちの社会生活は、この種の「みせかけ」の文化に支えられ、その上に成り立っているのである（E・ゴフマン『儀礼としての相互行為』広瀬英彦・安江孝司訳、法政大学出版局、一九八六年）。今日では、いわゆるマナーやエチケットの明確なパターンが崩れてきたため、私たちは以前よりもいっそう意識的な演技や演出によって、この儀礼的な「みせかけ」を保持していかねばならない。

計算された印象操作から相互作用儀礼までを含む「みせかけ」の文化のなかでは、正直で率直なふるまい、内心に忠実なふるまいは適合的でない。信念や良心を貫くことよりも、他人とうまく折り合っていくこと、他人から受け入れられ認められることを求めて、自分と他人の「みせかけ」に絶えず気を配るタイプ、つまりデイヴィット・リースマンのいう「他人指向型」こそが適合的なタイプとなる。

「演技する」大衆

よく知られているように、リースマンは、資本主義の高度化によって生産や仕事よりもむしろ消費や人間関係に重点が移ってくると、その社会の人びとの支配的な性格類型が、「内部指向型」から「他人指向型」へと変化すると論じた。パーソナリティの内部に植えつけられた信念や良心を行動の規準とする「内部指向型」に対して、「他人指向型」は周囲の他人やマス・メディア（つまり、同時代人の一般的な風潮や世論）を行動の指針とし、したがって「他者からの信号にたえず細心の注意を払う」（D・リースマン『孤独な群衆』加藤秀俊訳、みすず書房、一九六四年）。具体的には二〇世紀に入ってからのアメリカの大都市の上層中流階級をリースマンは念頭においているのだが、ここで彼が問題にしたのは、吉見俊哉が的確に指摘しているように、「孤独な」大衆というよりはむしろ「演技する」大衆の登場であった。そして、そのような種類の大衆が「日本でも顕著に登場しだすのは一九七〇年代後半あたりからのこと」である（吉見俊哉「リースマン『孤独な群衆』」杉山光信編『現代社会学の名著』中公新書、一九八九年）。

「演技する大衆」は「劇場としての都市」に似つかわしい。日本では、七〇年代の後半から八〇年代にかけて、都市空間の「劇場化」が急速に進んだといわれる。たとえば、明るいガラス張りの商店、レストラン、喫茶店などが増え、人びとは食事をしながら、あるいはコーヒーを飲みながら道ゆく人びとを眺め、逆に道ゆく人びとも店内の人びとを眺める。そこでは、あらゆるものが展示品としての性格をもつようになる。人間も例外ではない。こうして私たちは否応なしに、みる—みられるという関係のなかに組み込まれていくことになる。もちろん、マス・メディア、とくにテレビを中心としたオーディオ・ヴィジュアル・メディアの影響も大きい。それは、世界中の出来事を画面に呈示し、私たちをその観客とすることによって、世界を「劇場化」する。と同時に、たとえば視聴者参加番組や街頭取材番組などを通じて、人びとに自己情報化の機会やレディネスを与え、またその能力や技術を高めていく。

演技する大衆の「演技」は、かなり戦略的な自己イメージの操作から、「相互作用儀礼」のような社交的パフォーマンス、その場の雰囲気や期待への同調、あるいはちょっとした自己演出や自己顕示などにいたるまで、さまざまな形をとる。そして、そこにさまざまの「物語」をつくりだす。演技するということは、しばしば、そのもとになる筋書き、つまり「物語」をつくることを意味するからである。

自分を情報化し演出するということは、自分自身についての物語をつくり、それを上演するということだ。ある状況のなかで自分が果たすべき役割についての物語、自分と他者との関係についての物語、あるいは過去の出来事や自分のこれまでの人生についての物語――それらさまざまの物語がいわば台本となる。しかし、これらの物語とそれに基づく自己演出は、必ずしも単なる作り話、単なる「みせかけ」にとどまるものではない。もともと、人生における出来事や経験の意味といったものは、「物語」の形でメリハリをつけないと、うまく実感できないところがある。その意味で、物語は人間にとって「経験を秩序化し、リアリティを構成する」ための「基本的な形式」である（J. Bruner, *Actual Minds, Possible Worlds*, Harvard University Press, 1986）。とすれば、ここでの「みせかけ」と「現実」（リアリティ）との関係はきわめて微妙なものにならざるをえない。

ゴフマンふうの戦略的な自己呈示の問題を一六世紀という早い時期に論じたのはマキアヴェリであるが（『君主論』池田廉訳、中公文庫、一九七五年）、近代初期の思想家マキアヴェリが一定の戦略に基づいて自己のイメージを自在に操る確固たる主体を想定していたのに対して、現代のゴフマンの世界にはそれほど確固とした主体は登場しない。ランドル・コリンズがいうように、そこには「すべての操り人形の糸を一手に握っている人形使い」は存在しない（R・コリンズ『脱常識の社会学』井上俊・磯部卓三訳、岩波書店、一九九二年）。むしろ、人形使いが操り人形に、つまり主体（自我）がみずからつくりだす物語や演劇的パフォーマンスの効果に、依存しているのである。

3　リアリティの変容

物語としての人生

「人間はつねに物語の語り手であり、自分の作った物語と他人の作った物語とに取り囲まれて生活している。彼は日常のすべての経験を、これらの物語を通して見る。そして自分の生活を、他人に語るかのように、生活しようと努めるのだ」。J-P・サルトルの小説『嘔吐』の主人公ロカンタンは、このようにいう。私たちが出来事のただなかにあるときには、その出来事の意味はわからない。ただそれを生きるだけである。ロカンタンによれば、「それが生活するということだ」。しかし「人が生活を語るときには、すべてが変化する」。「最も平凡な出来事が、ひとつの冒険となるには、それを〈物語り〉はじめることが必要であり、それだけで十分である」（白井浩司訳、人文書院、一九五一年）。

しかし、せっかくの物語も、もし誰からも認めてもらえなければ、一種の幻想にとどまり、それを維持していくことはむずかしい。だから私たちは、自分について、あるいは自分の人生について、絶えず他者（とくに友人や家族）に語りかけ、自分の物語を批准してもらおうとする。もちろん、私たちは自分自身にも語りかけるが、その物語はたぶん他者向けの物語と同じではないだろう。しかし、これら二つのヴァージョンは決して無関係ではなく、絶えず相互に関連しあい、影響しあう。

他者向けのヴァージョンは、その他者が誰であるかによって、あるいはコミュニケーションの状況によって、さらに多様なヴァージョンに分化していく。私たちはまた、ロカンタンがいうように、「他人の作った物語」にも取り囲まれているが、これには大別して二種類のものがあろう。一つは、自分とは直接関係のない他人がつくった物語であり、もう一つは、直接に相互作用やコミュニケーションをもつ身近な他者たちがつくった物語である。前者は、たとえば神話や伝説、あるいはマス・メディアを通じて流布されるさまざまの物語など、私たちをとりまくシンボル世界のなかに文化の一部として存在している物語であって、私たちはそれらを自分自身の物語のモデルとして、あるいは素材（構成要素）として利用している。後者は、たとえば私たちの両親、兄弟姉妹、配偶者、友人、同僚らがそれぞれにつくり、私たちに向かって語る物語であって、そのコミュニケーション過程のなかで、私たち自身の物語と絡みあい、影響しあい、またときには、お互いの物語内容をめぐって、ある種の取引きや妥協がおこなわれたりもする。前者はいわば文化要素としての物語、後者はいわば相互作用要素としての物語である。

このように、私たちの自己と人生の物語は、複雑なコミュニケーション過程のなかで構築され伝達されていくのだが、その過程には、当然さまざまの「みせかけ」や自己欺瞞が忍びこみ、見分けがたく事実とブレンドされていく。この意味で、私たちの人生のリアリティは「みせかけ」を織りこんだ形で成り立っている。いうまでもないことだが、まず人生があって、人生の物語があるのではない。私たちは、自己および他者の人生を（あるいは、人生のなかの出来事の意味を）物語として理解し、構成し、自分自身と他者とにそれを語る――そのようにして構築され、語られる物語こそが私たちの人生にほかならないのである。

メディアの物語

人生が物語であるとすれば、世界もまた物語である。私たちの人生は、他者を含む世界のなかで展開する。現象学のむずかしい議論に頼るまでもなく、私たちは「人間は彼の世界なしには存在せず、彼の世界は彼なしには存在しえない」ことを知っている。私たちは「世界のなかでのみ、世界を通してのみ」、自分になりうるのであり、また自分であることができるのである（R・D・レイン『ひき裂かれた自己』阪本健二他訳、みすず書房、一九七一年）。もちろん、ここでいう「世界」とは、実在的な環境そのものではない。人間によって、ある仕方で意味づけられ秩序づけられた環境が「世界」である。それゆえ、カルロス・カスタネダの主人公、メキシコのヤキ族の老呪術師ドン・ファンがいうように、「世界がこれこれであったり、しかじかであったりするのは、要するにわれわれが自分自身にそれが世界のあり方なのだといいきかせているからにすぎん。もしわれわれが世界はこのようなものだといいきかせることをやめれば、世界もそうであることをやめるんだ」（C・カスタネダ『分離したリアリティー』真崎義博訳、二見書房、一九七三年）。

現代の私たちの社会で、「世界はこのようなものだといいきかせる」最も重要な語り手は、各種のマス・メディアであろう。それらは、むろんそれぞれに性質の違いはあるが、全体として、複雑で広大な現代社会に見合う一種の「物語提供機構」として作用し、私たちの世界像の形成と維持に大きな役割を果たしている。

メディアの提供する物語はさまざまであるが、それらは必ずしも同じ平面に並んでいるわけではない。

ある物語が提供され、広まると、しばしば別のメディアによって、その物語についての物語が提供され、さらにその第二の物語についての物語……というふうにつみ重なって、いわば多層化していくことが少なくないからである。情報化社会において情報の多様化が進むとよくいわれるが、多様化は同時に「多層化」をともなっている。そして、こうした情報についての情報、物語についての物語といった一種のメタ情報は、しばしば、裏情報あるいは裏話の性質をもつ。

裏情報とか裏話というと、何かひそひそと囁かれるものというイメージがあるが、マスコミの発達した現代社会では、むしろこの種の情報がメディア（とくに週刊誌やテレビ）の売り物となり、広く流通している。一般に近年のマスコミは「美談」を提供することが少なくなってきたが、たとえそのような美しい物語が提供されても、たちまち「あれは実は……」といった裏話的な情報があらわれ、はじめの物語をひっくり返してしまう。裏話には「表」にあらわれているタテマエや理念を相対化し「脱神話化」する働きがある。こうして、情報の「多層化」は、神話的あるいは規範的な含みをもつ物語の力を衰弱させる。近代社会を支えてきた「大きな物語」の衰退（J-F・リオタール）も、このことと無関係ではない。

裏話によって象徴され、かつ形成される世界観の根底には、一種のシニシズムがある。つまり、「表」にはいろいろきれいごとが示されても、結局のところ、人間も、人間の集団や組織も、利己的な動機で動く。どんなに立派にみえる行動も、裏の動機をさぐれば、必ずや権力欲、物欲、性的関心、保身や組織防衛の必要などにゆきつくだろう。そういうものの見方である。したがって、裏話や裏情報は、個人や集団の自己情報化に基づく「みせかけ」の文化を絶えずつき崩していく働きをもち、ここでもさまざまの「情報ゲーム」が展開されることになる。

しかし、裏話や裏情報というものは、ほんらい、意地の悪い仮面はがしだけでなく、おたがい人間的弱点を共有するものとして人と人とを結びつけてゆく働きや、遠い対象を身近にひき寄せて理解を深める働きなどをも含んでいるはずだ。表と裏を対比するというよりは、表もあれば裏もある、ふくらみをもつ全体として人間と世界をとらえ、表と裏との複雑な絡みあいに私たちの目を向けさせるところに、むしろ裏の物語の重要な意味がある。だが、現代のメディアが提供する裏話や裏情報は、すべてを利己的・世俗的な動機に還元することによって世界を明快に割り切る傾向を強く示している。たしかに私たち自身、この種の裏の物語に接してはじめて「なるほどそうか」と納得する場合が少なくないことは否定できない。しかし、だからといって、裏からのシニカルな解釈だけが現実で、表に出ているタテマエや理想はすべて虚偽だというのは単純にすぎよう。現代人も決して理想を信じる能力を失ってしまったわけではないし、また、たとえそれが表面を飾る仮面にすぎなくても、長くかぶっているうちに仮面と顔との区別がつかなくなるということもある。

編集可能な世界

社会的現実は意味の秩序として成り立っており、そのかぎりにおいて「物語」によって支えられているといってよい。しかし今、これまで多くの人びとが常識的に信じてきたさまざまの物語が信憑性を失いつつあり、したがってそれらの物語を基盤としてきた私たちの現実感覚もゆらぎつつある。

高度情報社会におけるリアリティの変容やゆらぎについては、情報テクノロジーの発展との関連で多くのことが語られている。だがこの変容やゆらぎは、必ずしも、情報テクノロジーの高度化によって「現実以上に現実的」なヴァーチャル・リアリティの経験が可能になるといったことだけに関連しているのではない。もちろん、いわゆる直接経験よりも、何らかのメディアを媒介とする情報経験のほうが、あるいは極端な場合にはそれだけが、リアルな経験だと感じられるということは十分にありうる。しかし問題は、オリジナル以上に精巧なコピー、現実以上に現実的な虚構にあるというより、むしろオリジナルとコピー、現実と虚構(あるいは「みせかけ」)、ほんものとにせものといった、かつてはほとんど間違いようのなかった区別があいまいになってしまったところにあろう。そして、この種の区別に関する自明的な物語のほころびのなかから、高度情報社会においては厳密な意味でのオリジナルは存在せず、すべてはコピー=シミュレーションであるという新しい物語があらわれてくる。

このような情勢に対応して、たとえば社会学の領域でも、ひところ盛んであった疑似環境論、疑似体験論などはあまり論じられなくなった。何が「疑似」かという規準がはっきりしなくなったからである。また、何が現実で何が虚構(みせかけ)かといった問題の立て方から、(虚構を含む)ある状況(世界)がどういう条件のもとで「現実」として受容され通用するのかといった問題の立て方への変化もみられる(たとえば、A・シュッツやP・L・バーガーらの多元的現実論、H・ガーフィンケルらのエスノメソドロジー、ゴフマンらのフレーム分析など)。

この「どういう条件のもとで」という点が重要である。ここをあいまいにすると、世界はどのようにでも編集できるという考え方になる。これは、ジェレミー・リフキンも示唆しているように、いかにも情報・コンピュータ時代(あるいはシミュレーションの時代)にふさわしいイデオロギーである。ここでは「私たちの経験は、その歴史的文脈から切り離され、無時間状態で宙に浮いているデータの小断片に変えられてしまう」(J・リフキン『タイムウォーズ』松田銑訳、早川書房、一九八九年)。膨大な量の情報として浮遊しているこれらのデータを、私たちは選択的にとりだし、さまざまに組み合わせ、さまざまの物語に編集することができる。このようにして私たちは、現に私たちが生活している世界をつくりだし、また未来の世界をプログラムする。こうした考え方が、コンピュータによる情報処理やシミュレーションの発達と密接に関連していることはいうまでもない。

世界は思いのままに編集できる物語だという考え方は、たしかに私たちを勇気づけるかもしれない。そしてたしかに、誰でも自分の気に入る物語、あるいは自分の集団に有利な物語をつくりだすことができる。だが問題はその先にある。誰もがその物語を他人に認めさせたり、社会に受け入れさせたりすることによって「現実化」できるわけではない。そこには、広い意味での権力作用の問題がある。この点をぬきにして編集可能な世界について語ることの危うさは明らかであろう。それはまた、もう少し一般化していえば、文化の問題を政治過程や権力作用の文脈から切り離して考えることの危うさ、ということでもある。

参考文献

吉見俊哉『博覧会の政治学』中公新書、一九九二年
鹿島茂『デパートを発明した夫婦』講談社現代新書、一九九一年
E・S・エイベルソン『淑女が盗みにはしるとき』椎名美智・吉田俊美訳、国文社、一九九二年
E・ゴフマン『行為と演技』石黒毅訳、誠信書房、一九七四年
D・リースマン『孤独な群衆』加藤秀俊訳、みすず書房、一九六四年
W・J・T・ミッチェル編『物語について』海老根宏他訳、平凡社、一九八七年
佐伯啓思『「シミュレーション社会」の神話』日本経済新聞社、一九八八年
J・D・スラック、F・フェジェス編『神話としての情報社会』岩倉誠一・岡山隆監訳、日本評論社、一九九〇年

H・フォスター編『反美学』室井尚・吉岡洋訳、勁草書房、一九八七年
井上俊『悪夢の選択』筑摩書房、一九九二年
J・リフキン『タイムウォーズ』松田銑訳、早川書房、一九八九年

第2章　都市文化としての現代文化

吉見俊哉

1　都市文化としての現代文化

記号の秩序としての都市

めまぐるしく変化する都市の風景。まるでショーウィンドーに飾りつけられた流行のモードのように、現代都市は、次々と新しい装いを凝らされてその表情を変えていく。人びとは、そんな眩しい風景に自分を溶け込ませようと、軽やかに移ろう無数の視線を交錯させていく。都市とは、時代のモードが、身振りや服装から巨大建築の様式にいたるまでのさまざまなレベルで記号化され、演じられていく劇場である。この劇場に身を置くとき、われわれは好むと好まざるとにかかわらず、その都市が要求するドラマの役回りを演じていかなければならない。そして、最初は距離を感じながら演じていたそれらの役回りも、次第にごく自然なものとなり、ついにはそれが自己そのものとなろう。このときひとりの都会人が誕生する。都市はこうして無数の都会人を誕生させ続けてきたのである。

都市文化としての現代文化について語ろうとするとき、われわれの眼前に最初に浮上するのは、このような都市のイメージである。記号の表層的な戯れとしての都市、そうした記号が重層的に織りなされ、演じられていく場としての都市である。こうした都市について知ろうとするなら、われわれはまず、人びとの服装や歩き方、会話や身振りから、社交のパターンや集まりの秩序、街頭の広告や建物のファサード、商品の配置にいたるまで、都市の表層を織りなす記号群をテクストの集合体として丹念に読み取っていく作業から出発しなければならない。人びとがどのような服装をし、どのように歩いているのか。街頭の看板や建物はどのように並び、商品はどうディスプレイされているのか。さらには、その街々の音や色、匂いなどの感覚要素が捕捉されなければならないのだ。現代の都市文化は、何よりもこうした表層性を、圧倒的な量と速度で発達させてきたのだから。

異質性の場としての都市

しかし、都市文化としての現代文化の研究が、もしもこうした都市の表層性を読み解くことだけで満足するなら、それ自体が記号の戯れの一部となり、都市についての真に社会学的な知を形成するものとはなりえない。都市とは、決して単に記号の表層的な戯れなのでも、それらの記号が織りなされ、演じられていく場としてだけあるのでもない。都市はまた、異質な人びとが集まり、出会い、交流していく交差点のような空間である。都市は広場である、といってもいい。しかしこの広場は、いわゆる家族や地域、職場といった諸々のムラ的秩序のなかにあるのではなく、そうした広義のムラにあくまで外在し、共同体から解き放たれた者たちが出会う境界的なトポスである。こうした外部からの流入者たちによってかたちづくられる二次的な定住の場としての都市の特性は、われわれの時代の都市文化のダイナミズムをも深いところから支えているのである。

したがって、現代都市には、変化し続ける多層的なテクストとしての劇場的な場の力学と、異質な者が集まり、関係しあっていく境界的な場の力学が、複雑に絡まりあいながら共存している。むろん、両者は必ずしも対抗的というわけではないが、現代都市のなかにも、異質性の場としての面が前面に出ている場合と、記号性の面がより強い場合がある。そして、このように異質な者が関係しあう場である都市において、一定のタイプの都市文化がテクストとして演出されていく過程には、ある種の文化変容が認められる。この文化変容には、街頭や公共的な場での出会いから、都市における記号の編成、あるいはそうした編成を条件づけているより社会構造的な次元まで、さまざまな次元のものが考えられよう。都市文化の現在について語るには、テクストの表層性のレベルを超え、それを織りあげていく関係性の場からとらえていくことが不可欠なのである。われわれは、まずは記号の多層的な秩序として都市を語ることから出発したとしても、やがて、そうした秩序を可能にしている都市という社会のダイナミズムに目を凝らしていかなければならない。

都市文化へのアプローチ

本章では以下、このような認識を前提としつつ、これまで都市文化としての現代文化をとらえようとしてきたいくつかのアプローチを紹介していくことにしたい。すなわちまず、一九世紀ヨーロッパにおいて大都会の誕生とともに出現する街頭の風俗へのまなざしについて、とくに「生理学」ものの文学や都市文学に言及しながら検討する。第二に、日本の都市においても同様の変化が現れはじめた大正期以降に目を転じ、とくに震災後の東京において街頭の風俗の丹念な記録を行っていった今和次郎の考現学について述べる。第三に、これら街頭風俗の記述というレベルを超えて、現代の都市文化が内包するダイナミズムをとらえようとした試みとして、初期シカゴ学派の都市エスノグラフィーについて概観する。最後に、これらの都市文化への視点を発展させ、記号の場であると同時に異質性の場である都市を現代的な視点からとらえ返していくための展望について語ってみることにしよう。

2　大都会の誕生と都市文学の視点

大都会の生理学

都市文化における現代は、いつ頃から始まったのか。われわれはここで、ヨーロッパでは一九世紀中頃から、日本では大正の頃から大都市部で顕在化するひとつの変化に注目してみたい。これらの時代は、百貨店が目抜き通りに建ち、ブルジョアたちがショーウィンドーに目をやりながら遊歩を楽しみ、動物園や植物園、公園、美術館、コンサートホールやオペラハウス、そしてやがては映画館といった公共的な娯楽の場が大衆化していく一連の変化の開始期に当たっていた。このような社会の動きのなか、都市に新しく浮上したさまざまな風俗を、読まれるべきものとして観察していくまなざしが現れる。

すなわち、ヨーロッパでは一八三〇年代頃から「生理学」ものと呼ばれる文学ジャンルが大流行するのだ。かつてヴァルター・ベンヤミンは、この時代、パノラマ館の流行とともにパノラマ風文学が現れることに注目した。この種の文学が描いていったのは、「大道の行商人からオペラ座のロビーにたむろする伊達男にいたるまで、パリの生活を彩る」ありとあらゆる種類の人物たちである。それらは都会の遊歩者たちを、「その立体的な前景に逸話のころもを着せたり、その遠大な背景に情報という舞台装置を置いたり」しながら、文字通りパノラマ風にスケッチしていった。その叙述のまなざしは、「アスファルトの上を植物採集して歩く遊民」のそれと似ていた。それらはいわば、大都会の街頭を舞台に展開された一種の博物学だったのである。通行人は、その外形的特徴により観察され、分類され、比較されていく。そうすることで、「誰でも専門知識にかかわりなく、通行人の職業・性格・素性・習性を見てとることができる」と主張されたのである（W・ベンヤミン『ベンヤミン著作集6　ボードレール』川村二郎・野村修編訳、晶文社、一九七五年）。

このような生理学ものの文学のなかでとくに重要なのは、やはりバルザックによる『社会生活の病理学』であろう。なかでもその一篇として書かれた「歩き方の理論」は、やがて大正期の日本に現れる考現学的な視点とも通底する面を内包していた。この作品でバルザックは、当時、裕福なブルジョアやダンディたちが闊歩するパリきっての流行街ブルヴァール・ド・ガンに出向き、道端の椅子に陣どって眼前を通過していく人びとの歩き方を細かく観察したのである。歩き方は身体の表情である、とバルザックはいう。「両手両足どれ一つとっても、上げ下げが激しかったり静かだったり、動かす時の角度や輪郭もさまざま、いずれもみなわれわれの意志が刻まれていて、恐るべき意味を宿している。それらは言葉以上のもの、動いている思想なのだ」（バルザック『風俗のパトロジー』山田登世子訳、新評論、一九八二年）。こうバルザックは語り、立ち止まることや歩きの速さ、スカートの揺らし方、歩いているときの表情、歩き方の職業的な癖などについて批評を加えていったのである。

生理学ものの文学は、やがて人物群からさまざまな都市風景の断片へと焦点を移行させながら、一八四〇年代を頂点として衰退に向かっていく。ここではとりあえず、「歩き方の理論」のような観察が、ブルヴァールやパサージュに代表されるショッピングや散歩のための公共の開かれた街路の成立を前提としてはじめて可能となったものであることを強調しておこう。ベンヤミンも指摘するように、「もしパサージュがなかったら、遊歩があれほど意味ぶかいものにまで発展することは、難しかったろう」(前掲書)。そして、このような遊歩の空間、見通しのよい街路に光がいっぱいに差し込んで、ディスプレイされた商品を人びとが楽しみながら見て歩くような公共の空間は、生理学ものの文学の衰退とは逆に、一九世紀後半を通じ、とりわけ第二帝政期のオスマンによる都市改造事業のなかで、パリ全域へと拡大していくのである。再びベンヤミンを参照するなら、パサージュが遊民にとっての室内の古典的形態だとすれば、その大衆的形態は百貨店である。いまやパリ都心部に林立する百貨店が、この国のブルジョアたちにとってまたとない遊歩空間となるのである。

都市文学のまなざし

こうした都市空間との関係でいうならば、パノラマ風の文学とも通底する視点を内包しながら一九世紀の都市をとらえていったのが、ゾラをはじめとする自然主義文学者たちであったと考えることができる。実際、『居酒屋』や『御婦人方のパラダイス』などのゾラの小説には、オスマンの都市改造事業によって根底から変容していくパリの姿が正確にとらえられている。自然主義文学と一九世紀末の都市消費文化との関係を鋭利にとらえたレイチェル・ボウルビーは、この文学が描き出しているのが「静物が孤立した静的な絵の表層的で生命のないでたらめな連続」にすぎないとしたルカーチの批判を逆手にとり、まさにこうした構成法が、この時代の欧米を覆いつつあった消費文化の経験の構造と深くかかわっているのだと論じた。自然主義小説のエピソディカルな構造は、「見たところ起源を持たない『静物』や『静的な絵』を見、そして消費していく存在と化した主体の位置と、『新しいもの』の新しいイメージが終わりなく現われては消えていくファッションの連続体と、そして『単調さ』と『新奇さ』の無窮の循環」（R・ボウルビー『ちょっと見るだけ』高山宏訳、ありな書房、一九八九年）と表裏をなすものであった。

そして、大都会が浮上させる新しい街頭の文化への関心は、パリだけでなく、ロンドンやウィーンやアメリカの都市にも存在していたし、そうした都市文化の現代性と呼応するような文学や記述のスタイルも、この時代の多くの都市に現れていた。たとえば、アメリカにおける都市小説の展開について論じたブランチ・H・ゲルファントは、ドライサーの『シスター・キャリー』やドス・パソスの『マンハッタン乗換駅』に代表されるような、単に都市を背景として利用するのではなく、現代都市を描き出すこと自体をテーマとしていくような小説が、今世紀初頭から出現しはじめることを指摘している。ゲルファントは、こうした都市小説を、肖像型、生態学型、総覧型という三つのタイプに分けているが、とりわけこの総覧型の小説では、現代都市のなかに隣接する対照的な世界や、そこで展開される種々の光景、たとえば希薄な人間関係のなかでの一時的な出会い、都会的な雰囲気が歩行者たちに及ぼしていく影響などが、全体として、つまり都市という場そのものを複合的に浮かびあがらせるようなかたちで描かれていったという（B・H・ゲルファント『アメリカの都市小説』岩元巌訳、研究社出版、一九七七年）。たしかにパリは、このような特質がもっとも早く、もっとも顕著に現れた都市だったが、それでもパリだけが例外的に生理学ものや自然主義文学に見られるような都市への視線を育んでいったわけではなく、同様のまなざしは、資本主義の高度化と都市文化の変容に呼応しながら、世界各地の都市においてかたちを変えながら出現していくものだったのである。

バートン・パイクは、一九世紀から二〇世紀にかけ、欧米の文学における都市の描かれ方がどのように変容してきたかを論じるなかで、次の二つの傾向を指摘している。ひとつは、静止から流動に向かっての動きである。「都市の仕組みや物理的な記念碑、そして社会的階級などが、相互のつながりの中で、見るからに固定された要素として描かれる風潮はどんどん薄れ、代わって、それらを流動的で予断のできない混在現象の連続として表現する傾向がますます高まってきた」。そしてもうひとつは、ひとつの共同体としての都市への関心から、都市の内部で孤立する個人への関心の移行である。一方では、都市は物語の安定した背景、確固とした空間的基盤ではありえなくなり、それ自体が断片的な風景の流動体へと変容する。他方では、そうした都市のなかで活動する人間たちは、共同体の一員というよりも、まず何よりも群集であり、同時にそうした群集のなかの遊民である。このような都市に、文学が記述の視線を向けていくようになるのである（B・パイク『近代文学と都市』松村昌家訳、研究社出版、一九八七年）。われわれがこれまで一瞥してきた生理学ものの文学から自然主義文学へ、あるいはまたより複雑な流動体として都市と群集を描く都市文学の視点への展開も、基本的にはこうした流れのなかに位置づけていくことができる。かつて、生理学ものの文学が都会の散歩者たちに向けていった視線は、あくまで博物学的なものであり、都市そのものは静的な背景としてあるにとどまっていた。しかしやがて、この背景は前景の人物たちと複雑に絡まりあいながら、時間のなかで流動していくようになるのである。

3　考現学と大東京のモダン生活

モダン都市と盛り場文芸

さて、すでにふれたように、東京や大阪など日本の都市が、ヨーロッパでは一九世紀中頃に起きた変化にも似た状況を呈するようになるのはほぼ大正期からのことである。とりわけ第一次大戦を契機とした産業化の進展を背景に、この頃から東京、大阪をはじめとする大都市部で都市消費文化が花開いていくのだ。新聞や雑誌の商業主義化はもちろんだが、レコードやラジオが大衆の日常意識を聴覚のレベルから変容させ、また盛り場には百貨店や映画館が立ち並び、人びとの欲望をそのスペクタクルのなかに巻き込んでいった。そして、やがて銀座をはじめとする街々には、モダンボーイやモダンガールと呼ばれた流行のファッションで身を固めた若者たちが闊歩していくことになるのである。加えて、サラリーマン層の増大とともに私鉄沿線の郊外住宅地が急速に発展していき、こうした郊外居住者たちの集まる大阪の梅田、東京の新宿、渋谷などのターミナルの文化も賑わっていった。

そして、こうした都市文化の変容に呼応しつつ、ちょうど前述した生理学ものに対応するような都市風俗の文学的描写が次々と現れるのだ。東京では、震災前後から、高田保、松崎天民、安藤更生、石角春之助などによって、都市風俗の描写がさまざまな仕方で試みられていった。たとえば石角春之助は、この時代の盛り場風俗に根ざした「盛り場文芸」を勃興させる構想について語っている。彼は、同時代の文学状況として、「技巧主義の小説」は過去のものとなり、「嘘で固めた実話」の時でもなく、「空想で書きつないだ感想」も飽きられ、「無味乾燥な評論」もそっぽを向かれている、つまり「過去に於ける文学が、今日に於いて、完全に行き詰まった」状況にあると主張した。その一方で、大衆は「安価な猟奇とジャーナリスティックな流行」を求め、「科学文明のバラエティーであると同時に、生々しい変わった人生の陳列場」である盛り場へと集まってくる。このような時代状況のもとでは、「人生の陳列場」としての盛り場に取材した「盛り場文芸」こそ、感覚時代の大衆にもっとも強く訴えるものとなろう（石角春之助『江戸と東京』〔復刻版〕明石書店、一九九一年）。こう石角は主張するのである。

たしかに石角の文才は、ヨーロッパの文豪たちには到底及ぶべくもなかったし、同時代に「盛り場文芸」的な志向を示したわが国の多くの作家たちにも、バルザックやゾラが示したような都市をとらえるまなざしの鋭敏さをもった者はいなかった。しかし、それでもこの時代、たとえば谷崎潤一郎の『鮫人』や川端康成の『浅草紅団』が描いた「浅草」に示されるように、都市文化としての現代を、その表層に戯れる無数の記号性においてとらえていこうとする視点が、日本の文学ジャンルにおいてもさまざまなかたちで現れていたのである。

今和次郎と銀座風俗調査

このようななかで、同時代の都市風俗を記録していく試みとしてとくに重要なのは、今和次郎の考現学である。今和次郎は、それまで彼が民家研究のなかで培ってきた方法を踏まえ、大正末から昭和にかけて「考現学」と名づけられた都市風俗研究を展開した。その第一歩となったのが、一九二五年の『東京銀座街風俗記録』（以下、銀座調査と略す）である。この調査は、銀ブラ人種の服装や身振りについての詳細な記録で、主につぎの四つの部分から成っていた。まず、「銀ブラのコンストラクション」では、銀座通りを歩いている人びとの職業、性別、年齢構成、それらの時刻による変化、ショーウィンドーを覗いている人の割合等が調べられ、銀座通りにおけるふるまいの全体像が概括されている。第二の「男の風俗」と第三の「女の風俗」では、通行人の約四三%を占める「男」と約二三%を占める「女」について、和服と洋服の比、外套、ネクタイ、着物の柄、手袋、靴、足袋、髪型、化粧、髭、眼鏡、携帯品など、それこそ「頭から爪先までの装いの統計的記録」がとられている。最後に「学生・労働者の風俗」では、通行人の約一二%を占める「学生」と約七%を占める「労働者」の身なりがやはり同じように記録されている。

この銀座調査には、すでに今の考現学の方法的特徴が要約されていた。すなわちまず、考現学は、とりわけ街頭において「現前の風俗に直接ぶつかり、それの観察、筆記、スケッチ、写真などで材料の採集をやり、それらを収集するところから出発」する。銀座調査の場合、調査員たちは京橋と新橋の間を何度も行き来し、途中で出会った通行人の服装を担当の項目ごとに細かくカードに記録していった。つぎに、こうして採集された諸々のデータは項目ごとに分類・集計されていく。その方法は統計的であると同時に記号論的であった。これを銀座調査について見るならば、採集された資料の総体は男性／女性および和装／洋装という二つの軸でとらえられたシンタックスにまとめられ、その各要素についてヴァリアントごとの分布が示されていく。むろん、今自身は考現学と記号論との親近性を意識してはいなかったのだが、考現学が記号論的な都市分析に接続されえる性質のものであったことは、すでに多くの論者により指摘されている。そして、考現学が行う第三の手続きは比較である。たとえば、ある都市のデパートにおけるマダムの尾行採集は、同じデパートでの学生や老人の尾行採集と比較される必要があり、またほかの場所での尾行採集や異なる階層の尾行採集との比較も要請する。銀座調査の場合、同年の『本所深川貧民窟付近風俗採集』が「銀座＝山の手」と「本所深川＝川向こう」の階層的差異に注目したものであることや、一九二八年の小樽市の調査が銀座調査の形式を踏襲していることは、銀座調査が一連の比較研究のための第一歩として位置づけられていたことを示している。

考現学の射程

ところで、銀座調査では盛り場の風俗全般が扱われているわけではなく、焦点はあくまでそこを歩いている人びとの服装に置かれていた。だが今和次郎は、服装だけを考現学の対象と考えていたわけではない。彼は、考現学が「都会における各種の人びとの各種の場合における歩き方、腰のかけ方や坐り方、身体の細部における癖、街路上における通行人の構成、それにつれて起こる露店ならびに商店街の構成、公園の散歩者、各種の行列」等々の記録を採集すべきであるとし、それらを、(1)行動に関するもの、(2)住居ないし空間に関するもの、(3)服装に関するもの、の三つに分けていた。銀座調査の対象は、とりあえずこのうち第三の「服装」に、それも銀座で働く店員や女給の服装ではなく、通行人たちの服装に限定されている。したがって、もしも考現学的盛り場研究の全体像をつかもうとするならば、銀座調査だけでなく、女給や店員の服装、盛り場のなかでの人びとの歩行経路やふるまい、そこでの些細な会話、店の配置や壁面形態等々を扱った調査にも目を向けていく必要がある。

なかでも盛り場での人びとの行動を扱った調査に、『新宿三越マダム尾行記』や『デパート内学生尾行記』のような尾行記がある。これらは匿名的な関係が成立する場として急速に大衆化しつつあった百貨店を、都市の遊歩者たちがどのように歩き、何を買い、誰と話し、どんな動作をするのか、探偵のように尾行し、詳細に記録したものである。その記述方法は、ちょうど舞台上の人物の行動を指示したト書のようである。たとえば、「地下室一階の場面である。一階から階段をおりきってからあたりをじっと見廻しながら足は自然と売店に向う。焼肉類をガラス越しに見入った。その時右の手の傘を左手にもちかえて髪をかきあげる」といった具合である。このようにドラマの場面として生活を記述していく視点は、今のなかにかなり早い時期から芽生えていたようだ。彼は、初期の民家研究でも、農家の土間に散らかされてあった物やこの土間を歩いた人の足跡といった、人間がそのいる場所に無意識のうちに築いているいろいろな痕跡を詳細に記録していくならば、動作の源泉をドラマ的な興味で探究しなければならなくなり、それは結局、舞台芸術家の関心とも合致してくるはずだと述べていた。

そしてちょうど、民家のなかでの人物の動きが、間取りや物の配置と深くかかわっているように、盛り場における人びとのふるまいも、街区の構成や建物の形態と密接に関係している。考現学の第三の面を成したのは、これら空間面に関する調査である。たとえば、銀座、新宿、早稲田等の飲食店の分布図や、東京駅と新宿駅の構内における広告の分布図が作成され、その地区相互の比較が試みられたり、銀座通り沿いの商店の壁面形態がつぶさに記録されたりしているのもその一例であろう。服装や行動に関する記述が、役者についてのト書であるとするならば、空間の構成に関するこれらの記述は、舞台装置についてのト書であった。今和次郎は、これらの演技や舞台装置の記述を通じ、現代の都市生活のなかにひそんでいる日常のドラマを浮かびあがらせようとしていたのである（今和次郎・吉田謙吉編『モデルノロヂオ』『考現学採集』〔復刻版〕学陽書房、一九八六年）。

4　都市的関係のなかの都市文化

大都会シカゴと初期シカゴ学派

以上、一九世紀のヨーロッパに現れる都市文学の視点と大正期の日本に現れる考現学の視点について概括的に論じてきた。これらの視点は、いずれもパリなり、東京なりの都市が大きく構造的に変容し、百貨店や遊歩道、劇場、カフェなどの匿名的な大衆の場が都心部に整備されていくなかで現れたものである。実際、オスマンの都市改造は、ゾラやボードレールの文学のなかに異なるかたちで決定的な影響を及ぼしているし、今和次郎が考現学で記述していこうとしたのは、震災後に「新しくつくられていく東京」であり、そこに出現した人びとの新しい都会生活のスタイルであった。都市のなかに、匿名的な大衆が遊歩するさまざまな公共の場が増殖していったとき、こうした場で演じられるドラマの台本をいわば顕在化させていく試みとして、これらの記述が現れてきたのだともいうことができる。佐藤健二は、考現学のひとつの特質が、都市の「散歩者の日常的実践のうえに成立する表層のテクスト化の試み」にあり、この点はバルザックの「歩き方の理論」とも重ねてよい方法設定であること、そしてこれらの前提として、ショッピング・モールや百貨店、公園、展覧会といった近代都市に特有の記号的な場の成立があったことを正当に指摘している（佐藤健二「都市社会学の社会史」倉沢進・町村敬志編『都市社会学のフロンティア』第一巻、日本評論社、一九九二年）。

そして佐藤も述べているように、これらの街頭風俗の記述には、表層のテクスト化で終わるのでなく、背後の生活―社会構造的な次元までを照射していこうとする契機が内包されていた。このような契機を本格的に探究するとき、記述は単なる記述の域を超え、優れて社会学的な洞察となろう。こうした意味で、大都会での人びとのふるまいの観察を、都市社会学的探究へと深めていった例として注目されるのは、一九一〇年代から三〇年代にかけ、初期シカゴ学派により進められた一連の都市エスノグラフィーである。このときロバート・E・パークに導かれながら多くの若き社会学者たちが描き出していったのは、二〇世紀初頭の大都会シカゴの文化であり、その社会的生成のプロセスであった。

初期シカゴ学派の都市エスノグラフィーについて論じる場合、彼らの探究のフィールドとなったシカゴが、まさしく現代都市の文化を典型的に示すような大都会であったことは強調しておく必要がある。一八四〇年には人口わずか四、五〇〇人の田舎町にすぎなかったシカゴは、やがてアメリカの産業化の進展と西部の開発といった状況のもとで世紀中頃から急速に膨張していき、世紀末には約一七〇万の人口を誇る合衆国有数の都市へと発展していった。とりわけ一八七一年の大火で古い木造建築の多くが姿を消してからは、近代的な高層建築が都心部に建ち並ぶようになり、さらに九三年には新大陸発見四〇〇年を記念してミシガン湖畔で万国博覧会が壮大な規模で開催されていく。急激な人口増大と都市地域の拡大は二〇世紀に入っても続き、一九三〇年にシカゴの人口は約三四〇万人にまでなっている。実に、わずか九〇年間で七五〇倍以上に膨れあがったわけである。

このような爆発的な人口増加の大部分は、海外からの移民によるものであった。一九世紀末から今世紀初頭にかけ、この都市にはポーランドやイタリア、ヨーロッパ周辺地域から次々に移民が流入し、文化の複合や凝離が進んでいった。また、都市流入民の間の葛藤や緊張、急激な都市化に伴う犯罪や非行、売春や貧困といったことも社会問題化していった。こうしたなかで、一八九二年に誕生したシカゴ大学では、移民たちの集う異質性の場としての都市についての優れたエスノグラフィー的研究が展開されていくのである。知られるように、これらのエスノグラフィー的研究の背景には、近代における移動性の増大に伴い、さまざまな人種や民族が複合していく都市のなかで、どのような文化と社会が形成されていくのかを問おうとしたパークのまなざしがあった。パークは、都市が決して単なる諸個人の集まりでもなければ街路や建物や鉄道などの物理的施設の集まりでもなく、一種の心の状態であり、慣習や伝統のなかに息づいている組織された態度や感情の集合体であることを強調した。パークに導かれたシカゴ派都市社会学は、そのような心の状態としての都市の文化が、異なる慣習や伝統が折り重なっていく都市化状況のもとで、いかに変容していくのかをとらえようとしたのである。

たとえば、一連のシカゴ派都市エスノグラフィーの原点を飾ったとされるネルス・アンダーソンの『ホーボー』(一九二三年)について見よう。ホーボーとは、都市から都市へと職を求めて渡り歩く無宿の労働者たちのことである。シカゴはこうしたホーボーたちの主要な集結地であり、この都市の遷移地帯には、ホボヘミアと呼ばれる彼らの溜まる寄せ場的な一帯が形成されていた。みずからもかつてホーボーとして生活した経験のあるアンダーソンは、わずか三〇〇ドルの研究費を手にこの無宿者たちの溜まり場に入り、大都会における無宿者たちの生活のありようを生き生きと描き出していったのだ。

むろん、一口に無宿者といっても一様ではない。アンダーソンは、ホボヘミアの無宿者たちを五つの類型に分けている。第一は、定期的に特定の都市の間を移動する季節労働者。第二が、そうした定期的なパターンをもたず、もっと浮浪的に都市から都市へと移っていく渡り労働者、つまり狭義のホーボー。第三が、労働に従事せず、賭博や物乞い、盗みなどによって生活しながら都市から都市へ移動していく渡世者(トランプ)。第四が、寄せ場に定住する日雇い労働者(ホームガード)。第五が、やはり寄せ場に定住するが、物乞いなどにより生活している浮浪者(バム)。ホボヘミアでは、これらさまざまなタイプのなかに多様な人種や民族が混ざりあい、独特の言語と規範をもった一種の小宇宙が織りあげられていた。この小宇宙の住人たちには、警察や手配師に対する一定の態度が共有されており、それぞれの個人の過去には干渉せず、互いに孤立しながら共同の世界をつくりあげていたのである。

アンダーソンの記述で興味深いのは、ここでも街頭が、無宿者たちの主要な都市生活の舞台となっていることである。ホボヘミアには、いわゆるドヤに相当する簡易宿泊所のほか、安食堂、古着屋、質屋、安映画館、売春宿、ストリップ劇場などが並んでいたが、金がなく、時間だけは十分にあるホーボーたちは、街頭を往来することで生活時間の多くを過ごしていた。彼らは、たとえばワシントン・スクエアにぶらぶらと歩いていき、科学や政治、宗教についての街頭演説に耳を傾けたり、街路沿いのウィンドーに並ぶ食料品を見て歩いたり、路上の行商人の前で立ち止まったりした。懐具合がとくに悪いときなどは、彼ら自身が路上で物乞いをすることもあった。このような街頭生活のなかで、ホーボーたちは、彼ら独自の言語体系と社会的ネットワークを発達させていたのである。

アンダーソンの『ホーボー』が、パークのもとで進められた一連のエスノグラフィー的研究の初期を飾る傑作であるとするならば、その最後の時期を飾ったのは、ポール・クレッシーによる『タクシー・ダンスホール』（一九三二年）である。タクシー・ダンスホールとは、プロの踊り子が一回ごとに一定料金で客の相手をするダンスホールのことである。客たちは入口でチケットを数枚購入し、踊り子と踊ってもらうごとにそのチケットを渡していく。踊り子たちはチケットを集め、その歩合で収入を得る。クレッシーは、支配人と踊り子、客の三者の関係に注目しながら、このタクシー・ダンスホールを固有のふるまい方や話法、関心やものの見方が支配するひとまとまりの世界としてとらえていった。たとえば、さまざまな経路をたどってこの世界に入ることになった踊り子たちは、本名とは別の名前をもっている。この名前には、たとえば本名がスラブ系なら仮名はアングロ・サクソン系というように、一定の上昇志向が認められる。ところが実際には、彼女たちはやがて、新顔が次々に入ってくるなかで注目されなくなり、再び注目を集めようとしてよりグレードの低いダンスホールへ移っていく。クレッシーは、このような踊り子の下降的な社会移動の傾向を明らかにしながら、支配人や客の側の民族的な傾向や葛藤についても具体的にとらえていった。

初期シカゴ学派の都市エスノグラフィーとしては、他にもフレデリック・スラッシャーの『ギャング』やルイス・ワースの『ゲットー』、ハーヴェイ・ゾーボーの『ゴールド・コーストとスラム』、クリフォード・ショウの『ジャック・ローラー』などがよく知られている。これらの都市エスノグラフィーがとらえていったのは、いずれも移動性の増大を背景に、多様な民族と人種が複合していく大都会シカゴで形成されるさまざまな社会的世界、独特の言語宇宙や行動規範をもつ都市領域の姿であった。つまり、アンダーソンがホーボーたちの住まう寄せ場に、クレッシーが盛り場のダンスホールに注目したように、ワースはユダヤ人たちが凝離して住むゲットーに、スラッシャーやショウは遷移地帯を根城に生きる少年ギャングたちの世界に目を向けていった。そして、ゾーボーの生態学的なまなざしや有名なバージェスの同心円地帯モデルが示すように、これらの個々の都市地域のエスノグラフィーが、都市の生態学的な構図のなかに織りあげられていくことにより、さまざまな異質性の場のモザイク的な集合体としてのシカゴという都市を、全体として浮かびあがらせていくことができると考えられたのだ。それは、パーク自身が標榜していたように、人類学者たちが未開社会の集落を調査するときに用いる方法を、錯綜する現代都市に適用しようとしたときのひとつの工夫であったということができるかもしれない。

5　街頭文化のエスノグラフィー

ストリート・コーナー・ソサエティ

都市人類学者のウルフ・ハナーズは、初期シカゴ学派の都市エスノグラフィーが、多くの点で現代の都市人類学の視点に通じるものであったことを強調している。ハナーズによれば、パークの時代、社会学と人類学の間の垣根はまだ低く、両者は方法論的に深く結びついた領域であると考えられていた。初期シカゴ学派の研究を思想的に先導する役割を果たしたウィリアム・I・トーマスが、ポーランド移民についての古典的な研究で用いたのは優れて人類学的な方法であったし、パーク自身も現代都市に対する人類学的なアプローチを標榜していた。しかも、パークの場合、みずからの経歴であるジャーナリストとしての視点や、ゾラやドライサーの自然主義文学の視点を、都市生活のエスノグラフィーのための前提としてもいた。このように考えるなら、これまで本論で論じてきた生理学ものの文学や自然主義文学、考現学、そして都市エスノグラフィーは、現代都市に対する広い意味での人類学的ないし社会学的なまなざしが、単なる表層の傍観から精密な観察へ、そして対象に内在した記述と洞察へと発展していくプロセスを一面で示していたともいえるであろう。

以上を踏まえ、本章で最後に展望しておきたいのは、このような都市文化に対する人類学的ないし社会学的なまなざしの方法的な発展の可能性である。たとえば、都市の街頭文化への初期シカゴ学派的なアプローチを忠実に継承しつつ発展させ、優れた都市文化研究に結実させていったものとして、ウィリアム・F・ホワイトの『ストリート・コーナー・ソサエティ』がある。このエスノグラフィーは、当時はまだ二〇代であった若き著者が、コーナヴィルと呼ばれたイタリア人コミュニティの生活に深くかかわりながら書きあげた参与観察の古典である。著者は同書で、このイタリア人コミュニティで生活する性格の異なる二つの若者グループ、街頭の若者たちと大学の若者たちに注目し、彼らの社会関係のパターンや価値観、社会移動への志向などを明らかにしていった。

とりわけこの研究を魅力的なものにしているのは、ホワイトの主要なインフォーマントであった若者ドックを通して描き出された街頭の若者たちの社会である。彼らは未婚者であろうと既婚者であろうと、ほとんど毎夕、街頭にたむろし、あるいは床屋やビリヤード場、カフェテリアや居酒屋に集まってくる。

彼らはいつも、街頭のなかで育まれた世界を生きているのである。ホワイトは、この街頭の若者たちに起きるさまざまな出来事を詳細に観察していくことで、彼らの関係を律している社会的なロジックを浮かびあがらせていく。たとえば、若者たちが熱中したボウリングの試合に注目しながら、集団内の序列関係が、メンバーの運動能力を無意識のうちにどれほど規定しているかが明らかにされる。ある時期、ボウリングは、若者たちが相互に自己のプレスティジを可視化する象徴的な相互作用ゲームとなっていたのである。同様の洞察は、「女神クラブ」の女の子たちとのつきあいやドックの選挙運動といったさまざまな出来事を観察するなかでも示されている。ホワイトはこの研究で、街頭や公共的な場での出来事を、そのまま表面的に記述するのではなく、一定の社会関係が組織され、再編されていく戦略的なゲームとして読み解いているのだ（W・F・ホワイト『ストリート・コーナー・ソサエティ』寺谷弘壬訳、垣内出版、一九七四年）。

街頭のドラマトゥルギーへ

このような街頭の社会秩序に対する分析視点は、やがてアーヴィング・ゴフマンにより理論的に発展させられていく。たとえばゴフマンは、『集まりの構造』で、「街頭、公園、レストラン、劇場、商店、ダンスホール、集会場、その他およそ人の集まる場所での行為に見られるルール」が、これまで社会学において十分理論化されてこなかったことを批判し、これらの「公共的な場」の秩序を分析するために、焦点の定まらない相互作用と焦点の定まった相互作用の区別や、状況における関与構造といった概念、あるいは関与配分や関与シールド、かかわりの区切り等々の概念を提出している。ここではゴフマンの個々の議論について検討していることは到底できないが、彼が、「中央病院の裏手にある病棟、大通りのマーケット、トランプのブリッジ・ゲーム、任命式や教会の伝道集会といったところにみられる人間のさまざまな行為を記述する」（E・ゴフマン『集まりの構造』丸木恵祐・本名信行訳、誠信書房、一九八〇年）ためには、その状況における関与の構造をとらえていくことが、有力な手掛かりであると述べている点は重要である。初期シカゴ学派以来の都市エスノグラフィーも、一面で、都市のなかのさまざまな集まりの場における関与の構造を記述してきたものであると考えられなくもないからである。

このような諸々の概念枠組の前提になっているのは、ゴフマンのいうドラマトゥルギー的方法である。ふり返ってみるなら、これまで本章で述べてきた諸々のアプローチは、いずれも現代都市の公共的場面で演じられるさまざまな社会的ドラマを、その表層的な現れを通して構造的に記述しようとする試みであったということができる。すでに述べたように、昭和の初めに今和次郎は、大都会の街頭における人びとの行動を演劇的な方法で記述していく可能性について論じた。ゴフマンはある意味で、このような都市文化の記述モデルとしての演劇的方法を、はるかに一般的な水準にまで押し進めていったのだ。やがてこの視座は、フレーム・アナリシスにいたる諸々の研究のなかで洗練化されていくのだが、われわれとしては、こうしたゴフマン的方法を、理論的に抽象化するのではなく、むしろ現代都市の文化を記述する有効な視点として活用していくことをめざしたい。

実際、ゴフマンのドラマトゥルギー的方法やハロルド・ガーフィンケルのエスノメソドロジーに影響を受けながら、一九七〇年代以降、ネオ・シカゴ学派的ともいえる新しいタイプの都市エスノグラフィーが台頭してきている。たとえば、七〇年代から八〇年代にかけて刺激的な展開を見せてきた『アーバン・ライフ』や『ジャーナル・オブ・ポピュラー・カルチャー』などの雑誌を見ると、ドライブイン・シアターやラブホテル、ストリップショー、ファーストフード・ショップなど、現代都市のなかのさまざまな匿名的で商業的な空間が、ゴフマンらの方法を用いたエスノグラフィーの対象とされている。そして、こうした研究の先駆として、しばしば初期シカゴ学派の都市研究が引き合いに出され、クレッシーの『タクシー・ダンスホール』のような作品の再評価が行われているのである。同様の研究の展開は、おそらく現代日本の都市を舞台としても可能であろう。百貨店や遊園地、ファーストフード・ショップやゲームセンター、ディスコティックから、居酒屋、カラオケパブ、各種の性風俗店にいたるまで、現代日本の都市文化を構成するさまざまな匿名性の空間について、これまで述べてきたような視座をさらに発展させた視点から、洞察力に富んだ記述と分析がなされていかなければならない。

都市文化の社会学のために

以上、一九世紀の風俗研究や自然主義文学から出発して、考現学や初期シカゴ学派、それにゴフマンによるドラマトゥルギー的な都市分析にいたるまでの流れを概観してきた。むろん、都市文化としての現代文化に向かうアプローチは、決して以上で述べたいくつかの視点に限定されるわけではない。たとえば、異質性の場としての都市という論点に関しては、アンリ・ルフェーブルやリチャード・セネットが示したような現代批判論的な視点からの考察もあろう。都市現象の本質を中枢性＝集中性のなかに、それ自身を構成しながら破壊していくような弁証法的運動のなかに見ようとしたルフェーブルは、現代の都市文化が、産業化によってもたらされながらも、そうした産業化のベクトルを転移させていくような「発見されるべき秩序を隠している無秩序やカオス」を内包していることを明らかにしようとした。またセネットは、エリク・エリクソンのアイデンティティ論に基づきながら、現代の都市文化における公共性の喪失を問題化した。このような議論に関し、ここでは論及することができなかった。あるいはまた、都市文化の現代的位相を、歴史的な観点から考察してきたルイス・マンフォードやジークフリード・ギーディオンによる古典的研究や、最近ではヴォルフガング・シベルブシュによるきわめて刺激的な研究もあるが、これらについてもここでは言及していない。ここでは、さしあたり、一九世紀以降の大都会が成立させてきた街頭の文化に注目し、これを記述・分析しようとしてきたアプローチの見えざる系譜を、多少なりとも浮かびあがらせることに焦点を絞ってきたわけである。都市文化としての現代文化をより総体的にとらえていくためには、ここで論じた以外のさまざまな視角も含めたかたちで、幅広い研究視座を構築していくことが不可欠であろう。

参考文献

バルザック『風俗のパトロジー』山田登世子訳、新評論、一九八二年
R・ボウルビー『ちょっと見るだけ』高山宏訳、ありな書房、一九八九年
W・ベンヤミン『ベンヤミン著作集6　ボードレール』川村二郎・野村修編訳、晶文社、一九七五年
R・E・パーク他『都市』大道安次郎他訳、鹿島出版会、一九七二年
R・E・パーク『実験室としての都市』町村敬志・好井裕明編訳、御茶の水書房、一九八六年
秋元律郎『都市社会学の源流』有斐閣、一九八九年
鈴木広・倉沢進・秋元律郎編著『都市化の社会学理論』ミネルヴァ書房、一九八七年
吉原直樹「マイ・シカゴ・ストーリー」神奈川大学人文学会編『人文研究』第一〇二集、一九八八年
佐藤健二「都市社会学の社会史」倉沢進・町村敬志編『都市社会学のフロンティア』第一巻、日本評論社、一九九二年
今和次郎・吉田謙吉編『モデルノロヂオ』（復刻版）学陽書房、一九八六年
今和次郎・吉田謙吉編『考現学採集』（復刻版）学陽書房、一九八六年
吉見俊哉『都市のドラマトゥルギー』弘文堂、一九八七年

小木新造監修『復刻「江戸と東京」』明石書店、一九九一年
E・ゴフマン『集まりの構造』丸木恵祐・本名信行訳、誠信書房、一九八〇年
W・F・ホワイト『ストリート・コーナー・ソサエティ』寺谷弘壬訳、垣内出版、一九七四年
喜安朗・川北稔『大都会の誕生』有斐閣、一九八六年
平井正他『都市大衆文化の成立』有斐閣、一九八三年
樺山紘一・奥田道大編『都市の文化』有斐閣、一九八四年
Ulf Hannerz, *Exploring the City*, Columbia University Press, 1980.

第3章　消費文化としての現代文化

池井　望

1　工業社会と消費

生産と消費の歴史

社会生活の具体的内容は、生産と消費である。ダイナミックな生産と消費の形が、私たちの実際の生活を決定する。人間の歴史は生産と消費の歴史である、といってよいだろう。もっとも単純な「生産と消費」は、経済人類学者の想像するような「村落共同体モデル」、つまり生産と消費の姿が、すなわち生活財の品目と数量が、よく見える経済である。しかし、やがて、生産と消費が「家族制生産＝過少生産」（マーシャル・サーリンズ『石器時代の経済学』山内昶訳、法政大学出版局、一九八四年）の規模を完全に超えてしまう近代的経済の時代がくる。「こうして資本主義は、ほんの百年足らずの間に――過去の全時代を合わせたよりも、より大量の、より大規模な生産力をつくり出した」（マルクス＝エンゲルス『共産党宣言』大内兵衛・向坂逸郎訳、岩波文庫、一九五一年）。

生産は消費の手を離れて自立する。M・ウェーバーのいう「経営と家計の独立」である。もちろん、生産の自立・自己目的化、「資本の自己増殖」（マルクス）といっても、単に、生産が消費から切り離されさえすれば、前者の飛躍的な発展が可能であるということではない。事実は、生産が、そのつくり出された財の消費を目的に行われるのではなく、市場での売買による利潤をめざして行われるようになるということである。「市場システムを構成する唯一の要素は価格決定市場であり――それは紀元一〇〇〇年以前には全く存在しなかった」ものである（フランソワ・プィヨン編『経済人類学の現在』山内昶訳、法政大学出版局、一九八四年）。近代市場では利潤（価格）の獲得が至上命令になる。その理由は、すでに経済学者が説明しているように、互いに強化しあう二つの要素によっている。つまり、近代産業が莫大な設備投資に加えて、そのような設備を動かすための専門家を含めた従事者の生計の上にのみ、一言でいえば、機械のシステムと人間のシステムの上にのみ可能であるからであり、他の一つは、公平な競争という市場本来のメカニズムのためである。前者の圧力を受けないとき、市場は、生産と消費の文字どおり公平な調停人であることができた。もともと市場は「現場」と「現在」の調節者であり、「未来」のための調節者ではない。拡大生産を維持せざるをえない近代産業が登場するとき、市場の機能は変質する。それは未来の生産と消費を占う新しい権威者になる。「自己目的化」と呼ぶなら、むしろ市場という媒介者の自己目的化であり、その自立である。いずれにせよ、この「未来」を基準にする近代市場の登場によって、生産と消費は抽象的な予想の数字でしか見ることのできないものになる。資本主義モデルは生産と消費の具体的な姿が完全に見えなくなる時代のものである。市場原理は、それが独占や、寡占、カルテルを排して、公平であろうとすればするほど、原価償却と日々の生計をかかえた、機械と人間のシステムを激しい販売競争に巻き込んで、爆発的な、いわば盲目的な、大量生産を生む。

生産と消費の均衡

資本主義に関するまことに多くの理論と、その反論はいずれも――単純化すれば――この、見えない消費と生産をめぐる解明の試みであったといってよい。「経済」の目的は、私たち生活者の一人一人の需要が、品目の上からも、質的、量的、時間的にも、過不足なく充足されるような供給の体系をつくることである。たとえ、夢物語といわれようとも、完全な生産と消費のバランスこそ経済の理想であろう。A・スミスがそれを「見えざる手」に委ねたことはあまりにも有名だが、彼がいおうとしたのは、すべての経済現象の原因は、人間本来の利己心にあり、お互いの利己心の生み出す力学が、結局公平な交換価値を見つけ出して、秩序だった「商業社会」（commercial society）を可能にする、ということであった。消費の背後には使用の欲求がある、しかも、その欲求は無限である、というのが当時の、同時に今日の経済学の常識になっている。そもそも、スミスが出発点においた古典学派の労働価値説も、マニュファクチュアの初期段階には、個人労働（的生産）の姿がまだ仮想できたからこそ可能だったのであり、やがて生産行為が完全に大工業に飲み込まれてしまう時代には、労働量という交換比率から、生産と消費の実体をとらえる試みは、スミス説とともに、経験科学でなくなってしまうのである。

その意味では、オーストリア学派の有名な「限界効用均等の法則」も、直接には見ることのできなくなった生産と消費の姿を、可視的な消費者個人の収入と支出の実態から推定しようとする試みであり、結局、経済全体の需要と供給の間には一般的な均衡状態が成立するという考えである。物（商品）に価値を与えるものは労働の量ではない。消費の際に生じるメリットである。しかも、その価値（メリット）は、いわばもっとも安い価値（＝限界効用）である。消費者はそのようなもっとも少ない支出（価値）で、もっとも大きいメリットを得るように行動する。すべての消費者が同時にこの合理性を貫くとき、浮動する価格（価値）は次第に収束し、生産と消費は均衡状態に達する。L・ワルラスがこの力学の基礎に置いた、個々の消費者による「効用」という判断の根拠は主観的にすぎて、科学的基準になりえないとするローザンヌ学派のいわゆる「選択の理論」でも、めざすところは同じである。この点だけを取り上げれば、その後の、幾何学や、高等代数学や、微分方程式を使って、さらに科学化しようとする新しいすべての経済学も――さらに、社会主義というわけではなくても、国家介入の指向、つまり、当該システム外の動力を使って安定化を試みる指向も含めて――まったく同じ方向にあるといってよい。皮肉ないい方をすれば、神の手によってであれ、自然科学的法則によってであれ、なぜ、工業社会の経済学がこれほど均衡教（？）に救済を求めるのか、その究極の原因は、爆発的な大量生産によって、うまくフィードバックしなくなった生産と消費と、その両者の姿を隠してしまう市場原理神への恐れにある。

マルクス主義

このような欠点を除くために、抜本的なシステムをつくり上げようとする試みが現れた。周知の社会主義経済である。その世界では、過剰生産による恐慌も、したがって倒産や失業も、不公平な分配も、したがって階級支配も存在せず、希望どおりの生産労働と、欲するままの消費行動が保証されているのであった。人びとの消費欲求が正確に把握され、消費とともに、それを支える労働が適当な量だけ、適当な時間に配分されるために、巨大な権力の一極集中が行われた。しかし、このシステムも不透明な生産と消費の解決策にはならなかった。なるほど生産では、その強力な官僚機構によって、不安定要因を制御することが可能になったといえるが、消費の実態が見えないという点では、資本主義経済とまったく変わりがなかった。なぜなら、市場システムの廃止は、現代社会の多様で巨大な消費の数値的表示を廃止することであり、結果的に、生産の適正な配分計画を立てることができなくなったからである。市場の評価（すなわち価格）のないところに数量計算はない。価格は——理論的には——投機や寡占によって歪められないかぎり、また他の経済圏による攪乱材料をもたないかぎり、当然、消費者の欲求の種類と量を、もっとも忠実に反映するものだからである。

社会主義経済学は、もともと、その本家のマルクスが倫理的な理想家であっただけに、その政策的指向はあまりにも道徳的すぎて実態にそわぬ恨みがある。くだいていえば、制度に歪められていない真の「人間」は、合理的な善人であり、利潤などという不純な動機づけによらなくても、万人のための社会的労働に喜びを見出すはずだ、と考えやすい欠点がある。その思想ばかりでなく、彼の経済学もまた「ミネルヴァの梟」のそしりを免れない。しかし、ミネルヴァの哲学者には過去の社会がよく見える。マルクスは見事に、近代資本主義が矛盾に満ちており、その効率という利点が、やがて経済体系そのものを破壊する欠点につながることを、明示したのであった。

資本主義文化の矛盾

ダニエル・ベルも指摘するように、資本主義文化の生産と消費は、本来、原理的に相反する関係にある。つまり、M・ウェーバーのすすめるような禁欲的生産に徹すれば、消費はふるわなくなり、「消費王」ルイ一四世のすすめる快楽的消費に走れば、生産の倫理は崩壊して、消費自体も不可能になる（D・ベル『資本主義の文化的矛盾』林雄二郎訳、講談社、一九七九年）。同様に、貯蓄と投資も——ケインズの引くマンドヴィルの『蜜蜂物語』の風刺のように——正反対の関係にある。もちろん、西欧資本主義の最初のエートスは禁欲と、正直（すなわち神を仲介者とする契約履行の精神＝規則遵守）である。それが近代的生産の基礎になる資本蓄積と、科学技術の法則性発見を容易にした。しかし、「地上の天国」の理想が最初の目標にした大量生産に成功すると、当然、この初期の倫理は変更を求められる。なぜなら、大量の供給は大量の需要（＝欲求）によってのみ消化されるからである。「西洋の大変革における消費変化の役割に初めて注目した」と自負するN・マッケンドリックたちにしたがえば、西欧近代の産業革命は、当然、消費革命を含むものであり、「それが社会を変えた徹底性から言って、新石器革命しか匹敵するものがない」（G・マクラッケン『文化と消費とシンボルと』小池和子訳、勁草書房、一九九〇年より重引）。

この研究者たちの想定する近代消費革命の時期は、一八世紀のイギリス、一九世紀のフランス、あるいは再び一五〜一六世紀のイギリス（M・ムケリー）と、まちまちであり、したがって先ず貴族たちの、いわばポトラッチめいた社交出費（T・ヴェブレンのいわゆる「誇示的消費」）が生産と輸入に拍車をかけ、それが、やがて、例のG・タルドの「劣等者による優等者の模倣」として大衆消費を促した、という説と、そうではなくて大量生産の圧力は必然的に大量消費を求めるのだから、この貴族主導原因説は現象の記述に過ぎない、という説で混乱しているが、彼らの強調する生産・消費リンク説からいえば、ニワトリとタマゴの議論である。消費があるために生産があり、生産があるから消費がある。この両者の関係はロラン・バルトも公式化するように、消費が生産を上回れば貧困があり、消費と生産が等量であれば実用が、生産が消費を超えるなら流行がある（R・バルト『モードの体系』佐藤信夫訳、みすず書房、一九七二年）。したがって最初の超過生産の解決が――ジンメルの流行論（『ジンメル著作集7　文化の哲学』円子修平訳、白水社、一九七六年）に説かれた「他人に先駆けたい」ための消費と、「仲間外れにされたくない」ための消費のような――二重の消費圧力に求められたのは当然のことであった。いずれにせよ、近代資本主義の巨大な生産力は、大量の消費をめぐって、マクラッケンのいうように「一九世紀後期のフランスの博覧会、デパートメント・ストアの設立、ファッション・ショウの開催、クレジットの導入」（前掲書）と、あらゆる手段を駆使することになる。この消費革命は、さし当たって、過去には稀少な贅沢品であったものを大衆化する手段、つまり安い価格で同じものを大量に提供すること、によってなしとげられた。よく引用されるヘンリー・フォードのT型自動車の例、すなわち少品種・大量生産の戦略であった。

2　ポスト工業社会と消費

フォードとGM

しかし、資本主義の巨人が、同じ巨大な消費を求めた、この最初の消費革命はすぐに行き詰まる。「皮肉なことだがT型モデルに対するフォードの信念は、旧世界の信念であった。新奇な商品よりも完全なものに仕上げることの出来る商品を信じ、消費者の嗜好にアピールするよりも技術と機能に重点をおいた彼は、けっきょくは時代に取り残されることになってしまった」（D・J・ブーアスティン『過剰化社会』後藤和彦訳、東京創元社、一九八〇年）。ブーアスティンは大量消費が、当該の消費者の心理を急速に変えてゆく姿を、それがいかに素早くフォードと隔たってゆくかを、的確に描く。「一九二二年になっても彼［フォード］はこういっている。≪消費者に奉仕するためには、可能な限り何時までももつものをつくり出すことができなければならない——私たちのつくったものを買った人は、もう二度と買う必要を感じなくなるようにしたいのだ。前に出した型が古くなってしまうようなそんな改良は私たちはしない——≫。彼は本当にそう信じていたし、その理想を実現する力ももっていた」（前掲書）。

しかし、すでにバルトを引用したように、消費を上回る生産には、基本的にモードの必然性が隠されている。そのようなモードの力に注目した新しい考え方は一九二七年に現れた。その人は「アルフレッド・P・スローン・ジュニアであった。彼は生産者から購買者へと視点を移動させた。スローンはゼネラル・モータースへ移ってから、新しい、極めてアメリカ的なやり方を生み出した」。彼はこの年の九月九日、「ローレンス・P・フィッシャー（フィッシャー自動車ボディ会社）宛ての手紙にこう書いている。≪将来の大問題は、わたくしたちの車の車種に差をつけ、しかも年ごとに違いをつくり出すことである≫」（前掲書）。ブーアスティンは、この戦略を「消費の梯子」と呼んでいる。なぜなら、それらの車種の間の「差はあまり大きなものでは駄目だ。シボレーをもっている人たちが、いずれはビュイックに乗れるなと思い、ビュイックのもち主はいずれキャデラックに乗れるな、と思えるようにしておかなくてはならない」（前掲書）からである。多品種・少量生産の戦略は見事に当たり、周知のように、一九二七年、この戦いはGMの完全な勝利に終わる。一九三二年にはフォードはクライスラー社にさえ抜かれて第三位に転落する。ここで面白いことは、その後、ヨーロッパに進出したフォード（一九二五年、ドイツに進出）と、GM（一九二五年、イギリス・ボグゾール社を、一九三〇年、ドイツ・アダム・オペル社を買収）が、同じ歴史を六〇年後に繰り返すことである。すなわち、一九九〇年、ついにヨーロッパ・フォード一〇・九%、GMヨーロッパ一一・〇%と、過去に一度もゆるがなかった販売シェアが逆転する。おまけに、GMが九一年までの過去一〇年間に一〇車種のモデルチェンジを行ったのに対して、フォードは五車種と、半分であることも（『モーターファン』一九九一年一二月号、三栄書房）、非常に興味深い事実である。なぜなら、このことは――ヨーロッパ消費社会がアメリカに六〇年遅れているということではなくて（ヨーロッパ車との競合を考慮にいれなければならない）――消費が、後に述べるように、文化と深い関係にあることを示す好例だからである。

記号の消費

それはともかく、スローンの宣言から数えて四五年後に、J・ボードリヤールが「記号の消費」といういい方で特徴づけたポスト工業社会の消費の原型が、ここに始まったのである（『物の体系——記号の消費』宇波彰訳、法政大学出版局、一九八〇年）。車としてのフォードは、一度手にはいれば——それはフォードその人が保証するとおり、たいへん品質の良いものだから——先ず「二度と買う必要」はない。しかし、シボレー、ビュイック、キャデラックという差異（エンブレム）によって、わたくしたちは同じ一台の車の機能を、GMから三度、買わされる危険（?）がある。しかも、顧客は買い替えるたびに以前より、より高い記号を買うことになる。ただし、このポスト工業社会下の消費革命の戦略は、既存の差異、つまり過去の階級社会の記号（すなわちプレステージ）を利用する工業社会初期のトリクルダウン方式（C・W・キングの用語法、石川弘義「流行理論の系譜」『講座・現代の社会とコミュニケーション』第五巻、東京大学出版会、一九七三年）と違って、みずから落差をつくり出さなければならない。それは通常のヴァーティカルな落差ではなくて、たとえばM・エッシャーの錯視画に見るような、永遠に登り続ける螺旋階段とか、滝壺が同時に滝口になって永久に水の循環する屋上庭園といった、いわばホリゾンタルな仮構の落差である（J・P・フリスビー『シーイング』村山久美子訳、誠信書房、一九八二年）。

何も描かれていない平板な民主的白紙の上に、後期資本主義は偽物の階級をつくり出す。宮廷人でない人の使う王室御用達品、一万円の服地に一〇万円の正札を付けること、豪華な包装によって商品価値を高めること、いわゆるブランドものの繁盛。さらに、そのような個別の販売戦術を、連続した戦略に変えるために、コマーシャリズムは巨費を投じて、架空の物語を創造する。後期消費革命の消費が「夢の消費」、「神話的消費」、「物語消費」といわれる所以である。そのもっともわかりやすい例は遊園地である。古くはデンマークのチボリ・ガーデンから、最新のフランスのディズニーランドまで、所帯じみた日常性をできるだけ見せないように、人びとを隔離して「貴族の贅沢を民主主義的に享受させる」(一八四三年、デンマーク国王に対するチボリ開園目的の説明文)。博覧会とマラソン大会、あらゆるイヴェントの花盛りによって毎日は祝日に、スキー小屋はレジャー・ホテルに、湯治場はクーア・ハウスになる。文化人類学者とともに日本を訪れたラオス山岳民族の、メオ族の一人の少女はいっている。日本では毎日が正月だと――。

このような、差異と階層の演出の極点として、大塚英志は「ビックリマン・チョコレート」の例をあげている。商品の差異化を図るための「食品としては常軌を逸した辛さのスナックや、動物キャラクターをあしらった《可愛い》お菓子」は従来もあった。それらは「最終的には消費者の口に入るということで」商品でありえた。「食品としての最後の一線だけは」守られていた。「可愛くて食べられないと言われつつも食べられることで」商品でありえた。しかし、ビックリマン・チョコでは、子どもたちは「ビックリマン・シール」を取り出すと、チョコレートは捨ててしまったのである。大塚氏にいわせると、それは「仮面ライダースナック」のような原作に便乗した二次的キャラクター商品でもない、完全にみずからの物語をもつ(シールを集めることで物語が展開する、そして最後には子どもたちみずから物語を創造する可能性のある)もはや商品とはいえない商品、すなわち、売れるという点では商品、ただし捨てられる商品である(大塚英志『物語消費論――「ビックリマン」の神話学』新曜社、一九八九年)。

「記号の消費」は、もともと、過剰な生産を解決するための資本主義の戦略から始まったものであったが、結果的には、生産主導型の社会から消費優位の社会への変化を示唆するものになった。つまり、生産者が需要を求めて、次々と展開せざるをえない、消費者向け選択肢の拡大戦略は、当然、消費者の欲求と嗜好をとらえるものでなければならず、消費者の生活情報の正確、迅速な入手が最優先課題になったからである。「情報」と「遊び」が重要問題になった。「画一的な大量生産と大量消費を実現した産業社会は、高度情報社会、あるいは消費社会と呼ばれる新たな社会へ移行」（正村俊之「コミュニケーション――現代における構造的再編」塩原勉他編『現代日本の生活変動』世界思想社、一九九一年）し、「当初、それ〔産業化〕を押し進めた生産＝効用の論理や、禁欲主義的な諸エートス」は「生産の論理に基づく合理性のシーンから離れて〔オフ・シーンして〕」、「ゆらぎ」、「戯れ」はじめ、「モノは――はじめて人間的な表情や感性をもった対象になる」（内田隆三『消費社会と権力』岩波書店、一九八七年）のである。別の個所で、上記の正村氏が「生産と消費は二項対立的な性格を弱め、従来の生産を特徴づけていた《社会的》〔ゲゼルシャフト的、池井、注〕とは別の意味において《社会的》〔ゲマインシャフト的、池井、注〕になりつつある」（正村俊之「近代の行方」吉田民人編『社会学理論でとく現代のしくみ』新曜社、一九九一年）というのも、同じ内容を指している。すなわち、大量生産、大量消費の時代には、個人は商品を実用的に使用していた。しかし商品にさまざまな記号（段階的差異）がもち込まれると、人びとはそれによって個性や、遊びを表現できるようになる。かつてジンメル流の都市論で盛んに論じられた現代人の匿名性、人格の無名性（アノニミティ）が、豊富な品ぞろえ商品によって克服される希望が生まれる。人びとは、その人が購入し消費する商標によって、当該者の思考とセンスを判断し、社交するようになる。本来は個人的な性質のものであった消費が、社会的な意味をになって登場する。正村氏のいい方を借りれば、生産とは「別の意味で《社会的》に」なるのである。

生産と消費の地位の逆転は、コミュニケーション論にも革新を求める。正村氏は、それは、消費が生産に対して発信するまったく新しいスタイル「ニュー・テレ・コミュニケーション」を認めることから始まるという。新しいコミュニケーションは、口コミのような双方向性をもちながら、マスコミのような非対面性、遅滞(タイム・ラグ)性、大容量(伝達能力)性、過去の活字情報技術に見るようなアウトプットの任意性をもっている。それればかりでなく、データベースのような技術によって、従来にはまったく見られなかった「探索型コミュニケーション」が可能なのである。このことは、従来から情報とその伝達自体に本来そなわっている不都合な性質としていわれてきた、ノイズの参入、秩序の自発的喪失が、かえって消費の有効な戦略として活用されることを可能にする。つまり、単純な口コミの時代には、情報の歪曲としてほとんど否定的にのみとらえられていたものが、コンピュータ・コミュニケーションでは、その正確な伝達能力を背景に、むしろ積極的な加工の技術として、意図する人間関係、社会関係の創造に役立てることができる。すでに述べた物語消費も、その一例である。

消費社会のなかの人間

これを、私たちの身近な例で検証してみると、戦後経済をようやく脱した一九五〇年以降、文字どおり「大きいことは良いことだ」と拡大を続けてきた日本経済は一九七三年のオイルショックとも重なって低迷しはじめ、それまでの大量生産、大量消費経済の方向転換を余儀なくされる。当時の流行語になった「重厚長大より、軽薄短小へ」は、言葉を換えれば「生産社会より消費社会へ」の転回だったのである。こうして八〇年代の付加価値競争は、まさに消費社会論の公式どおりに展開して、いわゆる今日のバブルの崩壊（一九九一年九月～一一月）まで、稲増龍夫のいう「トレンドの時代」を迎える（稲増龍夫『ポスト個性化の時代――高度消費文化のゆくえ』時事通信社、一九九二年）。稲増氏の「トレンド」とは、六〇年代後半の対抗文化が提唱した個性化、多様化のイデオロギー「ナウ」（やはり彼の名づける）とは少しニュアンスの異なる、いわばシニカルな個性化時代を指すようだが、ここで彼が心配するのは、バブルの崩壊とともに「トレンドはアダ花」であり、「商品は機能性の原点に帰るべきだ」という短絡的思考が生まれることである。たしかに八〇年代の付加価値競争は、結局、商品サイクルの短命化を促進して、多くの無駄を生んだことは事実だが、それでは「せっかくのこの一〇年の成果を全否定することになる」というわけである。

稲増氏の心配はしばらくおき、「消費が《社会的》になる」という正村氏の説明にせよ、先の内田氏の「モノは――はじめて人間」味をおびた、やさしい「対象になる」にせよ、消費社会論の要点は、「爛熟消費の段階」（稲増、前掲書）になると人びとが生産の論理に振り回されなくて済むようになる、社会は新しい消費の論理によって動くようになる、ということである。消費社会の出現によって、「理性の対極に位置する模倣が（＝過去には低く評価されていた、流行のような感性的行動が）――ポジティヴな役割を演じる」（正村、前掲書）ようになり、「近代の工業化社会の成立平面（＝構造基盤）および書式（＝論理的枠組み）」では評価できない「新しい実定性（＝主体性）の形態」（内田、前掲書）が生まれている、という主張である。この新しい消費の理論によって、私たちは、工業化社会の論理では解きにくかった、現代のすべての現象を説明することができるかのようである。

今日、喧伝されている消費社会論には、さまざまな局面が見られるけれども、そのめざすところは多様化する現代社会の人間性の回復、ないしは新しい人間性の確立にあることはみな同じである。再び正村氏を借りれば、「状況的な個別性を超越する〔=普遍的人間像の追求という硬化した〕近代的理性の働きに代わる」、「状況的な多様性に志向する〔=変化する社会環境にアダプトする〕知の働きが求められ」ている。もちろん、この「人間性」という言葉自体、先にあげた近代経済学の前提「人は無限の消費欲求をもつ」と同じように、工業社会の論理に属するものであり、生産より消費への枠組み変換によって、新たにとらえ直されなければならないには違いないが、いずれにせよ、今日、近代的個人主義に代わる何らかの人間像が求められており、私たちの先進消費社会に、その成立の可能性があるという主張であることには変わりがない。

3　消費社会論・その後

生産と消費のループ

少品種・大量生産であれ、多品種・少量生産であれ、現代社会生活の問題点は、あらゆる経済活動が無限に拡大、分化し続けて、再び収斂しようとしないことである。しかし、この行方の見えない無限の生産も、「消費」の立場に立つことによって、新しい展望が見えるかもしれない。少なくともそうあってほしい、という期待が消費社会論の背景にある。つまり、基本的な部分で今日の消費社会論は、私たちが冒頭にあげた「透明な生産と消費」の期待と重なっている。ただ、私たちの視点と異なる点は、前者の議論が生産と消費の関係にのみ集中しているかに見えることである。

ポスト工業社会の消費論は、生産というものが最後に直面せざるをえない「廃棄」を視界に収めたものでなければならない。なぜなら、近代的生産が市場（＝社会）と結びついて初めて成立し、生産の意味がすっかり変わってしまったように、現代の消費も、村落共同体モデルの消費とは異なっている。それは廃棄物処理場（＝自然）との関係でまったく異質のものだからである。そもそも――資本主義的生産の初期にはあまり気づかれなかっただけのことで――工業社会を生産・消費のカップリングだけから見ようとすることが間違いである。ボードリヤールのいうように、巨視的に見るとき、生産と消費は対概念でさえない。消費社会が成立するためには、物質の破壊が必要になる。「使用」とはゆっくりした消耗のことであり、「価値の創造」は急激な消耗（つまり破壊）によって起こる。破壊によってこそ消費は意味のあるものになる。だから、生産の反対は破壊であり、「消費は生産と破壊の中間項にすぎないのである」（J・ボードリヤール『消費社会の神話と構造』今村仁司・塚原史訳、紀伊國屋書店、一九七九年）。

このボードリヤールの説明をもう少し広げると、工業社会の真の姿が明らかになる。すなわち工業とは、自然から〝自然〟にいたる次のループ上の経過的営みにほかならない。

　自然―収奪―生産―市場―消費―廃棄―〝自然〟

しかも、世界的規模で見るとき、工業社会は二重構造になっている。ポスト工業社会の「モードの体系」は、いわゆる発展途上、ないしは停滞の社会では通用しないばかりでなく、前者は後者の犠牲の上に成り立っている。後者が先進消費社会の恩恵に与ることは、ほとんどないばかりか、ポスト工業社会の国ぐにの廃棄物処理場にさえ、されることがある。この点を無視した、つまり、ただ、私たちの身の回りの消費行動のあり方と、それに付随する消費志向の微視的変化だけを問題にする社会と人間の理論が、もし企てられるとしたら、それは近視眼的な消費論といわれても仕方がないであろう。

私たちが現在、見ている物は一切が（山も川も土も）商品であり、市場と結びついたそのような物は、もはや人間存在の対極としての物の存在ではない。「モノ」も、(モノの機能を超えた) いわゆる「ガジェット」も、共に商品であることに変わりはない。ちなみにいえば、消費社会論でよく取り上げられる、主に生産社会に登場する「効用をもつモノ」と、消費社会を基盤にする「超機能的なモノ」という区別は、ここではあまり意味がない。なぜなら、後述のように、現代商品社会では「機能」も「記号」も区別できないからである。私たちには、常識的な「物」と「商品」の区別だけで十分である。本題にもどれば、物は自然の法則にしたがってみずから劣化、消滅して、地上に循環することができる。しかし、商品にはそのような完結性はない。商品は、資本主義社会のなかの「欲求」の法則にしたがって、欲求そのものを生み出しながら無限に拡大し続ける。それは再び、人間の意志と手によって自然界へもどされなければならない。

工業化社会では、当時、まだ残存していた物の存在を手掛かりに、私たちは人格を完成することができた。しかし、商品によって人格の内面的統一を試みることはできない。私たちの人間哲学の根拠は、基本的に、過去の社会のものである。このことが「消費における個人化が進行するなかで、近代的個人主義の崩壊が進」む (正村、前掲書) 理由であり、「バブルの崩壊という下部構造の変容と連動して——トレンドはアダ花であった、という短絡的な総括がなされ」る (稲増、前掲書) 原因である。つまり、問題の核心は、フォードかGMか、製造業かサーヴィス業か、といった枝葉末節にあるのではない。好むと好まぬとにかかわらず、この地上の存在を収奪し、生産、消費して、再び廃棄せざるをえない私たち人間が、現在のような盲目的生産と、その (国際的にも、国内的にも) 不平等な配分をやめて、どれだけ合理的な、つまり文字どおり経済的な、理性的な手段と態度をとることができるか、それに見合った人間像、世界像を描くことができるかという点にある。いいかえれば、再び私たちが、この巨大な資本主義経済システムのなかで、目に見える生産と消費の姿をもつことができるか、という課題にある。

文化と虚構

なお一つ、私たちが注意しなければならないことは、文化のなかの「機能と記号」一般の問題である。私たちは普通、常識的には、資本主義経済の初期では商品が主に機能として消費され、したがって生産者主導の社会になりやすく、成熟した資本主義社会では記号的商品消費が増加する結果、消費者、ないしは大熊信行氏のいう「生活者」（大橋照枝「消費――超成熟消費社会の快適消費志向」前掲『現代日本の生活変動』）が完全にイニシアティヴをとる社会が生まれる、と考えたいのだが、事情はそれほど単純でない。もちろん、この大橋氏の名づける「超成熟消費社会」では、消費者不在の、生産側に都合のよい経済構造が改められていくことはたしかであろう。しかし、氏も条件つきで賛成しているように、そのことがただちに「生産の論理から生活の論理への完全なパラダイム変換」を意味するとは限らない。なぜなら「機能」と「記号」は、二者択一（either or）ではなくて、二者同時（as well as）の問題だからである。物が市場を介して商品として登場したとき同時に、そして、そのとき以来、物はすでに記号化されているのであり、競争圧による差異化を受けている。人びとが現代に生きるかぎり、機能は記号として、記号は機能として、同時に消費されている。このことは、たとえばある物に機能の占める分量や割合が多いとか、少ないといったことではなくて、性質の問題なのである。純粋に機能としての物は、最初にあげた「村落共同体モデル」のなかにだけ存在する。現代経済社会では、機能としてだけの物は存在しないし、同じようにまた、真に記号だけの商品などというものも存在しない。ビックリマン・チョコの場合も、あくまでチョコレートを借りたビックリマンであって、ビックリマン（記号）だけがあって、チョコレート（機能）のないビックリマン・チョコは存在しないのである。

私たちが、この「二者同時」を見落とすとき、「バブルの崩壊という下部構造の変容と連動」して、消費文化は「アダ花であった、という短絡的な総括がなされ」（稲増、前掲書）、「脱工業化社会のようなものは存在しない。製造業が重要である――しばしば新しい概念がわれわれの幻想をつかまえ、世界観を色づけするものだが、脱工業化社会の概念はまさにそのようなものである」（S・S・コーエン、J・ザイスマン『脱工業化社会の幻想――製造業が国を救う』大岡哲・岩田悟志訳、TBSブリタニカ、一九九〇年）という片寄った主張が現れる。少し景気が悪くなると、生産社会の回顧へ、ちょっとでも景気回復の気配が見えると、さっそく消費社会礼賛へ、という浅薄な議論になりかねない。

経済に現れる機能と記号の関係は、文化のなかの現実と虚構の関係に似ている。記号や虚構は、機能や現実の上に立ちながら、しかし、だからといって、単なる後者の反映に終始するのではない。記号は、機能に制約されながら、後者の発展を加速し、あるいは抑止しつつ、「商業社会」（A・スミス）の循環を可能にする。これが、ボードリヤールの「記号の消費」、つまり消費の優位、の本当の意味である。現代の先進工業諸国がたどった過激なまでの消費社会化の過程は、私たちの経済生活が、もともと記号の消費生活にほかならないことを認識させる結果になったが、「超成熟消費社会」が教えたのはそれだけではない。機能は記号によって、記号は機能によって初めて可能になるということである。よく誤解されるように、記号は機能に、歴史的に偶然つけ加わったもの、などではない。社会主義社会でも、生産力が発展すればするほど、人びとの価値観も多様になり、物も多様化して記号性をあらわにする。世界経済の現実が示すように、機能が記号性を失うとき、経済は停滞し、記号が機能を離れて恣意的な自律性を主張するとき、文化は空転する。真の文化は、現実の基盤に拘束されながら、自由にその空想を実現してゆく。文化は――経済の現実なしには、ありえない――虚構だが、この人間の虚構がなければ、また現代社会も存在していない。

参考文献

塩原勉他編『現代日本の生活変動』世界思想社、一九九一年
仲村祥一・中野収編『大衆の文化』有斐閣、一九八五年
D・J・ブーアスティン『現代アメリカ社会』橋本富郎訳、世界思想社、一九九〇年
D・ベル『資本主義の文化的矛盾』林雄二郎訳、講談社、一九七九年
J・K・ガルブレイス『ゆたかな社会』（第二版）鈴木哲太郎訳、岩波書店、一九七〇年
J・ボードリヤール『物の体系――記号の消費』宇波彰訳、法政大学出版局、一九八〇年
内田隆三『消費社会と権力』岩波書店、一九八七年
大塚英志『物語消費論――「ビックリマン」の神話学』新曜社、一九八九年
稲増龍夫『ポスト個性化の時代――高度消費文化のゆくえ』時事通信社、一九九二年
S・S・コーエン、J・ザイスマン『脱工業化社会の幻想――製造業が国を救う』大岡哲・岩田悟志訳、TBSブリタニカ、一九九〇年

ユーロ・ディズニーランド

富永茂樹

ディズニーランドのことを考えるといつも思い出すのだが、はじめてフランスで暮らした頃に、どこでもよいがたとえばカルカッソンヌの古城を訪ねると、ウォルト・ディズニーの映画に出てくる、またはディズニーランドのなかにある眠りの森の美女の城のようだという感想をまず抱いてしまうのだった。これは、ある風景を眺めて「絵のようにきれいだ」というのとよく似て、本末が転倒した印象である。ディズニーの世界こそがヨーロッパの城をまねたものなのであるから。だが、それほどまでにわれわれの、少なくともある年齢以下の日本人の頭のなかには、ディズニーをとおして形成されたヨーロッパのイメージがはいってしまっているのだ。もちろんアメリカ人自身も同じことだろう。

そんな《ほんもの》の城がいくらでもある場所にディズニーランドを持ち込んだとして、だれがわざわざ《にせもの》を見に行くだろうか。この春パリの郊外に開園したユーロ・ディズニーランドは、当初の予測を大きく裏切ってかなり人気がないようである。はじまってまだ半年ばかりなので、早急な判断をすることはできないけれども、コピーが現物の傍らに並ぶのはやはりずいぶんとむずかしい。今後はむしろ西部開拓史を語るフロンティアランドや、宇宙の未来に目を向けたトゥモロウランド、つまりほんものとにせものの区別がさほど目立たない部分がここでの中心になるのかもしれない。

もっとも、そうした修整だけではこのアメリカの夢の世界（詳しくは大澤真幸『資本主義のパラドックス——楕円幻想』〔新曜社〕のなかのすぐれた分析を見られたい）は、まだヨーロッパには充分に定着しそうにない。ヨーロッパの人間が必ずしもすべてのアメリカ文化にたいして否定的であるわけではない。フランス人のジャズ好きはよく知られている。マクドナルドのハンバーガーも最近ではけっこう受け容れられている。アメリカ人の祖先たちが三百数十年前に離れた旧世界には、しかし、新大陸で発達した、そして今日ディズニーランドが体現している均質で清潔な世界にたいする、ある種の抵抗感がどこかに残っているのだ。これは、従業員とのかかわりですでに生じている問題からもうかがわれる。昨年の秋にスタッフの募集がはじまったとき、テレビや新聞でしばしば取りあげられたのは、会社が髭や長髪また女性の長い爪を禁止しているという点であった。

パリのマクドナルドで感心し、これとは対照的に他の同種の店であきれるのは、店員の質の良さと悪さ、いいかえれば店員の教育の徹底度である。ディズニーランドもマクドナルドと同じく、成功のためにはスタッフの充分な管理がぜひとも必要になるだろう。たしかにミッキー・マウスのぬいぐるみがのらりくらりと歩き、客に生意気な言葉を吐いている姿は見られたものではない。しかしあのごくごく個人主義的なフランス人が画一的な身なりをして、従順な表情で客に接することはいったい可能だろうか。いや、将来的にまったくありえないことではない。なにしろこの国は今すごい率の失業に苦しんでいるのであるから、髭や長髪をめぐって抵抗しているだけの余裕はないともいえる。だが、ディズニーランドがこうして定着したとき、そのときこそ地球上で均質で清潔な空間が完成するときであるにちがいない。

ユーロ・ディズニーランドの成功ないし失敗は、アメリカが追求してきた夢がほんとうに普遍的なものであるかどうかを確かめるための、そしてまた、東京ディズニーランドをとおして同じ世界にたやすく、きわめてたやすく同調したかに見えるわれわれ自身の文化を検証するうえでも、重要な参照枠を提供してくれることだろう。

第4章　国際化と文化摩擦

今津孝次郎

1　文化摩擦

文化と民族

言語をはじめ、日常生活習慣や規範、価値意識そして宗教までも含んだ生活様式全体としての文化は、社会に対する機能と個人に対する機能をもつ。社会に対しては、文化は一定の文化が及ぶ地域を集団として統一させ、環境に順応できる生活の型を提供し、集団を存続させる。また個人に対しては、その文化を共有する人びとに環境に順応しうる具体的な生活様式を与えるとともに、自己表現の方法を指示し、集団の成員として他の成員とのコミュニケーションが容易に成立するような行動様式に染めあげる。諸個人はこの行動様式に馴染むことによって、安定感や安心感を得ることができるのである（作田啓一「文化の機能」『講座社会学・第三巻・社会と文化』東京大学出版会、一九五八年）。

人間は一定の文化のなかに生まれてから、言語や食生活をはじめさまざまな生活習慣、行動様式、価値意識を習得していく。それは一定の国や地域のなかで具体的に生活する人間となっていくための基本的な過程であり、文化人類学ではそれをとくに「文化化」（enculturation）と呼んでいるが、この言葉は人間が人間であるために文化がどれほど重要であるかを物語っている。つまり、文化は人間の生活を成立させ、その生活を保護し、維持し、発展させるとともに、自分は何者であるかというアイデンティティをもたせるはたらきをするのである。このように、人間は文化なしに生活することはできない。人間にとって文化が第二の本能であるという言い方がされるのもそれゆえである。

ところで、一口に文化といっても、現実にはさまざまの文化が地球上に存在している。多くの言語があり、それぞれの言語を核とした生活様式に基づく多様な文化が併存している。そして、そうした一定の文化を共有して構成された集団が民族である。一般に、世界中には三、〇〇〇以上の民族があるといわれているから、文化もまたそれだけの種類があることになる。ところが、これらの民族が自民族内だけで生活を自足していれば、多様な文化も単なる併存ですむ。しかし実際には、三、〇〇〇以上の民族が二〇〇ほどの国家のなかにおかれているわけだから、同一国家内で異民族・異文化が相互に出会わざるをえない。

近代の国民国家は、中央集権的な政治的統一をはかるために強力な文化統合を押し進めるが、それゆえに国内の各民族文化と常に緊張関係におかれる。国家の力や、一定の政治イデオロギーが強力である場合には、そうした緊張もおさえることができる。しかし、そうした力が弱まると、各民族文化は互いにぶつかり合うようになる。各文化はそれに馴染んだ人びとに安定感や安心感、さらにはアイデンティティをもたらすだけに、異文化相互のコミュニケーションは容易なことではない。各民族が保持する文化はもともと違うものであり、互いに触れ合うと意思疎通を欠きやすく、誤解や軋轢を生じやすい。

「文化とは、他民族に対する不信の体系である」とさえいえるほどなのである（梅棹忠夫『二十一世紀の人類像――民族問題をかんがえる』講談社学術文庫、一九九一年）。あるいは、最近の世界各地での民族間抗争をみれば、「文化は人類社会の調和的発展にとっては、むしろマイナスの要因となる」とさえいえるのである（青木保『文化の否定性』中央公論社、一九八八年）。

もちろん、文化相対主義の立場から、いずれの文化も独自の背景のもとに固有の体系として評価すべきであると考え、自文化の優越を主張せず、互いの文化を理解し合うよう努力すべきである、という意見には誰もが賛成するだろう。しかし、そうであるならよけいに異文化間のコミュニケーション・ギャップそのものは依然として現実問題となり続けるのである。

国際化・情報化と文化摩擦

さて、一九八〇年代に入った頃から「文化摩擦」という言葉が、「コミュニケーション・ギャップ」「カルチャー・ショック」「異文化ストレス」といった用語とともによく聞かれるようになった。これら四つの言葉のうち、前二者は相異なる文化間の齟齬を文化のレベルで客観的にとらえた概念であり、後二者は異文化に遭遇した個人が体験する心理的反応を表した概念であると整理することができよう。

文化摩擦とは、異文化が出会うことによって生じるコンフリクトのことである。互いの葛藤が激しくなって、明らかな「紛争」となるような段階にまでいたっていない状態が「摩擦」という表現でとらえられている。同時にこの表現には、相互理解への期待が込められており、相互理解の努力によって紛争を回避しうるという考え方も込められているだろう。

一九七〇年代以降、わが国では経済力が高まり「国際化」が急速に進行するとともに、「国際化」はいっそう積極的に押し進めるべき日本社会の基本目標ともなった。ただし、文化を異にする国家や民族の交流が活発になれば、経済摩擦や文化摩擦をはじめ、さまざまの軋轢が生じてくるのは不可避であり、この不可避の現象にどう対処するか、という問題こそ国際化にとって重要で厳しい課題なのである。

たとえば、日米貿易摩擦に代表されるような経済摩擦は、顕在的で観察可能な現象であり、すぐさまその解決が求められる類いの問題である。しかし、経済摩擦の背後には、経済活動をめぐる慣行の違いをはじめ、一般的な国民の生活様式や基本的な価値観の違いといった文化摩擦が潜んでいる。つまり、経済摩擦は文化摩擦を伴っているからこそ、そこに深刻なギャップがあり、問題を複雑に困難にしているのである。

さらに現代の国際化は、情報化を伴っているという点に大きな特徴がある。放送・新聞・出版といったマス・コミュニケーションをはじめ、ファクシミリやパソコン・ネットワークなどが通信・コンピュータ技術の急速な進歩によって高度に発達し、情報の交流が瞬時に多量に、しかも生活のあらゆる場で行われるようになった。情報化は、国際化をより広範に、より高度に促進する。こうして国際化は情報化と同時に進行することによって、異文化接触の機会は情報レベルも含めて従来とは比べものにならないほど増大している。もちろん、こうした機会の増大は異文化の相互理解を進めるという側面をもつが、むしろ文化摩擦を拡大し強化するという側面が大きいのである。

ステレオタイプ

国際化・情報化のなかで不可避的に生じる文化摩擦を考える際に見落とすことのできない重要な問題の一つは「ステレオタイプ」である。

ステレオタイプは、固定観念とか紋切型とも訳されるが、一定の社会集団の成員がある事象に対してもつ過度に単純化・固定化・歪曲された観念やイメージのことである。それは好悪や善悪の評価を伴い、ある価値ないし規範の象徴でもあり、道徳的意味を有するところから、しばしば社会統制の一手段として使用され、その際マス・コミュニケーションが重要な機能を果たす。ナチによる反ユダヤ人宣伝はそうした一例である。

二〇世紀初頭に、「ステレオタイプ」を社会心理学の概念として最初に提起したW・リップマンは次のように論じた。

われわれはたいていの場合、見てから定義しないで、定義してから見る。外界の、大きくて、盛んで、騒がしい混沌状態の中から、すでにわれわれの文化がわれわれのために定義してくれているものを拾いあげる。そしてこうして拾いあげたものを、われわれの文化によってステレオタイプ化されたかたちのままで知覚しがちである（W・リップマン『世論』上、掛川トミ子訳、岩波文庫、一九八七年）。

「見てから定義しないで、定義してから見る」という指摘は重要である。なぜ私たちは定義してから見る、つまり、ステレオタイプにいとも容易に寄り掛かるのだろうか。

異文化と出会うようなときに典型的に生じることだが、普段あまり慣れ親しんでいない未知の環境状況に直面すると、われわれはその状況をどう判断し、評価し、それに対してどのような行動をとればよいのかとまどってしまう。そのときに労力や時間の節約になり、判断や評価の手っ取り早い手掛かりとなり、対処行動の正当化ともなるのが、出来合いの定義＝ステレオタイプなのである。もちろん、現実は複雑であるから、単純化され固定化されたステレオタイプに整合しない事実が当然出てくるけれども、それらは例外として処理されるのが普通である。そしてそのことによって、ステレオタイプはいっそう強化されていく。こうして「定義してから見る」ことは、事実を歪ませた定義に基づく行動に個人を駆り立てていくことになるのである。

ステレオタイプは文化摩擦の原因となり、いったん生じた摩擦をさらに拡大し、解決を困難にする要因となったりする。したがって、文化摩擦を乗り越え、異文化の相互理解を進めるためには、既成のステレオタイプを解体していくことが重要な課題となってくるのである。

2　日本の国際化と「単一民族」観

「単一民族」観

日本の国際化が急速に大きく展開しはじめた一九七〇年代のはじめに、人類学者の中根千枝は次のように論じた。

日本人の場合、特にカルチャー・ショックがひどいのは、日本社会というものが同一民族で構成されており、島国で、大陸にある国のように異なる文化をもつ社会と隣接していないため、自分たち以外のシステムが存在するということを、国内にいて実際に知る機会が皆無であるためである（中根千枝『適応の条件』講談社現代新書、一九七二年）。

たしかに、ここで述べられているように、世界の多民族社会と比べると日本は同一民族で構成されているといってもよいくらいに民族的同質性が高いのは事実である。しかし、だからといって日本社会を簡単に「同一民族」ないし「単一民族」と言い切ってしまうのは誤りである。なぜなら、日本社会には先住民族としてのアイヌがいるし、もともと大和文化とは異なる琉球文化が存在しているし、なによりも約七〇万人の在日韓国・朝鮮人をはじめ他のさまざまな民族が定住しているからである。

もちろん典型的な多民族社会と比較すれば、そうした異質の部分は「量」的にはそれほど多くはないかもしれない。しかし、量的に少ないからといって、「質」的にみて日本社会が文化的に同質であると言い切ることはできない。ところが、一般の人びとだけでなく、政治家や学者でさえ、暗黙のうちに日本＝単一民族社会という「定義」をもち、この定義は大多数の日本人が自文化を認識する際にごく当然のことのように依拠するステレオタイプとなっているのである。

日本の経済力がゆるぎないものとして世界から注目されるようになった一九八〇年代の半ばに、当時の中曽根首相は自民党研修会の講演で次のような発言を行い、日米摩擦を引き起こした。

日本はこれだけ高学歴社会になって、相当知的な社会になってきておる。アメリカなんかより、はるかにそうだ。平均点からみたら。アメリカには黒人とか、プエルトリコとか、メキシカンとか、そういうのが相当おって、平均的にみたら非常にまだ低い（『朝日新聞』一九八六年九月二七日付「講演再録」より）。

このいわゆる「知的水準」発言は、米下院で「中曽根首相非難決議案」が提出されるという深刻な事態を引き起こした。日米間に経済摩擦が生じていただけに、首相の異文化認識は文化摩擦を生み、さらに外交政治摩擦にまで広がったのである。首相は内外からの激しい非難に対して「日本は単一民族だから手が届きやすいという意味だ」と記者団に釈明するとともに、この決議案成立を回避するためにアメリカに陳謝のメッセージを送って、紛争を回避しようとした。

ところが一方、「単一民族」という釈明発言については、「日本国籍を持つ方々で差別を受けている少数民族はいない」と国会で答弁してしまい、そのことが日本国内の民族差別の認識のなさとして、アイヌ組織などからさらに厳しい批判を受けることになった。首相のこうした一連の発言は、日本人の自己認識と他者認識に関する従来からの一般的なステレオタイプに、政治リーダーさえ簡単に呪縛されていることを思わずさらけ出すことになった。

日本文化の再検討

とはいえ、最近の日本の国際化と、その結果生じてくるさまざまな文化摩擦の経験を通じて、わが国では他者認識としての異文化理解への取り組みが少しずつ高まると同時に、日本社会に対する自己認識も再検討されるようになってきた。すなわち、日本社会は単一民族であり、同質であり、それは島国の閉鎖性ゆえである、という従来から自明として疑うことのなかった一般的な理解ははたして正しいか、という問いかけである。それは、国際社会のなかで日本が重要な位置を占めるようになったいま、日本人とは何かというみずからのアイデンティティをあらためてさぐりはじめたことでもあった。

この問いかけは、一方では、(1)古代や中世を中心とした日本の歴史や民俗、文化の見直しとして、他方では、(2)明治以降の「単一民族」国家形成の歴史の再検討として、本格的に展開されはじめている。

(1) たとえば、単一民族や文化同質性の論拠とされる孤立的「島国」観について、網野善彦は「海はたしかに人と人とを隔てる役割も果たすが、人と人を結びつける重要な一面も持つ」点に注目し、地域史や海民史研究などの最新成果を駆使しながら「日本は周囲から孤立した『島国』などでは決してない。日本列島はむしろ、アジア大陸の北と南を結ぶ、弓なりの架け橋であった」と問題提起している（網野善彦『日本論の視座——列島の社会と国家』小学館、一九九〇年）。そしてこの提起は、日本文化が決して均質ではなくて、アイヌを中心とした「北の文化」と本州の「中の文化」と琉球を中心とした「南の文化」という三つの異質な文化より成るという見方とも結びついてくる（藤本強『もう二つの日本文化――北海道と南島の文化』東京大学出版会、一九八八年）。

(2) それゆえに、大沼保昭が述べるように「自己を日本人とする自己意識が成立し、それが一般化したのは、日本の歴史のなかでむしろ最近のことに属する」のであり、明治以降、日本が均質で中央集権化された近代国家体制を築きあげる過程で、単一民族社会イデオロギーが形成されていったのである（大沼保昭『単一民族社会の神話を超えて』東信堂、一九八六年）。このイデオロギーは近代天皇制と表裏一体の関係にあり、「日の丸・君が代」がイデオロギー教育の武器とされた点も見落とすことはできない。そしてこのイデオロギーは、アイヌや朝鮮人の「戸籍・国籍」化といった制度化を通した同化主義政策によって根拠づけられていったものであった（幼方直吉「単一民族国家の思想と機能」『思想』一九七九年二月号、滝田祥子「『単一民族国家』神話の脱神話化」梶田孝道編『国際社会学』名古屋大学出版会、一九九二年）。

日本の国際化

日本は島国であるが、古来より船を駆使して、国家レベルでも民衆のレベルでも海外に対し門戸を開いてきた。江戸時代に鎖国政策がとられたときでさえ、門戸は完全に閉ざされたのではなくて、長崎の出島や対馬を舞台とした交易、さらには朝鮮通信使といった史実からも明らかなように、部分的に開かれていたのである。

とはいえ、日本の海外交流の基本的スタイルは、物品や生活技術、法律、宗教、文化、学問などの「受容」を国家レベルで行うことに主眼がおかれ、取り入れたものは「同化」して、独自の日本文化と

図1　日本人出国者と外国人入国者の推移

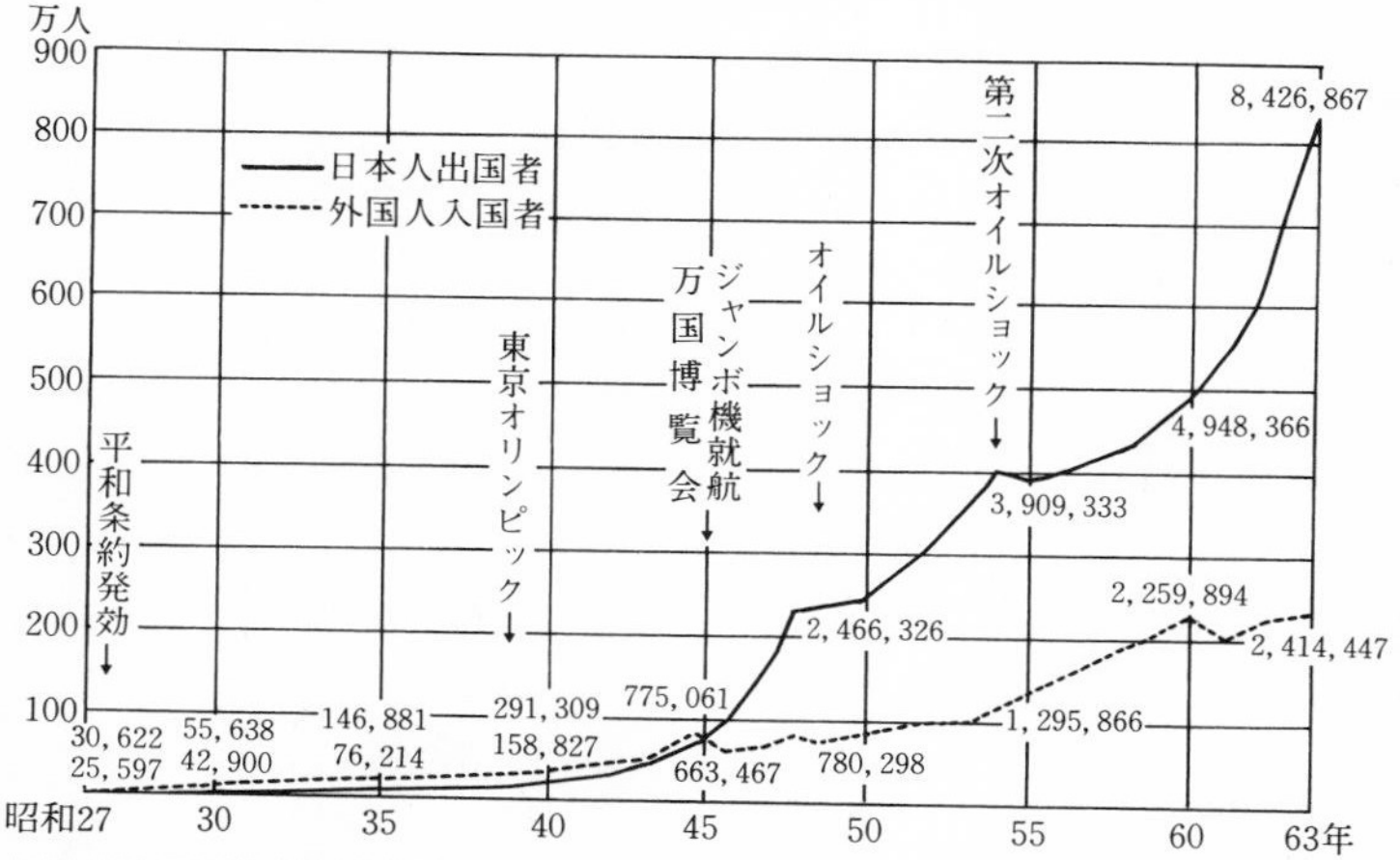

（法務省入国管理局編『我が国をめぐる国際人流の変遷』大蔵省印刷局，1990年　より）

して形成してしまうというところに特徴があった。いわば文化の「受信」型であり、植民地政策を除けば「発信」型の交流はほとんどとられてはこなかった。また、日本を多民族社会とするような方策もとられてはこなかった。朝鮮民族についても、同化してしまうか、そうでなければ社会から排除するかのどちらかという両極端の態度しかとってこなかったのである。矢野暢が論じているように「日本の行う国際交流は、つねにバランスを失して」きたのである。そうした意味で、日本は海外に開かれてはいたが、国際化という観点からすると「閉鎖的」な体質を保持していたといってよい。そして、こうした体質をもつかぎり、文化摩擦はあまり経験しなくてもすむという利点があったのである（矢野暢『国際化の意味』日本放送出版協会、一九八六年）。

さて、ごく大雑把にいえば、「国際化」とは国を超えた人的・物的な交流がさかんになり、経済的・文化的・情報的交流が活発になることである。

図1は日本人出国者数と外国人入国者数の変化を示したものであるが、この図からだけでも、とりわけ一九八〇年代以降に国際人流が活発になったことがすぐにわかる。

ただ、日本の場合はこれまで「閉鎖的」な体質を保持してきただけに、近年の急速な国際化の流れのなかでは「国際化」という言葉に独特の意味あいが込められているようである。つまり、「国際化」(internationalization)とは、国と国あるいは民族と民族との関係のもち方を表すものであるのに、国家を超えた国際社会というような実体があって、この実体的な世界に国として仲間入りをすることであるかのように、一般に理解される傾向がある。しかも、この実体的にとらえられた国際社会は、欧米社会と同一視されがちであり、国際化＝欧米化というように思い込まれ、日本も属しているアジア諸国は国際化の視野のなかに入ってこないことが多い。「脱亜入欧」と呼ばれる問題がそれである。こうしたとらえ方のなかで「国際化」はあくまでバラ色に描かれ、積極的な価値が何の疑いもなく付与されていく。しかし、国際化を国同士、民族同士の具体的な諸関係として考えるならば、そこに生じる経済摩擦や文化摩擦をはじめ、さまざまな軋轢の問題が浮かびあがってくる。そして、国のレベルだけでなく、個人のレベルでも国を超えた交流が頻繁になると、カルチャー・ショックの経験が増えていくことになる。

3　異文化接触

カルチャー・ショック

文化摩擦を個人のレベルでとらえたのが「異文化ストレス」である。つまり、異文化との出会いによって生じるストレス反応のことである。そして、このストレスがきわめて大きくなって、身体的不調や心理的不適応が生じた状態を「カルチャー・ショック」という。日常習慣のなかで自然と身についた言語をはじめとする文化は、慣れ親しんだ生活の安定感や対人関係の行動予測が得られるような安心感の源泉であるが、異文化との接触はその源泉を動揺させることになるので、安定感や安心感あるいはアイデンティティ感覚が失われ、一時的なパニック状態に陥るのである。異文化ストレスにしろカルチャー・ショックにしろ、いずれも個人心理現象であると同時に文化現象である。つまり、異文化接触は人びとにストレスやショックをもたらすが、その程度や内容は個人により、また接触の状況により、あるいはまた民族の特性により多様である。

日本人は、異文化と直接接触した際に強いストレスを受けやすい性格をもつといってよいだろう。なぜならば第一に、日本はもともと異質な文化の複合によって成り立っていたにもかかわらず、歴史の推移とともにそうした異質性を覆い隠しながら均質性を追求してきたために、同質性の高い文化を成立させたこと。第二に、とりわけ近代以降は「単一民族」イデオロギーに呪縛されることによって、均質的文化構成というステレオタイプ化された自己認識に慣れ親しんできたこと。そして第三に、海外の異文化に対しては独特の「閉鎖的」な体質を保持してきたこと。以上のことから第四に、異文化と触れ合う際のレディネスが形成されていないこと、である。

たとえば一九七〇年代以降に、経済発展による海外駐在員の大量化のなかでごく一般的に見られた日本人のカルチャー・ショックの事例を紹介しよう。大人と子どもの例である（稲村博『日本人の海外不適応』日本放送出版協会、一九八〇年）。

［二十代、男性、会社技師］　アメリカのある都市へ、合弁会社の技術指導のために派遣された。

大部分は現地の従業員であり、日本人は数名しかいなかった。技術のほうは優れているので問題ないのだが、言葉が不自由で何かたずねられてもほとんど答えられない。そのため次第に自信を失い、みんなが自分をバカにしているとすっかり沈み込んでしまった。やがて出勤もはかばかしくなくなり、自宅で臥床しがちのうつ病の状態をきたした。

［十三歳、女子、中学生］　発展途上国の日本人学校の生徒である。父親の転勤に伴って一家で現地へ行ったが、まもなく元気がなくなり、腹痛や発熱のため休みがちとなった。本人はたえずそうした症状におびえ、勉強などまったく手につかない。また夜中には、夢遊病者のように家の中をうろつくこともある。現地ではらちがあかないのでやむなく検査のため一時日本へ帰すことになった。ところが帰国するとうそのように元気になった。

異文化適応過程

一九五〇年代末に「カルチャー・ショック」(cultural shock) という概念に初めて本格的に注目した米国の文化人類学者K・オバーグは、新しい文化環境に対する個人の心理的反応の変化過程に大きな関心を寄せた。この変化過程は、星野命の簡潔な紹介によると次のようになる（星野命編『カルチャー・ショック』「解説」〔『現代のエスプリ』一六一号〕至文堂、一九八〇年）。

はじめは新しい生活環境に入ったことを嬉しく思い、感激ひとしおだが、少し落ち着いてくると、現地の人びとにとっては何でもないような日常生活のはしばしにおいて、その場に適切な行動が何であるかわからないような状況が増え、とまどったりフラストレーションがおこる。自分をとりまく環境との間に越え難いもののあることが意識され、被拒絶感やさらに敵意さえ生まれる。相手の文化や人びとを攻撃することもおこる。しかし、それと前後して言語習慣になれたり、それが理解できるようになったりするので、これは自文化から異文化へと移行する時期だともいえる。そして徐々に心理的バランスや適応を取り戻す時期に入る。やがて、その異文化の諸特徴を見分けて、新しい生活行動の様式を受け入れ、不安なしに（時折増減するストレスは免れえないにしても）、異文化を客観的にとらえることができるようになる。

変化過程は以上のようにモデル化することができるが、実際には異文化に直面したすべての人びとが、ここで整理された全部の局面を規則正しく経験していくわけではない。しかし、オバーグ以後のカルチャー・ショック研究は、こうした時系列に沿った異文化適応過程に大きな関心をもち、さまざまな過程区分のモデルを提出している。いずれも、カルチャー・ショックとは心的反応の変化過程であり、異文化を理解し、異文化に適応していく重要なステップとなるものであるから、必ずしも否定的な現象ではない、と主張している点では共通している。

ところで、適応過程の問題にさらに言及すれば、日本の「帰国子女」に関する論議を見落とすことはできない。

一九六〇年代後半以降、海外長期滞在邦人数の大幅増加にともなって、同伴する義務教育段階の子ども数も増えており、一九九一年度には五万人を突破した。また、帰国する子どもも毎年増加しており、一九九〇年度には、小学生七、九〇〇人、中学生三、四〇〇人、高校生一、八〇〇人に及んでいる（文部省『文部統計要覧』一九九二年）。「帰国子女」は特別な社会問題として取り扱われるようになったのである。なかでも注目すべき点は、この帰国子女をどのように受け入れて教育するかというときに、日本文化への「再適応」が暗黙のうちに強く要請されるということである。

「外国はがし」という言葉がある。外国に長期滞在して異文化を身につけてしまった帰国子女には日本人として欠けたところがあり、普通の日本人になるように再教育する必要がある、と一般的に考えられている。こうした風土では、帰国子女は異質分子というレッテルがはられ、いじめを受けやすく、その結果みずから海外での経験を隠すようになっていく。いわば「逆」カルチャー・ショックを受けながら、海外で身につけた文化がはぎ取られ、日本文化に再適応させられていくことが「外国はがし」である（原田種雄・赤堀侃司編『国際理解教育のキーワード』有斐閣、一九九二年）。しかも、帰国子女に対してもある種のステレオタイプがあり、帰国子女＝欧米帰りであり、彼らは抜群に英語ができ、生意気だといったイメージが最初から「定義」としてできあがっていたりする。帰国子女に対する国内のこうした反応も、日本文化のなかにある、異質なものをいやがおうでも同化してしまうような「閉鎖的」体質に由来すると考えられよう。

英国の若手人類学者で日本研究家のR・グッドマンは、Kikokushijo という世界に例を見ない奇妙な言葉が、日本社会と日本文化そして日本の教育システムの特質を解くキーワードの一つである、と論じている。彼は、Kikokushijo 問題が日本文化の均質性の現れであるとともに、他方では、日本文化がどれだけ異質的部分を同化することなく包摂していく方向に動いていくか、のバロメーターとしてシンボリックな意味をもっている、と述べている（R. Goodman, *Japan's "International Youth"*, 1990）。

「外国はがし」に代表されるような帰国子女の「適応」教育は少しずつ反省されるようになってきた。というのも「適応」教育自体がかえって多くの不適応をつくり出し、帰国子女を苦しめる結果になっているからである。むしろ、帰国子女の異文化体験を尊重し、受け入れ側の文化そのものも変えていくような取り組みが、実際に生まれつつある（安彦忠彦「帰国子女の心」田畑治・蔭山英順・小嶋秀夫編『現代人の

心の健康』名古屋大学出版会、一九九二年、渡部淳・和田雅史編著『帰国生のいる教室』日本放送出版協会、一九九一年)。

異文化のアイデンティティ

ところで、近年「アイデンティティ」という言葉をよく耳にする。E・H・エリクソンによって最初に提起されたこの概念は「同一性」と翻訳されたりもするが、日本語にはなかなか訳しにくい。「おまえは何者か?」という問いに対する答えがアイデンティティにあたるわけだが、そうなるとますますこの言葉を理解することはむずかしい。この概念をつかむためには、エリクソンがなぜこの概念を提起したか、彼の自己形成史を知っておくことは無駄ではないだろう。

エリック・ホーンブルガー・エリクソンは、ユダヤ系デンマーク人のカーラ・アブラムセンを母に、一九〇二年にドイツで生まれた。父親もデンマーク人でエリクソンという名前であったようだが、彼が生まれる前に両親は離婚したため、父親のことはよく知られていない。三歳のとき、母がユダヤ系ドイツ人の小児科医師テオドール・ホーンブルガーと再婚、エリック・ホーンブルガーとして義理の父のもとで育った。エリックは画家になりたいという願望をもっていた。絵画学校に通い、一〇年間ほどヨーロッパ各国を放浪して絵の修業をしたが、芸術家としての能力に限界を感じ呆然自失の状態となる。そんなおりにウィーンで精神分析に出会う。三一歳のときにアメリカに渡り、本格的に精神分析家として研究生活に入る。このとき、彼はみずからをエリック・ホーンブルガー・エリクソンと名乗った(鑪幹八郎『アイデンティティの心理学』講談社現代新書、一九九〇年)。

エリクソンの名前の背後にある出自と成育史を眺めたとき、エリクソン自身がいつも「おまえは何者か?」という問いにこだわっていたことは容易に想像できる。自分はデンマーク人なのか、ドイツ人なのか、アメリカ人なのか。いずれにしても、アイデンティティという概念の奥底には、民族的同一性の問題が大きく横たわっていることに気づく。そういう意味で、民族的同質性の高い日本人にとっては、この概念がもうひとつ感覚的に理解しにくいのも無理からぬところがあるだろう。

とはいえ、日本に定住する外国人、なかでもとくに在日韓国・朝鮮人の若い世代にとっては、民族的同一性の問題は切実である。たとえば、在日韓国人女性で短期大学の栄養学科を卒業後、栄養士として病院で勤務した金一美(キム・イルミ)の場合を紹介しよう(福岡安則・辻山ゆき子『同化と異化のはざまで——「在日」若者世代のアイデンティティ葛藤』新幹社、一九九一年)。

彼女は、短大時代には一人の友人にもみずからの出自を打ち明けることがなかった。また、悩んだ末に卒業証書も通名の「青井一美」でもらった。病院への就職活動では、国籍ゆえの差別を何回か受ける。このときの本人の状況は次のようであった。

外人登録の「韓国籍」というのは、日本政府とのあいだのとりきめであって、大韓民国の国民登録っていうのをしないと、韓国籍でも韓国人じゃないんです。私は韓国籍だけど韓国人じゃなかったわけですね。…そのころすごく悩んでたんですよ。日本人でもなければ、韓国人でもなくて、私はいったい何なんだろう。在日ではあるけれども、日本人じゃない、韓国人じゃない。日本人でもないくせに、日本人のフリをして生きているし、これから日本の社会に生きるにしても、こういう生き方はいけない、とかいろいろ悩んでたんです。

幸い、国籍にとらわれない病院に就職することができたが、当初は通名を名乗った。しかし、在日韓国青年会の活動と出会ったことを契機として、就職後七カ月ほど経てから、彼女は本名を名乗るようになる。

「金」って名乗ろうって、これ、私にとってはすごい決心がいったんですよ。…その決心をしていく段階で、やっぱりやめようかなって。まわりの人が、私個人として見るよりも、あの人は韓国人なんだからってそういう目で見るだろうとか、韓国人っていうレッテルが貼られたら嫌だとかね、名乗る前にはいろいろ考えました。

日本社会とエスニシティ

こうした「在日」の場合だけでなく、日本では異文化を保持することが、抑圧されやすい構造にある。しかし、外国人労働者や難民など、新たに日本社会に参入している異文化の人びとが増加しており、これまでのような日本の「閉鎖的」な体質ではそうした現実に対応できなくなっている。アジア系外国人労働者が多数居住するようになった東京池袋地区において、聞き取り調査に応じたバングラデシュ人の専門学校生は、在日三年になるが日本人の友人が少なく「外人がいつまでも外人という扱いを受けること」を大きな悩みの一つにあげているが、こうした悩みも、日本の「閉鎖的」な体質に対する問題提起なのである（奥田道大・田嶋淳子編著『池袋のアジア系外国人――社会学的実態報告』めこん、一九九一年）。

一九七〇年代以降、「エスニシティ」（ethnicity）という概念が世界的によく使われるようになった。国民国家のなかに存在する民族集団は、各民族が本来備えているはずの独自の言語や生活習慣などを多少とも変形しながら、しかしなおかつ一定の民族的同一性をもち続けている。「民族」そのものは国民国家が成立する前から存在したが、今日の民族は国民国家のなかに位置づけてはじめてその様相をとらえることができる。そのようにとらえられた民族が「エスニシティ」なのである。日本社会におけるエスニシティについても、本格的に議論すべき時代を迎えた。「閉鎖的」で画一化された文化を基礎に、目覚ましい速さで近代化・工業化を成し遂げ、強力な経済国家を築きあげた日本が、今度は国際化のなかで、複合文化や多文化の問題とどのように付き合っていくのか、という点がこれからの興味深いテーマである。

参考文献

青木保『文化の否定性』中央公論社、一九八八年
W・リップマン『世論』上・下、掛川トミ子訳、岩波文庫、一九八七年
網野善彦『日本論の視座――列島の社会と国家』小学館、一九九〇年
大沼保昭『単一民族社会の神話を超えて』東信堂、一九八六年
星野命編『カルチャー・ショック』(『現代のエスプリ』一六一号) 至文堂、一九八〇年
R・グッドマン『帰国子女――新しい特権層の出現』長島信弘・清水郷美訳、岩波書店、一九九二年
箕浦康子『子どもの異文化体験』思索社、一九八四年
K・S・シタラム『異文化間コミュニケーション』御堂岡潔訳、東京創元社、一九八五年
福岡安則・辻山ゆき子『同化と異化のはざまで――「在日」若者世代のアイデンティティ葛藤』新幹社、一九九一年
梶田孝道編『国際社会学』名古屋大学出版会、一九九二年
大林太良編『文化摩擦の一般理論』巌南堂書店、一九八二年
中野秀一郎・今津孝次郎編『エスニシティの社会学――日本社会の民族的構成』世界思想社、一九九三年

Ⅱ シンボルの世界

第5章　映像化社会の成立と映画の変容

長谷正人

映像メディアが私たちの社会に与えている影響を考察することにしよう。しかし、映像メディアには、主なものだけでも写真、映画、テレビ（ビデオ）という三つの種類があり、それに、まだ発展段階であるとはいえ話題になること夥しい新しいテクノロジー（たとえば、コンピュータ・グラフィックスや仮想現実テクノロジー）もある。これらのメディアには、「映像」ということによってくくられる共通点もあると同時に、メディアごとの相違点もまた多く存在する。このメディアごとの相違点を考えることは重要なことではあるが、この短い論考では不可能であろう。そこで、ここでは「映画」に焦点を絞って考察した上で、これと「仮想現実テクノロジー」や「ビデオ」との関係にも多少触れるにとどめることにする。しかし、映画を中心とした分析だけからでも、現代社会に与える映像メディアの影響の重要性は浮かび上がってくるはずである。実は、映画こそ現代社会を根本的につくり変えてしまったものなのだから（他のメディアについては、章末の参考文献をあたっていただきたい）。

1　遊びとしての映画

遊びのパースペクティヴ

さて、私たちは、映画を「遊び」のパースペクティヴに照らして分析してみることにしよう。映画は、私たちにとって何よりもまず娯楽の対象なのだから。ところが、誰もが娯楽として映画に接しているわりには、映画を観ることを「遊び」として考察した文献は私の知る限りではない。映画の専門家は個々の映画作家や作品を取り上げるので、どうしても「芸術論」のようなものにならざるを得ない。したがってA・ヒッチコックやH・ホークスのような娯楽作品を取り上げるときにも、それらがいかに「芸術的」に優れているかを逆説的に強調するために取り上げるのである。他方ではもちろん、クリスチャン・メッツやその影響を受けた人びとのように、観客による映画の心的な受容形態そのものを取り上げて、精神分析学的に考察する人びともいる。だが、そこでも映画は「夢」や「幻想」との類比で考えられており、「遊び」の視点はない。社会学者などいわずもがなであり、映画の宣伝効果や青少年への影響問題など、まったく「真面目な」（退屈な）分析をするばかりである。

しかし、ここではまず、映画を観ているときのあの楽しさと興奮の感覚に少しでも近づいたところから分析を始めたいと思う。そのためには、やはり「遊び」のパースペクティヴを取ることがよいだろう。それはけっして、映画を「実際的な必要性」などない無駄な活動として貶めるためではない。そもそも「遊び」というものは、俗世間の価値基準からすれば、実用的価値をもたない自己充足的な活動であろうが、逆にいえばそれは、俗世間の価値観を相対化し、現実社会を批判する契機となるような可能性を保持しているとも考えられるのである。したがって、映画を「遊び」とみなすことは、映画のもつそのような可能性（日常生活の価値観を相対化する可能性）を取り出す作業にもなるはずだ。

では、映画はどのような遊びなのだろうか。R・カイヨワは遊びを四つに分類している（『遊びと人間』清水幾太郎・霧生和夫訳、岩波書店、一九七〇年）。(1)「競争」の原理に基づくもの（スポーツやチェス）、(2)「偶然」の原理に基づくもの（賭事）、(3)「模擬」の原理に基づくもの（ごっこ遊び、仮面舞踏会、芝居）、(4)「めまい」の原理に基づくもの（ジェットコースターのように回転や落下による感覚の混乱を楽しむもの）。以上四つである。このうち映画はどこに含まれるのだろうか。カイヨワはこれを「模擬」の遊びに分類して、すっかり物語の主人公になった気で映画を観る観客を例にあげている。これは納得のいく分類ではある。しかし、カイヨワは気づいていないが、遊びとしての映画にはもう一つの側面があることにも注意しなければならない。すなわち、映画は「めまい」の遊びでもあるのだ。これは、現代の観客にはわかりにくいことであろう。私たちは、それぞれの映像が眼のなかに飛び込んでくるやいなや即座にそれに「意味」を与え、「物語」の一部に秩序づけてしまう。したがって、映像によって感覚的な混乱を起こされることなどほとんどない。しかし、たとえば人間の眼のクローズアップが突然大きなスクリーンいっぱいに映し出されるのを初めて見た人びとは、習慣的な知覚体制を撹乱させられて「めまい」のような感覚を味わったに違いあるまい。映画にはつねに、このような可能性が備わっているはずだ。ただ、映像慣れした現代の観客は、それを味わえないだけのことである。したがって、遊びとしての映画は、この両方の側面から考えなければならないだろう。

「模擬」の遊びと「めまい」の遊び

まず、「模擬」の遊びのほうからみてみよう。映画が「模擬」の遊びであることは、娯楽映画を楽しむ観客には、経験的によく納得できることであると思う。私たち観客にとって、映画を観る楽しみの多くは、物語の主人公への感情移入からくるのだから。私たちは、主人公の危機においては彼とともにドキドキし、失恋においてはともに悲しみ（ときには涙し）、彼の成功をわが事のように喜ぶだろう。つまり、観客は「想像のなかで」主人公に変身するのである。だが、「模擬」の遊びとして映画を考える場合、それを主人公への変身（感情移入）だけに限定して考えるべきではないだろう。少なくとも、この感情移入がうまくいくためには、観客は、主人公の生きている「架空の」世界全体を、あたかも自分が生きているかのような親しみをもった空間として感じていなければならないはずである。つまり、観客の感情的な固着は、映画がつくり出している仮想空間全体に行き渡っていなければならない。したがって、つぎのように考えることにしよう。映画における「模擬」の遊びとは、観客が現実世界から心的に遊離して、映画という架空世界に「主観的に」「想像的に」参加し、その世界を生きているかのような錯覚に浸ることであると。

ではつぎに「めまい」の遊びとして映画をみてみよう。映画を観ることにおいて「めまい」はどのように引き起こされるのだろうか。映画館における観客は、暗闇のなかで座席に身体を縛りつけられ動くことのできない退行状況に置かれる。それにもかかわらず、彼の目の前で繰り広げられる映画は、カメラ移動やショットの転換によってめまぐるしく空間的な変容を遂げていく。このことから、つまり客観的には（身体的には）動いていないのに視覚的には移動しているかのような感覚を与えられることから、観客は一種の「めまい」のような感覚的混乱を引き起こすというわけである。たとえば、W・ベンヤミンは「場面と画面とのめまぐるしい変化」が観客に「生理的なショック作用」を与えるものとして映画をとらえている（『ベンヤミン著作集2　複製技術時代の芸術』佐々木基一編、晶文社、一九七〇年）。だが、観客が「めまい」を感じるのは、この自在な空間的変容によってだけではない。その一つ一つの映像自体がすでに、観客が習慣的につくり上げた視覚体制を攪乱する可能性をもっている。なぜなら、それは「機械の眼」によってとらえられた現実であり、肉眼によって知覚される世界とはまったく異質な（つまり、違和感を感じるような）ものだからである。先述した、クローズアップによって肥大化された微小な物の相貌だけでなく、パン・フォーカス（手前から奥まですべてにピントを合わせる撮影技法）によって奥行きを誇張された空間やあるいはスローモーションによって無重力状態に入ってしまったかのように見える人間の動きなど、映画を構成する現実は、私たちが日常的には見たこともないような世界である。いずれにせよ、映画の仮想空間が現実に対してもつ「異質性」によって、観客は「めまい」の遊びを楽しむことができるのである。

遊びとしての映画の歴史

以上のように、遊びとしての映画には二つの側面、つまり「模擬」としての側面と「めまい」としての側面とがある。しかし、個々の映画作品は、この両方の側面を均等にもっているわけではない。「模擬」の遊びが強調されている作品もあれば、「めまい」の遊びが強調されている作品もある。そして映画史を見渡してみると、映画は、「めまい」としての遊びを強調する時代から「模擬」としての遊びを強調する時代へと移ってきたように思われる。この時代の移り変わりを簡単にたどってみることにしよう。

リュミエール兄弟による世界最初の映画興行（一八九五年）に立ち会った観客にとって、映画は「めまい」の遊びそのものだった。固定カメラで日常生活（家族が庭で食事をする場面や工場の出口から労働者が帰宅する場面など）をとらえただけの、一ショットからなる一分ほどの短編にもかかわらず、それはめくるめくような体験だった。なぜなら、映像が動いているということ自体が、彼らの感覚を刺激し得たからである。なかでも『列車の到着』という作品で画面の奥から斜め手前に向かってくる列車を見た観客は、逃げ出さんとするばかりに興奮したという。だが、人びとはすぐに映像自体には慣れてしまった。したがって、「めまい」性はたちまち弱体化してしまったのである。

そこで、今度は映像の「内容」が肝心になってくる。外国の光景を写した作品や魔術映画のような「新奇」な映像によって人びとの目を引く工夫がなされた後、映画は演劇化された物語を表象する手段として歩み始める。ここから、「模擬」の遊びとしての映画は出発する。だが、この時点では、まだ映画は「めまい」性を残していた。異なる場面を連結して組み合わせる技法としてのモンタージュは、まさに物語を語るために開発されたのだが、それが導入することになった映像の目まぐるしい変転は、ベンヤミンのいうように「めまい」の効果をもったのである。一九二〇年代のヨーロッパでは、とりわけ前衛芸術との結びつきによって、モンタージュによる異化効果（ブレヒト）に興味がもたれた。なかでも、モンタージュをショットの組み立てではなく「衝突」だと考えたS・エイゼンシュテインや、絶え間ない映像の運動のなかに観客を巻き込む装置として映画をとらえたジガ・ヴェルトフといった旧ソ連の作家が注目されるだろう。しかし、その後のハリウッド映画の隆盛は、「模擬」の遊びとしての映画を発展させて「めまい」の遊びを抑圧していった。「模擬」の遊びとしての映画とは、観客が映画の仮想世界に心的に同一化することであった。そのためには、映像自体にいちいち「めまい」など感じられては困るのである。したがって、ハリウッド映画におけるモンタージュはエイゼンシュテインとは反対に、個々の映像を物語のなかに溶け込ませるように組み立て、観客が同一化しやすいような仮想世界をつくるための技術である。

この「めまい」から「模擬」への変化は、映画の世界が観客や日常世界に対する異質性を失っていくプロセスであるといえよう。「めまい」の遊びでは、映像は観客にとって強い異質性をもったものであり、その違和感自体が楽しみになっていた。これに対して「模擬」の遊びでは、映像は異質性を失い、観客にとって同一化しうる世界になっている。つまり、そこでの楽しみは、映像の内部へと「想像的に」入り込んでしまうことである。この変化は、ある種、映像のもっていた「現実相対化」の力が失われ、映像が日常世界の内部へと取り込まれていく過程であるともいえるだろう。映像は、非日常的な強い魅惑をもつものからより日常的なものへと移行してしまったのである。

映像世界の異質性と遊び

だが、「模擬」の遊びにも、映像の異質性は残っている。なぜなら、映像が日常世界とは異質なものでなければ、映像に「心的に」参加する楽しさなど生まれようもないからである。換言すれば、そこが夢のような非日常の世界でなければ、観客はそこに入り込みたいなどと思わないだろう。このように、「模擬」の遊びにおいても、遊びの楽しさの源泉が仮想世界の異質性にあることは変わらないといえる。それどころか、「模擬」の遊びとしての映画を、もっと「異質性」を強化したかたちで観ることも可能なのである。たとえば、J＝L・ゴダールやF・トリュフォーを中心としたフランスのヌーヴェル・ヴァーグ派が「作家主義」と名づけたような見方がそうである。彼らは、それまでスターを中心に観られていたハリウッド映画を、「監督」（＝作家）の作品として見直そうとした。しかし、それはけっして映画を芸術に祭り上げるための試みではなかった。そうではなく、それはハリウッド映画を、同一化すべき夢の世界としてではなく、監督の意志によって組み立てられた「異質な世界」としてとらえ直そうとしたことにほかならない。したがって、彼ら自身が作る作品も、観客が「めまい」を感じてしまうような異質性の強い映像だったわけである。このように、「模擬」の遊びとしての映画においても、その異質性を強調して観ることは十分可能である。

したがって、つぎのようにいうことができるだろう。遊びとしての映画が成立するところには、必ず映像世界の日常世界に対する異質性が存在するのだと。とするならば、それは、遊びとしての映画がつねに現実世界を相対化する力を秘めていることでもある。現実世界とは異質な世界を経験させて、現実に対する相対的なまなざしや批評的なまなざしを観客に獲得させること。遊びとしての映画は、そのような機能を果たしているといえよう。

2　映像化社会

以上のように、映像世界の異質性によって映画の遊びは成立する。しかし、「模擬」の遊びとして映画を楽しむ者は、ふとこう思うかもしれない。もしも、この夢のような世界に（想像上ではなく）本当に入り込むことができたらどんなにか楽しいことだろうと。そして、美しいスターたちの恋愛劇に自分も参加できたらどんなにか幸福だろうと。現に、B・キートンの『探偵学入門』（一九二四年）では、映画のなかに本当に入り込んでしまう観客の話が描かれている。しかしむろん、現実にはそんなことは不可能である。映画の世界は、実際は白い壁や幕に映し出された影にすぎない。したがって、そうしようとした観客は、J＝L・ゴダールが『カラビニエ』（一九六三年）で正確に描いているように、スクリーンの幕を引きずり降ろしてしまうのが落ちであろう。

映画としてのディズニーランド

だが、ここに非常に巧みな方法によって、この空想的事態を実現した男がいる。W・ディズニーである。ディズニーランドは、実際の映画によってではなく、現実世界としての遊園地を映画のように構成することによって、観客に映画の世界に入り込むような錯覚を与えたのである。では、こうした錯覚を与えるために、ディズニーランドにはどのような工夫が凝らされているのだろうか。以下にみてみることにしよう（ボブ・トマス『ウォルト・ディズニー――創造と冒険の生涯』玉置悦子他訳、講談社、一九八三年を参照。ただし施設の名称は東京ディズニーランドのものを使用した）。

まず第一に、従業員が映画の登場人物であるかのように振る舞っていることがある。彼らはシナリオどおりのセリフしか喋らず、演出されたとおりにしか振る舞わず、週刊誌のグラビア写真のように微笑むばかりである。けっして素顔を見せようとはしない。つまり、彼らは「ディズニーランド」という映画に出演中の俳優なのである。むろん、ここにはミッキーマウスやドナルドダックといったディズニーアニメのキャラクター（のぬいぐるみ）も、この世界の一員（俳優）として私たちの周囲を徘徊しており、映画の世界に入り込んだという観客の錯覚を強化している。そして第二に、建物や乗り物をはじめとする園内のさまざまな装置がすべて（ごみ箱まで含めて）、映画のセットのようにできていることがある（実際に映画美術の専門家の手によるものである）。ヴィクトリア朝時代の商店街風につくられた「ワールドバザール」にしても、蒸気船マークトウェイン号や汽車にしても、それらは本当に買物ができたり乗れたりする実物であるにもかかわらず、実物とはどこか異なる印象を与える。実はそう見えるように、デザインを書き割風にした上に、少しだけ（本物の八分の五）縮小してつくってあるのだ。なぜなら、これらはすべて、見られるためだけにつくられた映画の世界のものであるという錯覚を観客に与えなければならないからである。

そして第三に、遠近法が使用されているということがある。ワールドバザールは二階建の建物の表向きだけは三階にし、その一階、二階、三階の縮小比率を九割、八割、六割（の先細り）につくってある。つまり入園者の視点から遠い（高い階）ほど小さく見える遠近法的視覚が利用されているのである。しかし、これは遠近法の使い方としては非常に奇妙であるため、別の効果が生じてくる。なぜ奇妙かというと、平面図を立体的に見せるための技法である遠近法を、わざわざ立体的な装置そのものに使っているからである。そこからどんな効果が生まれるのか。それはやはり、この商店街を本物としてではなく、映画のなかの装置のように見せる効果である。カメラは世界を遠近法的にとらえて平面化する装置であるから、観客の見る映画世界はつねに「本物の世界」を遠近法的に歪曲したものといえよう。したがって、遠近法的に構成されたワールドバザールを見ると、観客は映画のなかの商店街が目の前に立体的に現れたような錯覚に陥るのである。同じことは、3D映画のアトラクションにもいえる。観客が特殊めがねをかけると、映像が飛び出して見えるというこの映画は、まさに遠近法的に構成された映画世界のなかに自分が入っていくような錯覚を観客に与えるものである。

このように、ディズニーランドは「映画のように」つくられた世界である。観客が映像として見ていた、そしてそこに入りたいと思っていた夢の世界が、まさに立体化して目の前に広がっているのである。

ただしこの「ディズニーランド」という映画作品は、映画館で上映される普通の作品とは少し異なる。なぜなら、この映画には「観客」がいないからである。すなわち私たちは、初めから「出演者」というかたちでしか、この映画に接することができない。入口で戯れかけてくるミッキーマウスとともに記念写真を撮ったときから、そして従業員の明るい（「いらっしゃいませ」ではなく）「こんにちは」という挨拶に応じてしまったときから、私たちは、知らずしてこの映画の内部に入り込んでいる。そして、商店街で買物をし、さまざまな乗り物に乗ることで、この映画世界の風景のなかに（まるでエキストラのように）溶け込んでいくのである。

したがって、私たちは「ディズニーランド」という映画と遊ぶことはできない。遊びとしての映画の源泉は、映画世界の観客（の日常世界）に対する異質性にあるのだった。ところが、ディズニーランドでは、観客は初めから映画の世界に完全に溶け込んでしまっている。したがって、映像の異質性それ自体を楽しむ（「めまい」の遊び）ことはもちろん、映画世界のなかへ想像的に参入していく楽しさを味わう（「模擬」の遊び）ことさえ不可能である。もはや、ここには入り込んでいくべき異質な世界などないのだから。しかし、それでもディズニーランドに「遊び」の要素が残っているとしたら、それはディズニーランド自体が日常世界に対して「異質な」閉じられた世界として構成されているからである。いわば私たちは、ディズニーランド映画の俳優になるという「模擬」の遊びを楽しみに、そこへ行くのである。ただし、この遊びには、映画という異質な世界と対面するときのあの心地よい緊張感はすっかり失われているだろう。私たちは、日常生活を生きることと大差ない感覚で、ちょっとした遊戯気分を味わうにすぎない。

日常世界のディズニーランド化

ところが、ディズニーランドの、日常とは異質な世界としてみずからを閉じることによって保っていた「遊戯性」を解消してしまうような出来事がいま生じている。いわば、現実社会の「ディズニーランド化」とでもいうべき現象が起きているのだ。つまり、私たちの日常生活そのものが映画のように構成され始めているのである。いまやただの現実になってしまった映画は、いかなる意味でも異質性を失って、遊びの対象にはならなくなってしまうだろう。

まずは、現実社会のディズニーランド化がどのように起きているのかをみておこう。もっとも、これはディズニーランド内にすでに起きていたことを見ただけでもわかる。たとえばワールドバザールで、私たちは現実社会における消費活動（ディズニー・グッズの購買）そのものを行っていた。ところが、先述したように、この商店街は「映画のセット」のようにつくられており、映画「ディズニーランド」の重要な構成要素である。したがって、私たちはここで、現実の消費活動を、まるで映画の世界のなかの出来事のように行っていたといえるだろう。後はこれをそのまま現実生活へと導入しさえすれば、現実の「ディズニーランド」化＝映像化が起きるというわけである。たとえば渋谷の街をみてみよう。西武資本の戦略によって、この街の通りには「公園通り」「スペイン通り」「アクターズストリート」といったエキゾチックな名前が付けられ、「まるで外国の都市から切り抜いてきたかのような書割り的な風景が演出されてい」る（吉見俊哉「遊園地のユートピア」『世界』一九八九年六月号）。だから私たちは、そこで映画のなかのワンシーンを演技しているように街を歩き、買物をする（ような気分に浸る）ことができる。つまりここでは、現実の街そのものが「映画の世界」となってしまっているのだ。

しかも、これは渋谷や原宿（竹下通り）といった特定の場所に限られた現象ではない。さまざまな都市の商店街や新興住宅地の開発は一様に、その土地がもともともっていた地域性や生活の臭いを消し去り、そこを「まるで映画のように」存在感のない世界に変貌させてしまうことを目指している。それだけではない。私たちのプライヴェートな室内空間自体が、どこか映画の世界のように、存在感の希薄なイメージ空間として演出されているといえよう。もはや、日常空間はどこもかしこも「ディズニーランド化」しつつある。私たちは、映画の世界を特殊な世界としてではなく、日常的な世界として生きることになったのである。

これはある意味では、「模擬」の遊びとして映画を楽しんでいた観客たちの夢を実現したことになるだろう。彼らは、想像的に映画の世界に参入しつつ、本当にこの夢のような世界で暮らせたらどんなに幸せだろうと願っていたのだから。だが、本当に映画のような日常世界で暮らしてみると、そこには「遊ぶ」ことの楽しさがすっかり消え去っていることに気づく。退屈な日常生活とは「異質な」世界に出会えるからこそ、遊びは楽しかったのであり、現実そのものになってしまった遊びなど、もはや退屈な現実にすぎない。つまり、映画になった世界とは遊びを喪失した世界である。そして遊びの喪失は、「異質な世界」と出会って日常世界を相対化するような契機を失うことでもあるだろう。

映像化社会における映画

では、このように現実が映画になってしまった社会において、もともとの映画はどのような位置を占めるようになったのだろうか。まず、映画館へ映画を観にいくという行為がほとんど遊びとしての意味をなさなくなっていることは間違いない。誰がわざわざ「現実世界」と変わりない世界を見に出掛けていくだろうか。代わって、重要な映像テクノロジーはテレビ（ビデオ）になった。なぜなら、それは映画のように緊張感をもって観るべき異質な世界ではなく、初めから日常生活に（照明器具のように）溶け込んでいるものだからである。つまり、映像化社会における映像は、距離をおいて見るものではなく、無媒介的に浸るようなものでしかない。その場の雰囲気から生活感を抜き取って「どこでもない空間」につくり変えるために、（ＢＧＭのように）「流れて」いてくれさえすればよいのである。つまり、映像は、現実社会の映像化を補完すべきものとして――たとえば、都会のさまざまなプレイ・スポットや街角で流すとか、若者たちのパーティーで（注意して見るでもなく）流しておくとか――利用されるものとなる。したがって、映画が現実になるというのは、ここではもはや単なる比喩ではない。映像化社会では、映画は私たちの生活環境を構成する一要素なのである。

そして、このような時代の流れに寄り添うように、新しい映像テクノロジーが登場してきた。それが仮想現実テクノロジーである。このテクノロジーは、人間を身体ごと包み込む現実環境を映像として人工的につくり出してしまうものである（しかも、視聴覚のみならず触覚的現実もつくられる）。ディズニーランドや映像化社会において、私たちは映画の世界のなかに入ってしまったかのような錯覚を味わうことができた。しかし、所詮それは「錯覚」にすぎないのであって、本当に映画のなかに入ってしまったわけではなかった。しかし、仮想現実テクノロジーは、人間を映画世界のなかに包み込むことを技術的に達成した。つまり、私たちはとうとう、キートンのように本当に映画に入ってしまったのである。しかも、この映像は完成された作品ではなく、人間の働きかけに応じて変化するようにできている。したがって、私たちは、映画の世界のなかで誰かと会話したり、ゴルフをしたり、飛行機に乗ったりする経験ができてしまう。つまり、このテクノロジーは私たちに、映像を（もう一つの）生活環境として生きることを可能にするのである。しかし、このことは同時に、映画が「遊び」的要素を完全に失い、ただの

「現実」（の代理品）となってしまったことを意味するだろう。したがって、このテクノロジーについて考えられている利用法は実用的なものが多い。飛行機の操縦や車の運転、危険な手術などを仮想現実空間において練習するとか、動けない身障者に動物園へ行った（仮想の）経験をさせるとか、といった具合である。もはやここでは、映像は「遊ぶ」対象としては考えられていない（遊園地ではたしかに体感マシンとして利用しているが、それはジェットコースターの代理的環境にすぎず、映像が遊びの対象になっているのではない）。

3　映像化社会における「遊び」としての映画

モレルの発明

アルゼンチンの作家アドルフォ・ビオイ＝カサーレスによって書かれた『モレルの発明』（清水徹・牛島信明訳、書肆風の薔薇、一九九〇年（原著一九四〇年））という小説は、これまでの議論にとって大変興味深い内容をもっている。なぜならここには、ある意味では究極的ともいえるような仮想現実テクノロジーが描かれているからである。しかも、さらに興味深いことには、この小説は仮想現実テクノロジーのなかで映画と「遊ぶ」ことを復活させるような別の可能性をも示してくれているのである。

物語の主人公は、政治的迫害を逃れて南海の無人島にやって来た一人の男である。孤独に暮らしていたこの男の目の前に、ある日突然、一群の人びとが現れる。彼は、自分に差し向けられた追手ではないかと考えて、あわてて姿を隠す。ところが、物陰から覗き見ても、彼らは何やら気晴らしをするように毎日遊んでいるばかりである。本当に、追手なのだろうか。そのうち、亡命者の男は、そのうちの一人の女性に恋をしてしまう。そしてとうとう決心して、彼女に近づいていって愛を告白する。ところが、彼女の反応は驚くべきものであった。まるで彼がそこに存在していないかのように彼を「完璧に」無視したのである。しかもそれは、意地悪でやったようには見えず、まったく自然な態度であった。男は自分が死んでしまって幽霊になってしまっているのではないかとか、何か幻覚を見ているのではないかなどとあれこれ疑ってみる。だが違っていた。やがて彼らの会話を立ち聞きしてわかったことは、彼らのうちの一人のモレルという男が、あるとんでもない映像機械を発明したということである。そのカメラは、人びとや事物をそっくりそのまま「完全に」写し取ることができ、そして映写機によって、まさに実物そのままに再現できるのである。そして、いわば「魂を吸い取られた」人間や事物は、映像のなかに不死の生命を預ける代わりに死んでしまうのである。モレルは、この装置を使って誰にも気づかれずに（自分を含めた）仲間たちのこの島での一週間の生活を「撮影」した。そして、潮の干満を利用してこの映像が繰り返し自動映写されるようにしたのである。いわば、彼らは永遠にこの映像のなかで生き続けている。亡命者が見ていたのは、その映像だったというわけである。

だが、話はこれだけではない。より驚くべきなのは、その結末である。この亡命者は、その映像とともに暮らしているうちに、ある欲望を抱くことになる。つまり、この映像のなかに自分も入り込み、憧れの女性の恋人として永遠の生命を育みたいという欲望である。そして彼は、この欲望を実行に移す。彼はまず、映像のなかの女性の振る舞いや言葉と組み合わすことで二人が恋人同士に見えるようなセリフや振る舞いを考え出し、映像に合わせて何度もリハーサルを行う。そして、最後に、彼の演技を含めた映像を再撮影する。こうして彼もまた、映像のなかに永遠の生命を獲得したというわけである。

ここにはたしかに、究極の仮想現実テクノロジーが描かれているといえるだろう。私たちの生命をまるごと映像世界のなかに吸い込んでしまって、永遠に抜け出せない映像世界なのだから。しかし、先述したように、ここには別の可能性も描かれているように思われる。なぜなら亡命者は、再撮影によって、彼が見ていた元の映画世界のなかにすっぽりと入り込めたかどうかはわからないからである。こうは考えられないだろうか。彼はたしかに撮影によって映像のなかに入り込んだ。しかし、元の映像のなかに完全に溶け込むことはできなかったため、新しい映像はちょうどオーバーラップのように、異質な二種類の映像を孕んだまま映写され続けるのだと。いってみれば、彼は映像を相手に永遠に「リハーサル」を行い続ける羽目に陥ってしまったのだと。もしもそうだとすると、この後島に流れ着いてこの映画を観た者は大笑いするだろう。この映画では、主人公の男は、映像の外側からそのなかにいる女性に向けて真剣に愛を語っているのだから。

つまり、亡命者の男は、映像化社会のなかで映像と遊ぶことに成功したのである。言い換えれば、彼は映像のなかで「異質な世界」としての映像に対面し、これに想像的に参入する「模擬」の遊びを営み続けているのである。したがって、ここには、映像化社会のなかを生きつつ、なお映画と遊ぶことの可能性が描かれているといえよう。私たちは映画の世界に入り込むことでまったく映画と遊ぶ契機を失ったのではなかったのである。そのことをこの小説は教えてくれている。映画と遊びたいのなら、映像化社会のなかで、その現実＝映像に異質なものとして出会ってしまえばよいではないかと。

遊ぶことのパラドックス

たとえば、W・ヴェンダースはそのような可能性をさぐっている映画作家である。ヴェンダースは初め、古典的なハリウッド映画に対する「模擬の遊び」として映画をつくっていた。たとえば、『アメリカの友人』（一九七四年）は、N・レイやS・フラーといったハリウッドの名監督や（『イージーライダー』の）D・ホッパーに演じさせた一種の暗黒街映画である。しかし、この作品は、ハリウッド映画とは微妙にずれている（もし、このずれがなければ、この作品はハリウッド映画を現実環境として生きるだけの凡庸なものになったろう）。むしろこの映画は、先の亡命者の撮った映画とよく似ているといえるだろう。つまり、この映画の出演者たちは、（いまや不可能な）映像としてのハリウッド映画に参入し得ないまま模擬の遊びをしているように見えるのである。言い換えれば、暗黒街映画としての構成とそれを演じようとする役者たちとの二重の映像がオーバーラップされたようにできている映画なのである。つまり、ヴェンダースはここで、ハリウッド映画という現実環境のなかで、「異質な世界」としての（ハリウッド）映画に出会う（＝遊ぶ）ことに成功したのだといえよう。

しかし、彼の試みはそれに終わるわけではない。その後彼は、現実の映像化社会を対象にした「模擬」の遊びを試み始めるのである。そもそも映像化社会においては、ドキュメンタリー的に何を撮影しようがそれは単なる現実環境の一部（イメージビデオ）にしかならないはずだった。しかし彼は敢えて、この映像化社会を「異質な世界」としてカメラにとらえようとする。つまり、現実としての映画を対象にした「模擬」の遊びを試みる。たとえば、『都市とモードのビデオノート』（一九八九年）がそうである。この作品で彼は、ビデオを使って「東京」という都市やモード（イメージに支配された世界）の製作現場をとらえる。先述したようにビデオの映像は、映像化社会における現実環境そのものである。したがって、ヴェンダースによる作品であろうが、それはやはりイメージビデオでしかないだろう。そこで彼はそれに工夫を加える。つまり、その映像を流しているテレビ装置をファッションショーの現場や自分のデスクの上に置き、それをそのまわりの環境ごと映画カメラによって再撮影するという戦略が取られているのである。この戦略によって、ヴェンダースは、誰もがそれを現実環境として生きざるを得ないビデオ映像を、参入し得ない「異質な世界」として描くことに成功しているといえよう。そして、それこそビデオという現実環境のなかで映像と積極的に遊ぶことにほかなるまい。

しかし、この遊びは、遊びというよりむしろ（映画としての現実について）「思考」することになってしまっているようにも見える。ヴェンダースは、どこか映像化社会について考察する社会学者に似ているだろう。パラドキシカルなことかもしれないが、いまや映画と遊ぶことを復活させるためには、ハリウッド映画を対象としたようなかつての幸福な遊びを諦めることを強いられるのである。しかし、それを憂えていても仕方あるまい。そのような現実を条件としてしか私たちは生きられないのだから。

参考文献

A・バザン『映画とは何か』Ⅰ〜Ⅳ巻、小海英二訳、美術出版社、一九七〇年
E・モラン『映画　あるいは想像上の人間』渡辺淳訳、法政大学出版局、一九八三年
W・ベンヤミン『ベンヤミン著作集2　複製技術時代の芸術』佐々木基一編、晶文社、一九七〇年
M・マクルーハン『メディア論――人間の拡張の諸相』栗原裕・河本仲聖訳、みすず書房、一九八七年
R・バルト『明るい部屋』花輪光訳、みすず書房、一九八五年
S・ソンタグ『写真論』近藤耕人訳、晶文社、一九七九年
C・メッツ『映画と精神分析』鹿島茂訳、白水社、一九八一年
D・J・ブーアスティン『幻影の時代』星野郁美・後藤和彦訳、東京創元社、一九六四年
多木浩二『眼の隠喩』青土社、一九八二年
蓮實重彦『監督　小津安二郎』筑摩書房、一九八三年

第6章　漂流する言葉
——ハイパーメディア時代の文学——

木股知史

1　文学と言語理論

文学の力

文学という言葉から、世界の秘密を解き明かす一冊の書物や、書斎の椅子に腰掛けた老いた作家をイメージするのは、もはや時代錯誤にすぎない。現在では、文学は、ロックやマンガといったサブカルチャーと同一の水平線上に存在している。でも、過去には、文学は、もっと神聖なものと考えられていた。近代の文学観の変遷について、簡単にふりかえっておこう。

たとえば、フランスの象徴主義の詩人ステファーヌ・マラルメは、この世界のすべての実在を一冊の書物につくすことができると考えていた。マラルメの考えには二つの特質がある。一つは、宇宙創造と詩的創作がパラレルなものととらえられていて、詩人はあたかも神の役割を果たすように考えられていることである。もう一つは、言葉に世界の秘密を解く力があると信じられているということだ。こうした、文学に特別の力を認める発想は、ひとりマラルメにとどまらない。ロマン主義の詩人や、リアリズムの小説家にも同じ発想を見出すことができる。

文学に神聖な力を認める発想の起源について、ミシェル・フーコーは、『言葉と物』(渡辺一民・佐々木明訳、新潮社、一九七四年)で、言語という記号の体系の変化という視点から説明を加えている。フーコーによれば、一六世紀までの西欧の記号の体系は、「能記・所記・外示」という三元から成っていたが、一七世紀以降は、「能記・所記」の二元に転換したという。そのために、近代的な言語観は、記号と意味の関係だけを重視して、原初的な存在の記憶という暗示的な領域を排除することになった。失われた原初的な存在の記憶を呼び戻すはたらきを担ったのが文学だというのが、フーコーの理解である。多くの言語表現のなかで文学が特別の地位を与えられてきたのは、言葉の表象のはたらきを最大限に発揮することによって、忘れられた「生のままの存在」にさかのぼることが文学の任務とされたからだ、とフーコーは考えた。

フーコーの指摘は、重要な暗示を含んでいる。時代によって、文学についての考え方が変わるのは、世界の根底を支えている記号のシステムが大きな変化を迎えたためなのである。存在の原初にさかのぼる言葉は、もともとは宗教的なものと考えられていた。ヨハネ伝の冒頭にいうように、まさに「はじめに言葉ありき」だ。宗教が退場した場所に、文学の言葉が位置するようになった。人間の真実を探求するのが文学の使命であるというような文学に対する信仰が生まれてくるのもそのことにかかわるだろう。フーコーは、一九世紀以降の文学が、言葉の原初的な存在をあらわにするような方向に向かったとしながら、もはやルネサンス時代のような幸福な調和を失っていたと指摘する。なぜなら、神の死んでいる時代には、さかのぼるべき最初の言葉そのものが見当たらないからである。始まりも終わりもなく、果てしなく綴られていく空虚な往復運動を繰り返す言葉。それが、現代の文学にもっともふさわしいすがたなのである。

モダニズム

中心と根拠を失って果てしなく浮遊する言葉が、二〇世紀文学の特質であった。

一九一六年、スイスのチューリヒにあるキャバレー・ヴォルテールでは、奇妙なパフォーマンスが演じられた。フーゴ・バルやトリスタン・ツァラは、唸り声をあげ、口笛を吹き、太鼓やベルを鳴らし、身体をおかしなかっこうにくねらせながら、「同時詩」と名づけた即興的な詩を朗読した。ダダの始りである。ダダは、かしこまった芸術や社会道徳に対する永久的な反逆を主張した。

また一九二四年、「シュルレアリスム第一宣言」（『シュールレアリスム宣言集』森本和夫訳、現代思潮社、一九七五年所収）で、アンドレ・ブルトンは、「絶対的合理主義は、われわれの経験にじかに結びついている事象をしか考察することを許さない」と書き、「驚異」の復権を説いた。ブルトンは、「夢の全能性」や「思考の無私無欲な働き」を重視し、「語られる思考」としてのオートマチスムを実験的に試みた。オートマチスムとは、詩人が無意識を記録する録音器となって、「描写の空しさ」を超えた新しい詩的言語をつくり出すことをいう。ジャズの即興演奏を言葉でやると考えればいい。

秩序ある言葉に対する反逆、無意味な言葉への関心、完成された作品よりも創作のプロセスを重視し公開するパフォーマンスへの志向、偶然性の重視、夢や心のなかのイメージをリアリティの一部だとする発想といった、ダダやシュルレアリスムが開拓した手法は、二〇世紀のモダニズム芸術に共通するものだった。ダダやシュルレアリスムはむろんのこと、表現主義や未来主義やキュービズムなど、二〇世紀のアヴァンギャルド芸術を総称して「モダニズム」という言葉が使われる。マルカム・ブラッドベリとジェイムズ・マックファーレンによれば、「モダニズムはわれわれの混沌のシナリオに呼応する一つの芸術」であり、「社会の現実と因果関係についての慣習的観念の破壊、個性の完全性についての伝統的観念の崩壊、言語の公共的観念が信じられなくなって、すべてのリアリティが主観的虚構となるときに起こる言語的混乱の結果として派生する芸術」(『モダニズムI』橋本雄一訳、鳳書房、一九九〇年)であった。モダニズムは、現実と対応しない不安定な言語そのものに関心を集中した。また、超越的な価値としての真理を追求する文学から、既成の観念を揺るがし否定する文学への転換を、モダニズムの流れは象徴するものであった。こうした文学観の変化の背後には、世界をその底で支えている言語の記号としてのシステムをとらえる人文科学の地殻変動があった。

ソシュール

二〇世紀の初頭、スイスのジュネーヴ大学で、謹厳な言語学者フェルディナン・ド・ソシュールは、一般言語学に関する講義を行った。ソシュールの死後、弟子たちは、この講義の内容をノートやメモから復元して、ダダが始まったのと同じ年である一九一六年に『一般言語学講義』と題して刊行した。この書物は、のちに構造主義や記号学の発想に大きな影響を与えることになる。ソシュールが語ったのは、人間は言葉という記号を通して世界を認識しているということであった。また、意味する記号としての言葉と、意味される概念内容の関係は任意なものであり、言語は差異の体系であるという指摘や、記号の意味は、他の記号との関係性によって決定されているということについての考察は、人間の文化現象の基盤に言語があることの重要さをあらわにすることになった。言語記号の恣意性というソシュールの指摘は、世界には超越的な根拠などなくて、記号のネットワークが波の戯れのようにうねっているにすぎないという、ポストモダン的な認識を準備するものでもあったのである。

ソシュールの考え方に具体的にふれるために、ルイス・キャロルの『不思議の国のアリス』を例にとりあげてみよう。なぜならこの物語は、私たちが無意識のうちに前提としている、言葉は通じるものだという考えを徹底して打ち砕くモチーフをもっているからだ。ウサギ穴に落ちて不思議の国にやってきたアリスは、いろんな生き物に出会うが、コミュニケーションが成立せず混乱する。ネズミが身の上話を始めるときに、「長く悲しい話《ロング・アンド・サッド・テール》」といったのを、アリスは「長いしっぽ《ロング・テール》」と聞いてしまうし、「ちがう《ノット》」という打ち消しを「結び目《ノット》」と勘違いして、ほどいてあげると申し出て、すっかりネズミを怒らせてしまう。「話《テール》」と「しっぽ《テール》」、「ちがう《ノット》」と「結び目《ノット》」の取り違えは、発音が同じであるために起きる。こうしたエピソードは、言葉と意味の結びつきが考えられているほど絶対的なものではないことを教えてくれる。「話《テール》」と「しっぽ《テール》」、「ちがう《ノット》」と「結び目《ノット》」がそれぞれ異なっているという差異を成り立たせているシステムこそが、意味をつくり出しているのであって、「しっぽ《テール》」という言葉に尾という実在が結びついて意味を生み出しているわけではない。

ソシュール自身の草稿が公開されるにいたって、『一般言語学講義』では明確でなかった記号学の構想の全体が見渡せるようになり、ソシュールの記号のシステムへの注目が、人間の文化の総体をとらえるというモチーフをはらんでいたことが理解されるようになった。丸山圭三郎によれば、ソシュールの「ランガージュ」は、単なる言語能力を超えた〈シンボル化能力〉のことをいい、「描く、彫る、歌う、身振る、話す、書く」という「一切の像化能力」のことを指しているという（『ソシュールを読む』岩波書店、一九八三年）。文学もそうした活動の一角に位置づけることができる。記号学を基礎として、文学を含めた人間のあらゆる表現活動をとらえることのできる視座が可能になったのである。また、ソシュールの記号学は、客観的な揺るぎない現実だと思われていた文化現象が、実は恣意的な記号によってつくり出されたものだということに気づかせることを使命としていた。丸山によれば、「コトバの身体性を取り戻す営み」として、「既成のコトバを用いることによって『かつて一度も存在しなかった関係』を生み出すパラドックス」（前掲書）を実践することも、ソシュールの記号学の目的であったという。このモチーフは、モダニズムの文学にも共有されている。たとえば、モダニズムの達成の極北と評されるジェイムズ・ジョイスの『フィネガンズ・ウェイク』という作品は、題だけでも「フィネガンのお通夜、目覚め、航跡」という複数の意味をもち、けっして権威的な一つの解釈にしばられない多義的な表現を実現しているが、そのモチーフは、ソシュールの記号学の実践に重なりあうものだ。

一見無縁に見える言語理論と前衛文学は、深いところでつながっていた。文学は、記号をもとにした文化現象の一つの枝なのである。そして、いまや文学を特別の枠組みに囲い込むいかなる理由も失せてしまっている。

2　物語の構造

物語の文法

アメリカの小説家ウィリアム・フォークナーは、生活のためにハリウッドで映画の脚本を書く仕事についたことがある。彼が仕事をやめたあと、机に一枚の原稿用紙が残されていた。そこには、「ボーイ・ミーツ・ガール」という文が何度も繰り返して書かれていたという。脚本を書きあぐねたフォークナーは、ハリウッド映画のラブストーリーのもととなる永遠の文法を繰り返し呪文のように原稿用紙に書きつけたのにちがいない。さまざまな物語は、それぞれ色合いや趣を異にしているが、すべての物語に共通する構造というものははたして存在するのだろうか。そうした問いに接近したのが、ロシアの民話学者ヴラジーミル・プロップであった。プロップは、一九二八年にロシアの魔法昔話の形態を論じた『昔話の形態学』（北岡誠司・福田美智代訳、白馬書房、一九八三年）という一冊の本を書いた。プロップは、登場する動物などの違いからモチーフを区別する従来の昔話の分類法に疑問をいだき、構造による比較を提唱した。プロップの分類の特徴は、登場人物を機能としてとらえるところにあった。彼は、たくさんの昔話の構造を検討した結果、つぎのような結論に達した。

(1) 昔話の不変の要素は、登場人物の機能である。
(2) 魔法昔話に認められる機能の数は限られている。
(3) 機能が継起する順序は、つねに同一である。
(4) あらゆる魔法昔話は、その構造という点では、単一の類型に属している。

そして、魔法昔話に関しては、機能の数は、三一に限定されると考えた。単純化するとつぎのようになる。

①留守②禁止③違反④探索⑤情報漏洩⑥謀略⑦援助⑧加害⑨欠如⑩仲介⑪出立⑫贈与者の出現⑬主人公の反応⑭呪具の獲得⑮二つの国の間の空間移動⑯闘い⑰標《しるし》づけ⑱勝利⑲欠如の充足⑳帰還㉑追跡㉒救助㉓気づかれざる到着㉔不当な要求㉕難題㉖解決㉗発見・認知㉘正体露見㉙変身㉚処罰㉛結婚。

また、この三一の機能は、敵対者・贈与者・援助者・探索される人物（王女）とその父・派遣者・主人公・ニセの主人公という七つの登場人物の行動領域のなかで展開されるという。たとえば、失踪した父の行方を追う娘が、入室を禁じられた部屋の鍵をあけてしまい、妖怪とたたかう羽目になるが、彼女に助けられた少年が危機を救うといったホラー映画のストーリーを考えてみよう。そこには、プロップの指摘した機能がいくつもはたらいていることがわかる。また、「ドラゴン・クエスト」などのテレビ・ゲームは、そのままプロップの分析を応用して組み立てられているといえるだろう。ハーレクイン・ロマンスには、書き方にルールがあって、カップルが結びつくまでにはいくつかの困難を乗り越えなければならないし、誤解からくる憂鬱な時を過ごす必要もあり、援助者や敵対者がさまざまにストーリーにかかわって、幸福な結末にいたるのだが、これもプロップの機能の応用例だといえるだろう。物語の神秘は、プロップの機能分析によって、編集操作性の問題に転化したといえるだろう。それは、マス・カルチャーの大量消費にもつながる問題であった。

モデルとしての物語世界

プロップの本は、一九五〇年代に英訳されて、クロード・レヴィ＝ストロースの神話の構造分析の発想に影響を与えた。レヴィ＝ストロースは、ソシュール言語学を踏まえながら、神話を「諸関係の束」ととらえ、神話の構成要素の多次元的な比較の必要を説き、神話的な思考が科学的な思考と異なるものではないと論じた（『構造人類学』荒川幾男他訳、みすず書房、一九七二年）。レヴィ＝ストロースの神話の構造分析は、人間の社会そのものがもっている虚構性に向けることもできる。神話は、人間が世界を理解するときの一つのモデルであり、そこに構造を発見することができるとすれば、物語の問題をさらに拡大して考えることができるだろう。つまり、歴史や社会に対する人間の認識のしかたそのものが一つの物語であり、神話に似たものだと理解してみることもできるのだ。

ジャン-フランソワ・リオタールは、理性への信頼や富の発展といった近代世界を支えている知的言説を「大きな物語」と呼び、そうした枠組みの解体がポスト・モダンの特質であると指摘した（『ポスト・モダンの条件』小林康夫訳、書肆風の薔薇、一九八六年）。フィクションの問題は、文学の領域にとどまらず、現在では、人間の認識装置の虚構性そのものが問われようとしている。

複数のテクスト

世界解釈のモデルとしての文学表現という理解とはまったく反対に、モデルや構造に囲いこまれることを拒むところに文学表現の任務があるという考え方も存在している。たとえば、ロシア・フォルマリズムの代表的理論家ヴィクトル・シクロフスキーは、日常的に見なれたものを異常なものとして感覚させる手法を異化と呼んだ。異化の手法は、かけはなれたものの偶然の接近を重視したシュルレアリスムや、エイゼンシュテインのモンタージュ理論に通底するものをもっている。異化は、二〇世紀のアヴァンギャルド芸術の方法を集約していると考えることができるのである。そして、既成の解釈を絶えず揺さぶる方法は、ロラン・バルトによって、テクスト論として展開されている。

バルトは、『S／Z』（沢崎浩平訳、みすず書房、一九七三年）で、あらゆる物語に単一の構造を発見しようとする発想を、「空豆の中に風景全体を見るに至る」仏教徒の苦行にたとえてみせる。バルトが理想としているのは、単一の解釈に還元されることのないテクストである。単一の構造や解釈への還元は、テクストの「差異」をなくしてしまう。一つのテクストは、「無数の入口を持った網目の入口」だという。テクストという言葉は、文学表現が個性豊かな巨匠の作品であるという閉じられた理解を、関係の網の目のなかに開くものであった。バルトは、一つのテクストを「解釈」することは、それに「一つの意味」を与えることではなく、それが「いかなる複数から成り立っているかを評価することである」と考えている。

こうしたバルトの理解は、標本箱に収められた蝶のように固定化され、作家の才能の結実とのみ考えられてきた文学を、書き手と読者と文化的なコンテクストがたがいに関係するコミュニケーションの網の目に解き放つことになった。また、テクストの複数の意味への注目は、ものごとを明確に名指すことより、暗示することを重視し、読者の応答を引き出そうとする象徴主義以降の現代文学の方法にみあったものだといえる。

3 メディアとしての文学

読書の変容

情報メディアのなかで、文学はどのように変化しただろうか。言葉の表現による芸術というふうに、いちおう文学を定義してみる。さまざまなタイプの小説、詩、戯曲、批評は、みんな文学に含まれる。多くそれらは書物の形をとって存在している。ためしに、書店の文庫本の棚の前に立ってみよう。ギリシア神話やシェークスピアといった古典からスティーヴン・キングや吉本ばななの小説まで、さまざまなジャンルの作品が並んでいる。目を転ずれば、推理小説やハーレクイン・ロマンスの棚もある。少ないが、純文学の小説も置かれている。西洋の古典から、推理小説やホラーまでが一堂に並んでいるというのは、少し大きな書店ならごくありふれた風景である。シェークスピアの『ハムレット』と、キングの『シャイニング』では、ずいぶん作品の成り立ちの背景や質が違う。でもそれらは、同じ文庫本という均一化した姿で書架に並び、消費されるのを待っている。それらの本は、読者に購入されて読まれたあと、あるものは書架に保存され、あるものは新幹線の座席の網ポケットのなかに読み捨てられる。古典からホラーまでを、同じ文学として誰もがたやすく消費できるということは、考えてみればすごいことだ。昔、エリートだけが読みえたものも、一時のスリルを提供してくれる娯楽も、同じ文学として消費の対象になっている。現在では、それだけ文学という言葉が対象としている領域も拡大し、多様化しているということになる。

質的に変化し、多様化している文学は、どう読まれるのか。モデルとして、私立大学の文学部に在籍する一人の女子学生に登場してもらおう。彼女の名は本尾詠美、英文科の三年生である。彼女は通学の電車で赤川次郎の新作推理を読んだ。高校時代からクセになっていてやめられないのだ。読んでしまうとすっかりストーリーは忘れてしまう。講義で読んでいるのは、E・ブロンテの『嵐が丘』。発表の準備のために、フェミニズム批評の立場からE・ブロンテをとらえた難しい本を図書館で借りる。生協の書店で、ボーイフレンドが掘り出し物だといっていた江戸川乱歩の一巻選集を買う。ロックバンドの名前にもなっている『人間椅子』というのがとっても怖いという。ついでに、吉本ばななの文庫版も買ってしまう。ハードカバーをもっているが、少し改作してあるというので、つい手がのびたのだ。国文科の教授は講義で、なんとかばなななんて文章がだめでどこがいいのかわからんといっていた。でも、女性誌のばななの特集では、少女マンガとのかかわりや、今までの文学が失いつつあったシンプルでパセティクな感情がばなな作品には流れていることについての指摘がなされていたことを思い出して、その教授はわかってないなあと反発を感じたのだった。

学食で友だちのユリと会ったので、近くの店でお茶する。あるハンサムな若い小説家がホストをつとめるラジオ番組で、ダニエル・キイスという作家の『アルジャーノンに花束を』という旧作のSFがとっても素晴らしいと語ったところ、すごくその作品が売れ出したことが話題になる。ユリは、読んで泣いたという。アイドルタレントが素敵だと語ったために、太宰治の本が急に売れ出したりしたこともある。新作のサスペンス映画のことも話題になり、原作の小説を読んでみることにする。

所属している広告研究会のボックスに顔を出す。最近のCMは、ストーリー性をもたせてつくられていることが話題になる。たとえば、あるビールのCMは、売れ筋の男女のタレントを使って、キャンパスのカップルライフをドラマの一コマを切りとったように描く。バックには、やはり売れ筋のニューミュージックが流れ、見ている者の想像力を刺激する。物知りの先輩が、それは「物語マーケティング」という手法で、新しい文学理論が市場開拓に応用されている例だという。キャラクター商品もテーマパークも、現実を物語化するという面では、文学の手法の応用なのだともいう。

帰りの電車では、疲れているので本は読まず、ヘッドホン・ステレオでロックを聞く。中原中也の詩を曲にしたものもあって、詩人は自分の詩がロックになるなんて考えたこともなかっただろうと思うとなんだかおかしいと、彼女は感じた。もっとも、彼女が中原中也について知ったのは、マンガとテレビ・ドラマからなのだが。

メディア・ミックス

さて、本尾詠美さんの読書生活のスケッチから、現在の文学が置かれている状況をいくつかの要点にまとめてみることにしよう。

(1) 教養主義的な古典も、現在のエンターテインメントもボーダーレスの状態で消費されることが可能である。そのため、オーソドックスな教養と、サブカルチャーの境界はあいまいになっている。テオドール・W・アドルノやマックス・ホルクハイマーは、ステレオタイプ化したものしか生み出せないマスカルチャーを文化産業論で批判したが、正統的なカルチャーとマス・カルチャーの境界があいまいな状況では、広告が高度な表現であり、純文学が形骸化してしまうという逆転が起こりうる。

(2) 過去の作品も、現在の作品も、〈文学〉は、情報のパッケージとして均質化している。その結果、真実の探求や修養を深めるといった読書の目的意識は無意味化している。芸術としての〈文学〉から、情報としての〈文学〉への質的転換が起こっている。

(3) 〈文学〉は、映像や音楽など、他のメディアとミックスした状態で享受されることが多くなっている。書物という形態が、ひとり教養の王の座にあるというのは神話にすぎない。

(4) 〈文学〉のジャンルにだけ、〈文学性〉が存在するのではない。テレビCMやマーケティングといった非文学的な領域に〈文学性〉が流出している。たとえば、フィクションの問題も〈文学〉を超えた社会現象として扱うことのできる構えが、文学理論に要請される。

付け加えておくと、本尾詠美さんは文学を愛しているが、それでも彼女の全消費生活における文学への支出の割合は微々たるものだ。もっとも大きいのは、ファッションへの支出である。新しい服を買ってそれを身につけることが、物語的な行為だとすれば、それはあながち文学と無関係とはいえないのだが。

知覚のメディア、すなわち人間の知覚の様式は、歴史的条件によって制約され、変化するのではないか。一九〇〇年を境にして、写真や映画という複製技術の進化のために、芸術作品のあり方が大きな影響を受けたと考えたのは、ヴァルター・ベンヤミンであった。ベンヤミンは、『複製技術時代の芸術』（『ベンヤミン著作集2』佐々木基一編、晶文社、一九七〇年）で、複製技術の普及がオリジナルの芸術作品にそなわっているアウラ（霊気）を消滅させ、儀式的な礼拝の対象となっていた芸術を解放して、それを大衆に近づけると指摘している。ベンヤミンの指摘は、写真や映画という視覚芸術を素材にしたものだが、複製による芸術の大衆化は、文学をも含むものとして考えるべき課題であった。ベンヤミンは、複製技術の進展によって、芸術が大衆に開かれることを評価しながらも、大衆の知覚・感覚が政治的な操作の対象になることを恐れ、懸念している。複製技術の操作性は、政治的な支配にとって重要な意味をもつと考えられているのだ。

ところで、現在の視点からは、ベンヤミンの複製技術への着目は、情報化ということについての先駆的な理解を示していると考えることができる。現在では、巨大な情報のネットワークの海に、芸術は完全にのみこまれている。そこでは、オリジナルな芸術家の個性よりも、ストックされた既成の膨大な情報を、いかに編集操作するかという技術が何よりも重要になってくる。

ベンヤミンの枠組みは、オリジナル―コピーの二項関係である。でも、一つ一つの音を調整して合成されたロック音楽のCDには、すでにオリジナルは存在していない。それは、コピーのコピーであり、シミュラークルと呼ぶべきである。つまり、編集操作の技術そのものが、情報の表現そのものであるという時代が来ているのである。先に読書のあり方についてふれたように、文学も、情報としてメディア

・ミックス的に存在するようになってきており、メディア内部での位置づけが大きく変化しつつある。文学も含めた芸術の位置を、メディアの進展の歴史がどのように変化させてきたかについて、室井尚のすぐれた理解（『メディアの戦争機械』新曜社、一九八八年）にそって整理してみたい。

室井尚は、メディアの歴史を、「声や身振りなどの身体的メディア（メディアⅠ）、文字や絵画、彫刻などの視覚的メディア（メディアⅡ）、写真、レコード、映画などの複製技術（メディアⅢ）、電話などの高速通信システムのネットワーク（メディアⅣ）」の四段階に分類する。ベンヤミンやマクルーハンが考えたように、メディア環境が変化すれば、人間の感覚・知覚の編成の構造そのものが影響を受ける。室井尚によれば、各段階のメディア相互間の関係は、つぎのように要約される。

(1)　メディアⅠ――出来事の一回性、表現主体との近接性、全身体的知覚。一次的。

(2)　メディアⅡ――モノの唯一性、表現主体からの分離。視覚の特権性。二次的。

(3)　メディアⅢ――シミュラークルの複数性、反復可能性、表現内容の脱コンテクスト化、遠隔制御的＝求心的。

(4)　メディアⅣ――ネットワークの高速性、遍在性、表現行為の脱コンテクスト化、遠隔制御的＝遠心的。

書物は、メディアⅡの段階に属し、オリジナルのもつアウラ（霊気）を表現するものと考えられ、文字教養が支配的な位置を占めることになる。ベンヤミンのいう複製技術は、メディアⅢの段階に属する。そこでは、一次的なモノを、そのアウラ（霊気）を保ちながら再現するという表現のあり方は、既存の情報を新しいコンテクストにそって配列・編集するという新たな表現のシステムに転換することになるのだ。そして、複製技術の段階で現れた編集操作性の問題は、エレクトロニクスによる情報のネットワーク社会では、表現主体そのものをメディア化してしまうまでに全面化することになる。そうした場所では、書物という形態と、教養という背景を必須のものとしていた文学も大きく変わらざるをえない。複製技術によって、文学は、他のメディアと変換可能なテクストという形態に変わった。作家―作品―文化伝統というコンテクストは、波動しうねりつづけるテクストの相互関連性に場所をゆずったのである。

ハイパーテクスト

古いもの、新しいもの、また、さまざまなジャンルにわたるすべてのテクストをたがいに関連したネットワークにつなぐことができるだろうか。ロラン・バルトが考えていた複数の読みをゆるすテクストという理想を現実に可能にするのは、電子的なテクストかもしれない。

アメリカのコンピュータ学者セオドア・H・ネルソンは、ハイパーテクストという言葉で、情報科学に基づいた電子的なテクストの可能性を示そうとした。ハイパーテクストとは、それぞれ関心の異なる読者によって選択して読まれることが可能であるような、電子メディアによる非連続的なテクストの集合体のことである。

多種のテクストの有機的な結合であるハイパーテクストのもっとも素朴な形態は、たとえば、ある文学作品についての研究論文に示される。漱石の『こゝろ』についての論文では、作品本文が引用されるとともに、注として先行の研究も引用される。研究論文には、本文はもとより、それに関連するテクストが複合して含まれている。ただ、活字による論文では、はじめから読むというリニアーな読書形態が基本となる。

そこで、コンピュータに、『こゝろ』の本文と、注釈、研究論文、そして、関連するヴィジュアルな情報を入力し、自由に検索できるハイパーテクストのシステムをつくるとしよう。書き手と読み手は、コンピュータの画面で出会うことができる。読み手の側からの質問や書き込みが可能になり、書き手との境界が取り払われることになる。ハイパーテクストには、著者が複数で存在するポリフォニックな性格が認められるし、読み手は、自分の関心に応じてハイパーテクストを検索することができる。また、潜在的に影響する他のテクストとの相互関連性が織り込まれているとも考えられるのだ。書き手と読み手の境界が消失し、新たな共同制作の可能性も開かれている。

巨大な図書館に死蔵されている膨大な情報を、電子のネットワークに組み入れることによって、〈生きた文学機械〉が現実化する状態を想像してみてもよいのかもしれない。あるいは、私たちの想像力を刺激してくれる新たなネットワークシステムをつくり出すこと自体が、かつての芸術的表現に匹敵する行為になるのかもしれない。ただ、そうしたネットワークを誰が管理するのかという問題が残される。

文学は、ハイパーテクストの段階では、かつて書かれたすべてのテクストに拡散してしまう。漂流する言葉は、砕片のように飛散する。それは、砂漠の砂粒のようにかわいた現代の個にふさわしい言葉のあり方かもしれない。しかし、ハイパーテクストを可能にするネットワークは、まったく新しい未知の文学を生み出す可能性もそなえているのである。

参考文献

V・シクロフスキー『散文の理論』水野忠夫訳、せりか書房、一九七一年

J・ロトマン『文学と文化記号論』磯谷孝編訳、岩波書店、一九七九年
W・イーザー『行為としての読書』轡田収訳、岩波書店、一九八二年
R・スコールズ『スコールズの文学講義』高井宏子他訳、岩波書店、一九九二年
K・クラーク、M・ホルクイスト『ミハイル・バフチーンの世界』川端香男里・鈴木晶訳、せりか書房、一九九〇年
R・ジラール『欲望の現象学』古田幸男訳、法政大学出版局、一九七一年
福田敏彦『物語マーケティング』竹内書店新社、一九九〇年
鶴見俊輔『限界芸術論』勁草書房、一九七五年
松本孝幸『やわらかな未知のものがたり』大和書房、一九八八年
室井尚『文学理論のポリティーク』勁草書房、一九八五年
前田愛『文学テクスト入門』筑摩書房、一九八八年

第7章　ジャーナリズムのまなざし
——客観報道と好奇心——

永井良和

1　犯罪報道

日常生活とニュース

最近の事件報道が「いきすぎ」ではないかという印象をもつ人は少なくないだろう。テレビのモーニングショーで、カメラをひき連れたレポーターが「取材」という名のもとにとっている行動は、はたしてその名にふさわしいものなのか。かなり強引なやり口に、不快感を覚えることさえしばしばである。しかしながら、あなたは他人の不幸を覗き見るひそやかな愉しみをまったく感じていないといい切れるだろうか。また、レポーターの繰り出す情報に同調してしまい、「凶悪」な犯人に対する憎悪へと導かれたことはないか。あるいは、ブラウン管で活躍する識者たちによって自分の意見が代弁され、安堵することはなかったか。

人びとの関心を集めるような大事件では、被害者も加害者も過度の取材攻勢を受ける。そのような場合、時間の経過とともに報道のありかたそのものについての論議が起こることも稀ではない。とくに誤報や冤罪事件などでは、ジャーナリズムの姿勢そのものが問われることになる。

いっぽうで、時間や紙面の「埋め草」でしかないような小さな犯罪も日々報道され、さしたる注目をあびることなく消えていってしまう。たしかに、コソ泥やスリや交通事故などは社会的衝撃力のない些細な事件である。だが、いくら「埋め草」とはいえ、逮捕された時点で容疑者の氏名や住所、ときには顔写真が掲載あるいは放送される。

このような場合、顔写真が出るかどうかはまったく「運」まかせといってよい。スペースや時間配分の都合で、小さなニュースの詳細は省略されることがあるからだ。もしも、同じ日に全国の視聴者を釘づけにするような大事件・大事故が起こっていれば、小さな事件は報道されずに終わってしまうことさえある。いわゆる「ニュース・バリュー」と、その日の事件の発生数との比較考量によって、事件は「報じられるもの」と「報じられないもの」に振り分けられていく（新聞の場合、それは整理部の仕事である）。そして、マスコミによって「報じられない事件」は、われわれにとっては「起こらなかった事件」とほとんど等価だといってよい。

注意したいのは、報道されるかどうかが「運」に左右されている小さな事件でさえ顔写真や氏名などが添えられるという点だ。なぜなら、事件が些細であればあるほど「ジャーナリズムの姿勢そのものが問われる」可能性が低いからである。その後、逮捕が誤りであったことがわかっても、そのことは報じられずに放置される。

大事件から「埋め草」にいたる一連のニュースがパッケージされた「ショー」を、われわれは毎日惰性のなかで見つづけている。スクープ、詳報の名のもとで、週刊誌は興味本位の記事を売りものにしている。こんにち、ニュースはこのようにして生産され、消費されるのだ。

「犯罪報道の犯罪」

一九八四年に浅野健一が著した『犯罪報道の犯罪』は、こういった問題を正面から論じ、かつ一般的にも読みやすいかたちで整理したものである。この本の出版は、犯罪報道において容疑者の氏名を「実名」で掲載するかあるいは「匿名」にするかという議論の流れを考えるうえでエポック・メイキングな出来事であった。『犯罪報道の犯罪』の冒頭は、つぎのような事例の紹介から書き起こされている。

一九八〇年のはじめに表面化した「早稲田大学商学部入試漏洩事件」で、マスコミの執ような取材を受け「疑惑の人物」とされた事務長が総武線に飛び込んで自殺した。本人は「疑惑の目で見られるのは、もう私には耐えられません」と記したメモ（遺書）を残していた。捜査を担当した警察署の署長は自殺した事務長に事情聴取をしたこともなかったし、する予定もなかったとコメントしている。さらに、事務長の娘はマスコミのいきすぎた取材こそ自殺の原因だったという趣旨の記者会見を行った。

この事件の報道のありかたに疑問を抱いた浅野は、およそ三年ののち事務長の妻にインタビューを試みた。妻は自殺までの取材の様子を語ったうえで、事務長の自殺が報じられて以降、遺族に何が起こったかをつぎのように述べている。「自殺の後、家に何十通もの投書が来ました。全部読みましたが、世の中の人がマスコミの報道を見て、主人が犯人だと思い込んでいるのがよくわかります。……電話も何本かありました。『犯人だから死んだんだろう』などと非難する人たちは全部匿名でした」（浅野健一『犯罪報道の犯罪』学陽書房、一九八四年〔講談社文庫、一九八七年〕）。

これを、「犯罪報道の犯罪」という。もちろん、「被害者」がマスコミを「告発」するケースも少なくないが、そのことがマスコミによってとりあげられることはきわめて稀だった。問題は、あくまでも被疑者でしかない人物が「犯人扱い」を受け、過剰な取材にさらされ、「実名」つきの、あるいはアイデンティティの特定が可能な記事に仕立てられるということだ。かりに容疑者が犯人である疑いが濃いとしても、そのことを判断するのは司法の機能である。また、かりに犯人であるとしても、必要な制裁は法に定められており、マスコミによる「社会的制裁」は無意味ではないか。——以上のような考えから、浅野は「匿名報道」への転換を主張する。容疑者の名前や顔写真がなくても事件の報道はできる、と。事件記事には取材・執筆した記者の署名はない。さきの例では、事務長の遺族に対する読者からの電話まで匿名だったという。「容疑者」のみが、名前と顔を明らかにされ、匿名の暴力を一身に引き受けなければならないのだ。

法曹界・報道各社の動き

これ以前からも、法律家たちはマスコミがしばしば人権侵害を起こしている点に注意を向けていた。戦後の日本社会は、「知る権利」と「表現の自由」を尊重した言論の世界をつくりあげてきたが、肥大化するジャーナリズムは個人の基本的な権利（名誉権とプライバシー権。最近ではこれに肖像権を加える）を頻繁に侵害した。一九五〇年代には九州、中部、東北の各弁護士連合会などが人権と報道との関係を問題としてとりあげはじめている。このような動きをうけて、一九七〇年には日本弁護士連合会が人権擁護委員会のなかに「マスコミ報道と人権に関する特別委員会」を設置し、七六年には『人権と報道』という報告書を出版している。

法律家たちの関心は、「推定無罪」の法理が破られる点にあった。「近代国家は、人を犯罪者として罰するためには、公開の法廷で本人に弁解と反証の機会を与え、厳格な司法手続を経たうえ、法律にてらしてのみ、裁判官の判決によってのみ、これをすることができるのであって、これこそ、人類の多年の歴史を通じて確立された人権保障の基本的制度なのである。さればこそ、有罪判決を受けるまでは、被告人は無罪の推定を受くべきものとされている。にもかかわらず、マスコミは警察による容疑者の逮捕までを報じ、その報道によって「裁判の先取り現象」が起こってしまう（日本弁護士連合会編『人権と報道』日本評論社、一九七六年）。

「知る権利」や「表現の自由」と個人の「名誉」や「プライバシー」――法律の体系には、近代的な理念が対立するかたちで含まれているのだ。けれども、そのジレンマが理屈のうえでどのように調停されるかということ以前に、容疑段階に重点をおいたマスコミの報道姿勢が変わらないという問題がある。法律家の仕事は、どちらかというと報道によって被害を受けた人びとを救済するという局面に集中してしまう。

異常ともいえる過熱ぶりを示した「ロス疑惑」報道（一九八四年〜）、目前で殺人が起こっているにもかかわらず四〇人もの記者・カメラマンが「冷静に」取材をつづけた「豊田商事会長刺殺事件」（八五年）。これらの事件では、一般の人びとからもマスコミへの批判があいついだという。しかし、時代的背景として『フォーカス』（八一年〜）『フライデー』（八四年〜）など写真週刊誌の創刊ラッシュと売り上げの急増があったことは無視できない。センセーショナルな報道を求める「市民のニーズ」はいぜんとして強かったのだ。八六年には主要五誌で合計五〇〇万部の発行数を記録した。

この年の暮れには、ビートたけしら一二人が講談社『フライデー』編集部に「殴り込み」をかけている。「報道被害」を受けた人びとによるマスコミ相手の訴訟も増加した。たとえば「ロス疑惑」のケースでは、一審での勝訴がすでに六件を数えている（九一年四月現在。『報道被害――11人の告発』創出版、一九九一年、飯室勝彦『報道の中の名誉・プライバシー』現代書館、一九九一年）。また、八七年には東京弁護士会の人権擁護委員会が「写真週刊誌――取材される側の権利（案）」を起草した。このような風潮が作用して、八〇年代末までに写真週刊誌の市場は冷え込み、現行三誌で一〇〇万を少しこえる程度の部数に落ちこんでいると推定される。

また、ジャーナリズムのつくりだすストーリーの「フィクション性」を露呈した事件として、朝日新聞による「珊瑚礁損傷・記事捏造事件」、そして読売新聞の「幼女連続誘拐殺人容疑者アジト虚報事件」など（いずれも八九年）をあげることができるだろう。過去にもテレビのワイドショーやドキュメンタリー番組などでの「やらせ」が問題になったことはある。しかし、日本を代表する巨大新聞の失態は、大きな論議を呼ぶことになった。

2　実名報道と匿名報道

犯罪報道の現在

八〇年代後半から九〇年代にかけては、マスコミの報道姿勢がかつてない批判にさらされた時期だといってよい。このような経緯のなかで、犯罪報道のありかたはどのように変化しただろうか。たとえば容疑者の呼び捨てをやめるという傾向が認められる。放送ではＮＨＫが、また新聞ではサンケイ新聞が八四年からこの措置をとり、現在はほとんどのメディアが同調している。しかしながら、呼び捨てをやめたというだけで、被疑者の実名は依然として報じられており、被害者やその家族に対する過剰な取材もあいかわらず行われている（青森など一部で自主規制を開始）。
そのことがもっともはっきりと確認できたのは、八九年八月以降の「幼女連続誘拐殺人事件」報道だった。大月隆寛は、この「異常な」事件報道をメディアの「発情」と呼んでいる（都市のフォークロアの会編『幼女連続殺人事件を読む』ＪＩＣＣ出版局、一九八九年）。市民団体「人権と報道・連絡会」ではマスコミ一四社に対して抗議するとともに質問状を送付し、左の七項目について問いただした。

(1)「別件逮捕」の段階でなぜ実名報道がなされたのか。
(2)被疑者本人に直接取材して「弁明の機会」を与えたか。
(3)被疑者が犯人であるかのような報道をした根拠はなにか。
(4)「無罪推定の法理」はどのように運用されたか。
(5)裁判以前の段階で被疑者に社会的制裁を加えていないか。また、被疑者の家族についてはどうか。
(6)被害者の家族に繰り返し取材をした理由はなにか。
(7)過去の冤罪事件に関する「誤報」の責任をどうとり、いかなる対策を講じてきたか。

マスコミ側からの回答は六社にとどまったが、その内容は現在のジャーナリズムの犯罪報道に関する基本姿勢を示していると考えられるので、ぜひ参照してほしい（『犯罪報道の現在』〔『法学セミナー』増刊総合特集シリーズ45〕日本評論社、一九九〇年）。

われわれが日常的に接しているテレビや新聞の犯罪報道についても、以上の質問項目をあてはめて見直してみよう。そうすると、なにが「問題」なのかが明らかになってくる。もちろん、マスコミからの「反論」もある。それについては後述するとして、さしあたり、つぎのようにまとめておこう。犯罪報道という観点から現代の日本の新聞ジャーナリズムを反省した場合、①他のニュースに比べ犯罪報道の割合が高い、②犯罪報道では捜査段階が中心である、③被疑者の実名が報道される、の三点に注意しておく必要がある。

五十嵐二葉は、日本の新聞が「基本事実」として報道している記事には、「余分な事実」が多く含まれると指摘している。それらは、表1のように整理できるという（五十嵐二葉『犯罪報道』岩波ブックレット一九二、一九九一年）。Aの情緒的アイテムは、ストーリーに「勧善懲悪のトーン」をつけるために盛りこまれる。また、Bの「事実報道」アイテムは「一見無色に見える」が、警察の発表がそのまま転記されているに過ぎない。Cの分析は、Aの⑦識者のコメントとともに、逮捕された人物が犯人であることを「暗黙の前提」にしている。——これらが、マスコミの犯罪報道が現時点では「警察の広報」でしかないという批判の根拠である。さらに五十嵐は、逮捕後の自白や起訴まで詳細に報じられることがあっても、裁判の経過にはほとんど注意が向けられていないと批判する。

表1　犯罪報道の内容

A　情緒的アイテム
①「犯人」の出自，家族構成
②生いたち
③生活ぶり
④性格（「犯人」の凶悪性，異常性）
⑤被害者，遺族の苦痛，無念
⑥捜査の苦労とその勝利
⑦識者のコメント
B　「事実報道」アイテム
⑧「調べによると……疑い」
⑨捜査の経過
⑩罪名
⑪自白
⑫犯行の動機
⑬取り調べ以外の捜査内容
⑭余罪
⑮留置場での被疑者
⑯逮捕写真
C　社会的背景，分析

（五十嵐二葉『犯罪報道』より）

実名報道の根拠

では、このような批判に対し、マスコミの側は何を根拠に逮捕段階での実名報道を正当化しているのだろうか。新聞社や放送局の立場は、従前の方針を踏襲してきただけだから、このような根拠は実名報道に反対する人びとの批判に答えるかたちでようやく明確化されたといっても過言ではない。ここでは浅野にしたがって、実名報道支持の論拠を整理しておく。

　ひとつは、わが国では逮捕・起訴された容疑者が有罪判決を受ける確率が高く、警察・検察が犯人としたことにはそれなりの「重み」があるという説。また、犯罪者は社会的な「さらし者」になって当然だという説もある。便宜的に前者を「確率論」、後者を「さらし刑論」と呼んでおこう。

　まず「確率論」だが、起訴された者の有罪率が九九パーセントであっても、逮捕されたにもかかわらず不起訴になっている率が四〇パーセント前後あることを考えると、逮捕時点での実名報道は正当化されないと浅野は主張する（前掲『犯罪報道の犯罪』）。また、裁判が無謬だといえない以上、冤罪に問われる人の不幸をマスコミが増幅する可能性は強く認識されていなければならない。

　二ばんめの「さらし刑論」についてみてみよう。この論の系として、さらし刑が「みせしめ」となって犯罪の抑止効果をもっているという説も派生する。マスコミが氏名と顔写真を掲載することは、被疑者にとって「社会的な制裁」という意味合いをもつが、いっぽうニュースの受け手にとっては、犯罪は割にあわないという認識が生まれる点で「犯罪の抑止効果」を期待できる。このふたつの考え方は実は同根で、近代以降、公開処刑がなくなった代わりに、氏名と顔写真を添えて犯人を断罪するしくみがつくられた結果だと考えられる（これについては後述）。

　もちろん、現在のマスコミがこの「さらし刑論」をはっきり唱えることはない。「わが社は社会的制裁として犯罪報道をしている」などという主張は、ありえないだろう。しかしながら、これはあくまでタテマエである。たとえば一九八九年の「女子高生軟禁・コンクリート詰め殺人事件」では、被疑者が少年であったため、マスコミ各社は匿名で報道した（これは少年法にある「記事等の掲載の禁止」条項に基づく)。ところが、ある週刊誌はこのような「少年法による保護」を疑問視し、少年の実名を掲載したうえで、別に「野獣には、人権はない」とコメントしたという(前掲『犯罪報道の現在』)。おなじように、「幼女連続誘拐殺人事件」においても「さらし刑」を肯定する意見が少なからず見られた。

報道のなかの人権についての検討もさることながら、「さらし刑」待望論がわれわれのなかに根強く残っており、右のようなケースで噴出するということを忘れてはならないだろう。

「権力のチェック」説

マスコミの側で現在もっとも重要な立脚点となっているのが、「権力のチェック」説である。さきに紹介した「人権と報道・連絡会」の質問に対する各社の回答を見ても、「捜査当局の動きを国民の立場から監視し報道することは、不可欠」といった意見(読売新聞)や「公的な捜査機関の動きを紹介するのは現在、新聞報道の使命の一つ」だという立場(東京新聞)が表明されている(前掲『犯罪報道の現在』)。内容を簡単に要約するのはむずかしいが、おもな論点をまとめておく。まず、公権力がどのように行使されているかを社会に明らかにする必要があるという認識。この立場から、警察が発表した逮捕者の氏名などは「事実」であるという主張が導かれる。マスコミが匿名報道にすれば、警察は氏名などを公表しなくなり、権力の作用を隠してしまうというロジックだ。また氏名が公表される以上、誤認逮捕がないよう警察も慎重にならざるをえず、権力の濫用を抑制できるとも付け加えられている。

このような立場に対する強力な批判は、実名報道が誤報による被害や冤罪の悲劇を助長しているのではないか、というものである。しかしマスコミ側は、「〝犯人視〟の報道をしない」ことおよび「捜査機関の誤捜査が明らかになれば、その時点で、逮捕時の報道に劣らないスペースで、その事実を報道し、関係者の名誉回復を図る」ことなどで対応できる（朝日新聞）としている（前掲『犯罪報道の現在』）。さらに、実名報道による「監視」が冤罪を少なくするのだという「冤罪防止」説も展開されている（浅野健一『新・犯罪報道の犯罪』講談社文庫、一九八九年）。

だが、このような「精神」は現実の報道でどこまでいかされているだろうか。過去の報道被害がきちんと救済されているかなどを考慮すると、マス・メディアを舞台にしたジャーナリズムのありかたがにわかに揺らぎはじめる。

村上直之もいうとおり、そもそも警察制度の確立とジャーナリズムの成立は表裏一体の関係にあったのだ。しかもそれは、「権力チェック」というのとはまったく逆の論理に従っていた。イギリスで新聞印紙税が廃止され「言論の自由」が認められたのは、新聞に警察広報の役割を担わせるほうが、公開処刑よりも効果的で経済的だったからである（村上直之「メディア空間のパトロジー」仲村祥一編『犯罪とメディア文化』有斐閣、一九八八年）。

なるほど、事件報道における匿名化の試みや、被害者の家族への過剰な取材の差し控えはじょじょにではあるが現場にも生まれつつある。紙面批判のコーナーを設けるとか、オンブズマン制度を導入するとか、訂正記事を充実させるとかいう動きもある（東京弁護士会編『取材される側の権利』日本評論社、一九九〇年）。しかし、「実名報道」によって冤罪が抑制されるというような意見さえ現に存在しているのだ。そうである以上、「匿名」か「実名」かという二者択一の論議はしばらくのあいだ平行線をたどるしかあるまい。

また、「知る権利」に「取材される側の権利」を対置するだけでは、権利の軽重を斟酌するというやっかいな作業が残されることにもなる。「原則匿名報道」を主張する法律家やマスコミ関係者は、どういう場合に「顕名（実名）報道」にするのか、という問いを突きつけられている。政治家の汚職事件は実名報道でいくとする。ではその秘書はどうか。贈賄した会社の社員は、どうするのか。社長なら実名で、命令に従っただけの課長なら匿名にするのか。線引きは非常に困難である（だからといって、すべて実名にすればよいというのはもちろん乱暴だが）。

3　匿名性とジャーナリズム

無署名のジャーナリズム

「ジャーナリズム」とは、マス・メディアに属する従事者の活動全般と、そこから産み出されたものとを含む概念である（桂敬一「ジャーナリズム」『大衆文化事典』弘文堂、一九九一年）。しかしもともと「ジャーナリズム」には、公的なものであれ私的なものであれ、「毎日の記録」を表す「ジャーナル」という言葉の意味合いが含まれていた。

言葉が指し示す内容は次第に変化していく。わが国の場合、「毎日の記録」という意味のうち「市民が毎日つけることのできる日記との連想を断ち切られて、新聞社あるいは雑誌社などの特別の職場におかれた者の職業的活動としてだけとらえられるように」なった。現代において「ジャーナリズム」は、「特権と結びついた活動」なのである（鶴見俊輔「ジャーナリズムの思想」『現代日本思想大系12　ジャーナリズムの思想』筑摩書房、一九六五年）。「ジャーナリズム」という言葉の原義と、そこからの隔たりに注目する鶴見俊輔の指摘によって、ここまでの話は見通しをつけやすくなるだろう。

けれども、「権利」や「人権」という言葉をつかって法律にちかい場所からこのテーマを追っていくだけでは、見落としてしまう問題がある。司法がどのような判断を示すのか、また報道現場が今後どのような基準をつくりだしていくのかという実践的な関心とは別に、ジャーナリズムというものの性質についてちがう角度から反省しておこう。

近代ジャーナリズムはベトナム戦争でなにをしたのか。ハルバースタムの報告（『ベトナムの泥沼から』）を読んだ玉木明は、「中立公平・客観報道」という理念こそが、「時代の要請に応ええない」現代のジャーナリズムの姿をつくりだしたのだという。

玉木は吉本隆明（『言語にとって美とは何か』）を援用する。吉本によれば、言語は「自己表出」と「指示表出」との二重性を本質的にもっている。これをあえて強引に単純化すると、「自己表出」が「主観的表現」に、また「指示表出」が「客観的表現」に対応する。文学は自己表出性の高い言語空間であり、ジャーナリズムでは指示表出性が高い、ともいえよう。このように考えるとき、ジャーナリズムは「自己表出性というものを可能なかぎり削ぎ落としてゼロ座標に近づけ、指示表出性だけでその言語空間を構成したいという内在的欲望をもっている」、そのような位相に位置づけられる（玉木明『言語としてのニュー・ジャーナリズム』學藝書林、一九九二年）。

ジャーナリズムの文体では感動詞や形容詞などが避けられ、「誰がそれを表出したのかという『誰』の存在は括弧に括られ」る。これがわれわれの理解している「中立公平・客観報道」なのだ。玉木は、こういった性質をもつジャーナリズムの文体を「無署名性の言語」と呼ぶ。二〇世紀の初頭以来、無署名性の言語こそがジャーナリズムを支えてきた「倫理」であった。しかし、「伝える」という機能に専念したジャーナリズムは、やがてベトナム戦争では公式記録から逸脱しない、当局者の望む情報を打電するだけの活動に終始する。

自己矛盾に満ちたジャーナリズムに対して「生きた言語」をとりもどすための運動として起ったのが「ニュー・ジャーナリズム」である、と玉木はいっている。一九六〇年代以降、あえて取材者の名を記した文体の作品が登場したのだ。言語によるコミュニケーションとしての「報道」を、名のある者どうしのあいだで成り立たせようとする、そのような試みだといってよい。

「書く側」と「書かれる側」の双方の名を明らかにして、「自己表出」性をとりもどすことがニュー・ジャーナリズムの文体に表れた姿勢だとすると、さきに見た「匿名報道主義」とはどのような位置関係にあるのだろうか。

無署名の記事のなかで「書かれる側」の名前が伏せられる。「容疑者X」という記号によって、紙面に定着させられる事件の内容——「書く側」、「書かれる側」の双方が匿名になるという方向は、ある意味で「指示表出」の徹底化とはいえまいか。「ニュー・ジャーナリズム」と「匿名報道主義」とは、「客観報道」という理念のもとに歩んできた近代ジャーナリズムが迷い込んだ隘路から正反対の方向に延びた、ふたつの脱出路なのだ。

ビジュアル化

おなじ玉木が、「ベトナムから湾岸戦争までの間に何がかわったのか」と問いかけている。書き手という主体の埋没は、活字メディアで起こった現象である。だが、現代のマスコミの主役はテレビになった。湾岸戦争の空爆の映像は、ジャーナリズムが「自己表出性というものを可能なかぎり削ぎ落としてゼロ座標に近づけ」、われわれ受け手が出来事を直接体験したいと望むその欲求と邂逅した事件であった。そこでは、「花火のような」あるいは「TVゲームのような」というレポーターの「自己表出」にさえ、違和感が残る（前掲『言語としてのニュー・ジャーナリズム』）。もともと「自己表出」性の希薄なテレビという映像メディアにおいて、無署名の文体はもっとも透徹したかたちをなし、「麻薬」のように「ワイセツな催淫機能」を果たしたのだ（J・ボードリヤール『湾岸戦争は起こらなかった』塚原史訳、紀伊國屋書店、一九九一年）。

政治・経済ニュースなどに代表されるいわゆる「第一面」記事から「社会面」に掲載される犯罪報道に話をもどそう。「無署名性の言語」が「自己表出」性をどのていど駆逐しえたかを通じて、新聞からテレビ、それに写真週刊誌へという「ビジュアル化」の展開もとらえ直すことが可能だ。

村上によれば、同じ事件を報じている場合でも「第一面」と「社会面」とを比較すると、社会面においては「感覚的かつ情動を喚起させる、主観的な表現」が使用されている（前掲「メディア空間のパトロジー」）。五十嵐の整理にもあったとおり、大きな事件では、犯人の性格や生活ぶりを示すエピソードの類が社会面に用意される。「迫真の報道」を演出するための必須アイテムといっていいだろう。

では、社会面の片隅に「埋め草」として掲載されている小さな事件や事故の記事はどうか。それらはおよそ警察発表の要約のようなもので、「無署名性の言語」の標本といってもよい。しかし、そこにも「顔写真」という、きわめて「情動的」な表現が巧妙に滑り込ませてあることに注意したい。

写真は、「客観的」な表現ではない。「幼女連続誘拐殺人事件」の被疑者の顔写真についてみると、朝刊で使われたのが高校時代の「まじめそうな」ものであったのに対し、夕刊では逮捕直後に警察で撮られたものに差し替えられた。被疑者の「部屋」に関しても、「カメラマンがある種の雑誌だけを強調させる形で配列に手を加えた可能性」が否定できない。しかも、被害にあった少女たちは対照的に「かわいい」表情だった（前掲『幼女連続殺人事件を読む』）。「女子高生軟禁・コンクリート詰め殺人事件」においても、被疑者は匿名報道だったのに、被害者は途中から実名・写真入りに変更されている。そこには、「美人女子学生」という媒介項が作用している（中山千夏・丸山友岐子他『報道のなかの女の人権』おんな通信社、一九九一年、メディアの中の性差別を考える会『メディアに描かれる女性像』桂書房〔富山〕、一九九一年）。

記事に署名があっても、カメラマンの名を併記することはまだ一般的ではない。また、映像や写真を選択した編集部・整理部の担当者が名を名乗ることはほとんどない。ナレーションや記事は背景に退き、図像を撮影あるいは選択したまなざしと、われわれの覗き見る視線とが限りなく重なっていく。一瞬、われわれは現場にいるものと錯覚する。「社会面」とは、無署名の記事と覗き見の視線が交錯する、そのような場なのだ。

三面記事このかた

「三面記事」という言葉は、「日本の新聞の多くが四ページ建てだったころ、三ページ目が社会面にあてられ、市井の出来事、犯罪や事件のニュースが掲載されていた」ことに由来する「歴史的表現」である。「強盗殺人、猟奇事件、異常な出来事を興味本位に報じて大衆の歓心を買ったり、お涙頂戴や単純な勧善懲悪で人気を取ろうとする」ような傾向は、戦後の新聞の社会面からは排除されていったから、現在は「死語」だと考えることもいちおうはできるだろう（桂敬一「三面記事」前掲『大衆文化事典』）。

しかしながら、文体が「中立公平」なものになっていく過程で、「三面記事」的な性格は写真や映像といった部分にうつされていったとはいえないだろうか。

一九二〇年、「鬼熊」と呼ばれた男が、情婦ともう一人の男、さらには警察官を殺害して逃亡し、さいごは自殺するという事件が起こった。鶴見は子どもの頃の三面記事との出会いをつぎのように書いている。

> 私にとって、社会的事件の記憶は、鬼熊からはじまる。
>
> たたみの上においた新聞の鬼熊の顔とすれすれのところまで自分の顔をもっていって、見ていた。
>
> 彼の顔が、私の顔とおなじくらい大きかったとおぼえている。
>
> 今、考えてみると、いくらこどもの顔が小さいといっても、新聞の三面記事に出ている顔ほど小さいわけはないのだが、自分の頭にのこっている顔の大きさの印象はぬぐいがたい。
>
> 彼の眼のするどさ、彼の強さが、実際の大きさ以上に、彼の写真を大きく私の心にやきつけてしまった。
>
> 自分を追ってくるかもしれないおそろしい人間という感じとともに、自分とおなじように追われている人間という感じが、あった。わたしとおなじように、悪い人間だから、わたしとおなじように追われているのだろう。
>
> ……今見ると、新聞に出ている熊次郎の写真は、せいぜい五センチ平方にすぎない。それが、私の頭には、自分とおなじくらい大きい顔として焼きついてしまった。……
>
> 実際の形よりもこんなに大きく感じたというのは、私が熊次郎にそれだけ関心をもっていたからで、逃げまわる悪人に、自分の分身を見ていたせいだ（鶴見俊輔「三面記事の世界」『鶴見俊輔集　第八巻』筑摩書房、一九九一年）。

われわれが事件に向かうとき、それは「個々の人間、個々の行為への好奇心を道連れに」している

（中嶋昌彌『都市空間の検証』晃洋書房、一九九一年）。このような「好奇心」は、「知る権利」という言葉と正確には対応していない。「好奇心」には、「ペンによる断罪」でカタルシスを得ようとする心性や、他者の不幸を喜ぶ正体不明の欲望などが混沌とあわさっている。鶴見が鬼熊に「自分の分身」を見出したその心のはたらきも、ここでいう「好奇心」に同伴されつつ、いくぶんずれた地平をつくる。いってみれば、人間の、あるいは自分自身の悪を相対化できるような反省の力である。

犯罪報道の問題は、ジャーナリズムのなかで仕事をする人だけの問題ではない。なぜなら、ジャーナリズムがわれわれの「好奇心」によりそうことで商業的に成り立っているからだ。だからといって、「取材される側の権利」という主張を対置するだけでは、「知る権利」とのあいだのジレンマにおちいってしまう。また、ニュー・ジャーナリズムのような丁寧な仕事を現代のマス・メディアに期待することは、ほとんど絶望的である。

日本人の識字率を高めたのは、ひとつには教育制度の整備があったからだろう。しかし、これには新聞の発達も与って大きいにちがいない。ところが、現代のメディア状況においては活字情報の重要性が相対的に低くなっているといえる。メディアのなかで文字（活字）の優位は崩れ、活字中心の報道から映像主流の報道（写真の多用やテレビ映像）にシフトした。

活字情報の相対的低下、あるいは図像の威力の復活は、何を示唆しているのだろう。「三面記事」のおどろおどろしさは、「社会面」の顔写真やレポーターの背後に展開する映像のなかに健在だ。むしろ、いまや飼い慣らされないナマの「好奇心」がさらけ出されているといったほうがよいかもしれない。とすれば、ジャーナリズムを支えているこの「好奇心」をまず反省しなくてはなるまい。

われわれじしんのなかにある「悪」が隠蔽され、それを反省するチャンスが失われてしまう――そのようなことを避けるために、何が可能だろうか。

参考文献

浅野健一『犯罪報道の犯罪』学陽書房、一九八四年〔講談社文庫、一九八七年〕
浅野健一『新・犯罪報道の犯罪』講談社文庫、一九八九年
五十嵐二葉『犯罪報道』岩波ブックレット一九二、一九九一年
内川芳美・新井直之編『日本のジャーナリズム』有斐閣、一九八三年
神戸女学院大学総合文化学科社会調査研究室『報道陣の証言——豊田商事会長刺殺事件とマス・メディア』一九八六年、『報道陣の証言'92』一九九二年（いずれも神戸女学院大学資料。本稿作成にあたり、村上直之氏のご好意により参照の機会を得た。記して感謝したい）。
仲村祥一編『犯罪とメディア文化』有斐閣、一九八八年
日本弁護士連合会編『人権と報道』日本評論社、一九七六年
玉木明『言語としてのニュー・ジャーナリズム』學藝書林、一九九二年
鶴見俊輔『現代日本思想大系12　ジャーナリズムの思想』筑摩書房、一九六五年
都市のフォークロアの会編『幼女連続殺人事件を読む』ＪＩＣＣ出版局、一九八九年
『報道被害——11人の告発』創出版、一九九一年
『犯罪報道の現在』〔『法学セミナー』増刊　総合特集シリーズ45〕日本評論社、一九九〇年
佐藤友之『犯罪報道と精神医学』三一新書、一九九三年

社会学者の文化論

井上章一

現代の文化や社会を、現場の取材をまじえながら、学術的に論じる。こんなことを学界でてがけているひとの多くは、社会学者だ。他分野にもいないわけではないが、なんといっても社会学である。それは、『現代文化を学ぶ人のために』と題されたこの本をながめても、あきらか。執筆者の多くは、社会学者でしめられている。

例外もむろんあるが、私は彼らの書く現代文化論を、あまり読まない。読めば勉強になることもあろうかとは思うのだが、目をとおすことはすくない。読まずぎらいの理由は、とっつきの悪さにある。社会学理論とでもいうのだろうか。自分は、これこれの理論に依拠してうんぬんというくだり。あれが、かったるいのだ。

あんなことに時間をかけるヒマがあったら、もっときちんと取材をしたらいいのに。理論枠組の呈示には熱心だが、取材作業に手をぬいているものを見ると、そう思う。現代文化の諸相を論じるんだったら、やっぱりノンフィクション作家の勝ちだな。取材がもたらすスリルが、ぜんぜんちがう。

こんなふうにからむと、多くの社会学者はこうこたえる。そりゃ、やっぱり社会学なんだから、理論的な粉飾はいるんだよ、と。自分たちは、一般読者を相手にしているんではない。主たる読み手は、同業者。だから、業界むけに、理論的にふるまうポーズが必要なんだというわけだ。

理論的粉飾は、必要悪である。社会学者として、身すぎ世すぎをするための通行手形にほかならない。これがなくては、業界ですごせないのだ。口では、そう言う。だが、どうだろう。こういう自嘲を、まにうけてもいいのだろうか。

私の邪推かもしれない。だが、社会学者の多くは、心底では理論的な筆致へのあこがれを、もっている。

さまざまな社会理論を、自家薬籠中のものにしてしまう。それも、横文字の舶来理論を。そして、それらを自由自在、縦横無尽にあやつっていく。まるで、おてだまをあやつるように。

その、頭の良さ。知性のブリリアンス。けっきょくのところ、彼らはそういうプレゼンテーションに、最大の価値を見いだしている。この理論崇拝には、理論的とは言いがたい情熱があるのだが、とにかく眼目はこれだと思う。私の目には、社会学者という人種が、そう見える。

そんな社会学者が、なぜ現代文化論のフィールド・ワークなどをこころみるのか。おそらく、この分野にも、一種の土着派がいるのである。宙にういた理屈はだめ。やっぱり、足が地についた作業をというような一派である。

だが、本心では理論第一主義が、ぬけきらない。理論遊戯の華麗さにたいする劣等感をいだきながら、土着派という立場を選択する。だからこそ、フィールド・ワークをともなった文化論でも、理論めかしたものが顔をだす。だが、口ではこう言うのだ。あれは、社会学者としての立場上、書かざるをえない粉飾である、と。

ざんねんながら、私は門外漢である。こういう口吻にひそむ、心理的な葛藤はわからない。さぐっていけば、おもしろそうな機微が、うかがえるように思うのだが、今のところは不明である。誰か意欲のある社会学者に、解析してほしい。

正直に言えば、純理論派も理論に未練をもつ土着派も、私にはおろかに見える。現代文化の解析という点では、質のいいノンフィクションに、かなわない。私は、ノンフィクション作家のほうに、軍配をあげる。

だが、こういうひとたちの生態そのものは、興味をひく。それこそ、現代の学者社会がおりなす文化の一極相として、取材しうるのではないか。

たとえば、立花隆が調査する社会学界。うーん、立花さん、やらないだろうな。だいいち、そんなヒマはないだろう。

もちろん、社会学者が質のいいノンフィクションを書く可能性はある。それこそ、理論的にはありうる。そこまで否定する気はない。でも、じっさいには……。

ずいぶんな悪態だ。でも、私は社会学者たちの寛大さは信じている。こういう戯文も、笑って読みながしてくれるだろう。もっとも、笑ってもらえるほどの内容があるというような自信は、ないのだが。

第8章　ポピュラー音楽へのアプローチ

――〈SAY YES〉をめぐって――

小川博司

一九九一年に日本で発売された曲で、もっとも売れた曲はCHAGE&ASKAが歌った〈SAY YES〉だった。これは近年稀に見る大ヒットだった（オリジナル・コンフィデンス社のデータでは、二八〇万枚以上の売り上げを示している）。ナツメロ番組の常套句「歌は世につれ、世は歌につれ」をもち出すまでもなく、ヒットした歌と社会の動きとは無縁ではない。ヒット曲を分析することを通して社会の動きを読むことができる。とくに現代社会は音楽化社会と呼んでもいいほどに日常生活に音楽が満ちており、現代文化研究を進める上で、もはや音楽を無視することはできない。

しかし、いざ音楽、とりわけポピュラー音楽についての研究にとりかかろうとすると、これがそう簡単ではないことに気づく。第一に、音楽という非言語的な対象を言語でとらえ、記述していくことの困難がある。第二に、ひとつの曲のヒットの要因はひとつだけではなく、説明は一筋縄ではいかない。そもそもポピュラー音楽を学問的に研究していくための方法論が十分に確立されているわけではないし、ポピュラー音楽が学問的な研究対象として認識されるようになったのはつい最近のことだ。国際ポピュラー音楽学会が設立されたのが一九八一年、その日本支部の設立が一九八七年、日本ポピュラー音楽学会が設立されたのが一九九〇年である。

ここでは、ポピュラー音楽を研究しようとする際に配慮しておくべきさまざまな点を指摘し、最後にポピュラー音楽研究のさまざまな課題を提示する。

1 歌詞分析──見田宗介の方法

歌詞分析の前提

音楽と社会との関係についての学といえば、日本では曲の歌詞分析が主流だった。見田宗介の『近代日本の心情の歴史──流行歌の社会心理史』（講談社学術文庫、一九七八年、最初の刊行は一九六七年）は、そのなかでも代表的な成果である。これは、一八六八（明治元）年から一九六三（昭和三八）年までの、日本の代表的流行歌四五一曲を素材に、近代日本の心情の歴史を描いたものである。この研究方法はよく工夫されたものなので、ここでは少し詳しく紹介しておこう。

見田は、過去の時代の心情を知るには、残された何かの記号を手掛かりにして推論するほかないとし、①民衆自身の手によって書かれたドキュメント（投書・投稿、手紙、日記など）、②各種の大衆芸術（流行歌をはじめ、舞台芸能・大衆文学・映画など）と二つの系列をあげる。見田は、時代の心情を映す鏡として流行歌をとりあげたわけだが、とりわけ流行歌をとりあげるメリットとして、以下のような点を指摘している。

第一に、流行歌が幅広い大衆を代表していること。①のドキュメントのほうが、時代の民衆の心情を直接的に反映しているように見えるが、これらは「書く」能力と心の用意を前提としているので、必ずしも生活者大衆を代表しているわけではない。それに対し流行歌など大衆芸術のほうは、制作者により民衆に向けてつくられたがゆえの屈折はあるものの、それを享受する時代の民衆の精神の何らかの側面に共鳴盤を見出さなければ成功は望めないので、「結果からみて成功した大衆芸術（「ヒットソング」、「人気番組」、「ベストセラー小説」等々）は、その時代の民衆の中の、少なくともある一定の社会層の、ある一定の心情の側面を反映しているとみることはできる」というのである。

第二に、流行歌は民衆の心情をかなり正確に映し出していること。流行歌は「時代の民衆に、受動的に享受されるばかりではなく、民衆がみずからそれを口ずさみ（あるいは放歌し斉唱し）、能動的に参与することをとおしてはじめて流行歌たりうる」ので、他の大衆芸術の諸様式と比較して、「時代の民衆の支配的な情緒ないし『気分』との照応関係は、いっそう濃密なものと思われる」というのである。だが、流行歌は民衆の日常体験を平面的に忠実に反映しているわけではない。見田は、流行歌の表現には、日常体験の「様式化・壮麗化・具象化・極限化」といったレトリックのあることを指摘している。『近代日本の心情の歴史』には、補論として「近代日本の心情のシンボルの辞典」が掲載されている。「ある種の名詞は、それぞれの固有の心情の雰囲気をもっていて、詩歌や演劇や物語の中に効果的に配置されると、しばしば心情の直接的な表出以上に、みごとな伝達の機能をはたす」という前提から書かれたものである。たとえば、定住する所をもたない「渡り鳥」は漂泊感のシンボルになるという。

歌詞分析の方法

このような前提を踏まえて、見田は明治以降の日本の流行歌を分析した。その手順は以下のとおりである。

(1)　分析素材の選択

時雨音羽編『日本歌謡集』（社会思想社、一九六三年）巻末の「日本歌謡年表」掲載の四五一曲が分析の対象とされた。年表に掲載されている四九七曲のうち、音楽の様式の名前である「都々逸」、同一の曲にもかかわらず異なった曲名で掲載されている曲が省かれた。つぎに残った四九五曲のうち、歌詞を入手できた四五一曲が分析の対象とされた。同一の曲でも時期を変えて二度、三度と現れるものもあるので、曲種は四三九曲であった。

(2)　分析の枠組

あらかじめ二一種類のモチーフが設定され、それぞれの曲にどのモチーフが含まれているかが判定された。ここでとりあげられたモチーフは、(a)批判、(b)風刺、(c)怒り、(d)うらみ、(e)やけ、(f)自嘲、(g)おどけ、(h)喜び、(i)希望、(j)覇気、(k)義侠、(l)慕情、(m)甘え、(n)こび、(p)ひやかし、(q)未練・あきらめ、(r)孤独、(s)閉塞感、(t)郷愁、(u)あこがれ、(w)無常感・漂泊感、の二一種類である。

判定には見田のほかに二人が参加し、三人の判定者のうち二人以上の合致がえられた因子が採用された。ひとつの曲に複数の因子が含まれている場合もある。たとえば第一回日本レコード大賞受賞曲〈黒い花びら〉（一九五九年）は、(q)（未練・あきらめ）、(l)（慕情）、(r)（孤独）の三つのモチーフを含んでいると判定された。

(3)　数量的な分析と質的な分析

一八六八年から一九六三年までの九六年間は、七年ごとに一四の時期に区切られた（最後の一九五九年から一九六三年のみが五年間）。この七年きざみという数字は、近代日本の歩みを、帝国憲法発布、満州事変などにより質的に区切ると、偶然にも七の倍数で区切れるところから出てきたものである。

七年きざみの一四の時期が区切られた後、「各時期の流行歌サンプル総数」のうちに「各モチーフを含む、その時期の曲の数」の占める比率が計算された。たとえば、一九五二年から一九五八年までの時期には全サンプル二八曲のうち(w)(無常感・漂泊感)のモチーフを含む曲が八曲、すなわち二八・六パーセント含まれているといった具合に計算される。こうして、それぞれのモチーフの比率が時代によりどのように変化したかが明らかになる。

モチーフの判定は、三人が判定することにより一人による独断はある程度防ぐことができたものの、あくまでも主観的な判断によるものである。だが、こうした数量化の手続きを経ることにより、主観的な判定もより客観的な意味あるものになる。見田は、この傾向分析を前提にした上で、具体的な個別の歌詞の分析を踏まえながら、近代日本の心情の歴史を巧みに描き出した。

〈SAY YES〉の歌詞分析

それでは〈SAY YES〉(飛鳥涼作詞・作曲)の場合、歌詞分析をするとどうなるのだろう。歌詞は「僕は君を心から愛している。ずっと君と暮らしたいと思っている。君もきっと僕のことを愛しているはずだ。愛には愛で感じ合おうよ。僕のプロポーズにイエスといっておくれ」といった内容だ。

『近代日本の心情の歴史』にあげられたモチーフをあえてあてはめるとすれば、(h)(喜び)、(i)(希望)と分類することはできるが、それだけでは十分とはいえない。これは、純粋な求愛の歌である。『近代日本の心情の歴史』において、「求愛」や「純愛」のモチーフが意図的に無視されていたわけではない。一九六三年までの日本の流行歌には、このようなモチーフを含む曲がほとんどなかったのである。このこと自体、近代の日本のポピュラー音楽と日本社会を考える上で興味深いテーマである。だが、この曲の場合、歌詞分析だけで済ますわけにはいかない。この曲の人びとへの受け入れられ方は、一九六〇年代の初めとは明らかに異なっているからである。

2 歌詞分析の限界

『近代日本の心情の歴史』は、一九六〇年代の初めの曲までを分析の射程に入れている。これは偶然とはいえ非常に絶妙な区切りである。というのは、一九六〇年代半ば以降、日本のポピュラー音楽の世界は大きく様変わりし、①流行した歌は、国民の幅広い層に支持されている、②流行歌の受け手は歌詞の意味を理解している、という歌詞分析の前提が覆されるようになったからである。

流行歌の分化

①に関していえば、見田も「その時代の民衆の中の、少なくともある一定の社会層の、ある一定の心情の側面を反映しているとみることはできる」と限定付きでとらえていたものの、具体的な分析においては、それぞれの歌が幅広い層に浸透していたことを前提にして議論が進められていた。実際、一九六〇年代初めまでの流行歌は、時間をかけてゆっくりと人びとの間に浸透し、その年の代表曲ならば、老いも若きも口ずさむことができた。しかし、六〇年代半ばからは、そのような全国民的なヒット曲はなくなってきた。六〇年代初め、テレビはラジオにとってかわり茶の間の中心的なメディアとなり、ポピュラー音楽を支えるメディアとしても中心的な位置を占めるようになった。

(1) テレビの音楽番組のヒット曲

一九六〇年代半ばには、テレビに初めてベストテン番組が現れ、七〇年代初めには民間放送各局で類似番組がウィークデーのゴールデンタイムに連日放送されるにいたった。テレビがポピュラー音楽を支えるメディアとして中心を占めるようになるとつぎのような変化が起こった。第一に、テレビ映りのよい歌手が人気を集めるようになった。六〇年代初めの御三家（橋幸夫、舟木一夫、西郷輝彦）がその先駆けであり、六〇年代後半には、和製ポップスであるグループサウンズが人気を集めるようになった。第二に曲の寿命が短くなった。テレビで同じ歌手が毎日のように同じ曲を歌っていれば、飽きられるのは当然のことだ。一曲の寿命はせいぜい二、三カ月で、つぎからつぎへと新曲がつくられていった。

(2)　「なつメロ」と「演歌」

こうした動向についていけたのは、若い年齢層だけだった。中高年齢層は、テレビ中心のヒット曲生産のシステムから降りてしまった。そして取り残された中高年齢層がとびついたのが、「懐かしのメロディー」と「演歌」である。戦前・戦中・戦争直後にラジオやレコードで声だけを聞いていた歌手が出演する、テレビのレギュラー番組が現れた。中高年齢層は、日本調の流行歌も支持した。興味深いのは、この頃、主にヨナ抜き音階により、望郷や未練などのモチーフを歌う流行歌が「演歌」と呼ばれるようになったことである。それまで、日本の流行歌は一般に「歌謡曲」と呼ばれていた。それが、ポップス調の曲が台頭するにつれて、日本調の流行歌は「演歌」と呼ばれるようになったのである。

(3)　フォークとロック

テレビの歌謡番組のヒット曲も、「なつメロ」「演歌」も、もはや全国民的なヒット曲とはいえなかった。これらに加えて、第三の勢力が台頭してきた。フォーク、ロックである。六〇年代初めに大学のキャンパスを中心に、アメリカのモダン・フォークをコピーするグループが出てきた。一九六六年、マイク真木の歌う〈バラが咲いた〉（浜口庫之助作詞・作曲）がヒットし、フォークが社会的に認知されるようになった。さらに、一九六八年には、関西のフォーク・クルセダーズの〈帰ってきたヨッパライ〉が大ヒットを飛ばした。その後、フォークは異議申し立ての運動と密接に連動するようになった。他方、六〇年代半ばのエレキギターブーム、六〇年代後半のグループサウンズブームを経て、六〇年代末から七〇年代初めにかけて、日本のロックもしだいにオリジナルをつくる力をもつようになった。

ロックやフォークを支えた主要なメディアはテレビではなくラジオだった。とくに深夜放送は若者文化のシンボルとなった。フォークとロックは、既成の価値観に異議を申し立てたり距離をおくことを存在理由としていたので、既成の体制のシンボルとしてのテレビに出演することは忌避されたのである。それに、これらの領域では、七〇年代初めからは曲作りと販売の重点がシングルレコードからアルバムへと移っていった。

これは、それまでのシングルレコードのヒットチャートを軸にしたテレビの音楽番組には痛手だった。アルバムの人気が高まり、さらに多くの歌手（ほとんどがシンガーソングライター）がテレビに出演しようとしないからである。こうして七〇年代半ばには、テレビのヒットチャートを中心にした音楽番組は一部を除いてしだいに姿を消していった。

こうして、六〇年代半ばから七〇年代の初めにかけて、日本のポピュラー音楽の世界は、大きく三つの下位文化に分かれてしまった。もはや、老若男女に幅広く愛唱される国民的なヒット曲はなくなってしまった。民衆の心情を映し出す鏡もひび割れていくつかの部分に分かれてしまったのである。

サウンド志向へ

②流行歌の受け手は歌詞の意味を理解しているという前提についてはどうだろう。もし、歌詞を理解していないとしたら、歌詞分析自体が無意味になってしまう。

一九五〇年代末から六〇年代半ばにかけては、カバーバージョンの全盛期だった。欧米のポピュラー音楽に日本語の歌詞がつけられ、日本人の歌手が歌った。日本語で歌われたということは、日本語で聞きたいという人がそれだけいたということだ。この頃のカバーバージョンの曲の多くは、「バカンス」「デート」「ドライブ」など欧米のライフスタイルを象徴する言葉をちりばめたものが多かった。カバーバージョンが人気を集めたということはまた、日本製のポップスがまだ成熟していなかったことを示している。

六〇年代半ばあたりから、欧米のポピュラー音楽に関しては、カバーバージョンよりも欧米のミュージシャンの歌を直接聞くほうが普通になっていった。たとえば、ビートルズはその歌詞にももちろん魅力があるが、聞き手は歌詞以前に彼らの音楽それ自体およびパフォーマンスに魅了された。こうしたいわば洋楽の直輸入は、日本のポピュラー音楽の世界につぎのような事態を引き起こした。

第一に、作り手の側で、日本語の歌をつくる場合、日本語の歌詞の意味の伝達よりも、リズム、メロディー、アレンジなど欧米のポピュラー音楽の要素を取り入れることを優先させるようになった。第二に、聞き手の側で、日本語の歌詞の意味よりも、リズム、メロディー、アレンジ、歌手の声など、サウンド自体を重視して聞くようになった。これらの傾向は、六〇年代半ばからしだいに進行し、七〇年代末には、半ば意味不明な歌詞でサウンドの快楽を追求するバンド、サザンオールスターズ、歌詞よりもシンセサイザーでつくった音で勝負するバンド、ＹＭＯが出現するにいたった。このようなサウンド志向の音楽が主流になると、曲のなかで歌詞の占める部分は相対的に小さくなった（小川博司『音楽する社会』勁草書房、一九八八年、稲増龍夫「社会的コミュニケーションとしての音楽」水原泰介・辻村明編『コミュニケーションの社会心理学』東京大学出版会、一九八四年）。

歌への共感から歌手への共感・欲望へ

ポピュラー音楽の流行は、歌手と曲という二つの項の新しさをめぐって展開する。ある歌手の人気が出ると、その歌手はほんの少しだけ新しい要素を含んだ曲を歌うことにより新鮮味を出す。反対に同じ曲であっても新しい歌手が歌うことにより新鮮味が出る。

歌詞分析には、人びとが歌に共感しているという前提があった。だが、テレビがポピュラー音楽を支える主要なメディアになると、歌手の容姿、キャラクターへの関心が高まってくる。もちろん、ラジオが中心の時代にも歌手への関心はあったが、それは主に歌手の声、歌唱力への関心だった。ラジオ時代からテレビ時代への転換において、ポピュラー音楽に対するファンの態度は、重点が「歌への共感」から「歌手への共感」、「歌手への欲望」へと移動したとみることができる。

小柳ルミ子、天地真理、南沙織の三人娘がデビューした一九七一年は、日本のポピュラー音楽史におけるアイドル元年である。テレビ映りのよい歌手の出現は六〇年代初めの御三家にまでさかのぼるが、カラーテレビが本格的に普及し始めた七〇年代、「生けるキャラクター商品」としてのアイドル歌手の大量生産・大量消費が始まり、八〇年代末まで未曾有のアイドル全盛時代が続いたのである。この時期のヒット曲は、その曲の内容だけでなく、歌手の容姿、キャラクターなどがあいまって人気を獲得したわけで、歌詞の占める比率は相対的に縮小している。

音楽の環境化

もうひとつ音楽と人間の関わり方で重大な変化が起きた。それは、音楽の複製装置の普及により、音楽が日常生活のなかにあふれるようになり、音楽は専念して聴くよりも、なにかしながら聞き流すものに変わってしまった。

ラジオを例にとっても、ラジオが一家に一台しかなかったときには、ラジオはニュースも娯楽も流す貴重なメディアで、家族がそろって一台のラジオに集中して耳を傾けた。しかし、テレビとトランジスターラジオの普及により、ラジオは茶の間の中心的メディアから個人的なメディアへと性格を変えた。そして、ラジオはしだいに音楽メディアとしての性格を強め、その傾向はＦＭ放送の出現により決定的なものになった。

ラジオだけではない。ラジカセ、カーラジオ、カーステレオ、ヘッドフォンステレオ、コンポーネントステレオといった再生装置の小型化、個人化により、音楽は周辺に漂う振動と化してきた。音楽は、もはや言語的にせよ音楽的にせよメッセージを含んだものとしてではなく、日常生活の風景の一部になってしまう。

他方、環境としての音楽をつくろうという動きも出てきた。一九三〇年代のアメリカ合衆国ではすでに、工場やオフィスにおける能率向上、買物を促進するような機能音楽が産業化されていた。その後、一九五〇年代には、個人が私的な空間のなかで聞くための「イージーリスニング・ミュージック」が現れた。そして、一九七〇年代には、ロック出身のブライアン・イーノが環境のための音楽をつくり始め、同時に一九二〇年代のエリック・サティの「家具としての音楽」という発想が見直されるようになった。

以上のように、六〇年代から八〇年代にかけて、音楽のメディアの発達・普及により、音楽化が進行し、日常生活における音楽の位置づけが変わり、音楽のあり方も変わってしまった。〈ＳＡＹ　ＹＥＳ〉はこうした変容の後に現れたヒット曲である。

3　現代的ヒットの構造

〈ＳＡＹ　ＹＥＳ〉

チャゲと飛鳥は、一九七八年、福岡の大学生時代、第一五回ヤマハ・ポピュラーソング・コンテストに別々のフォークグループで出場したが、ヤマハのディレクターの勧めでコンビを形成。第一六、一七回とヤマハ・ポピュラーソング・コンテストに連続入賞し、一九八〇年、チャゲ&飛鳥として〈ひとり咲き〉（一九八〇年）でレコードデビューした。翌一九八一年には〈万里の河〉をヒットさせて注目を集めるようになった。その後はほかのニューミュージック系のミュージシャンがそうであるように、シングルよりもアルバム中心の曲作りをしていた。それが九〇年代に入り突然、シングルレコードのミリオンセラーを出したのである。しかも二〇〇万枚を超すという空前の大ヒット。この大ヒットを説明するには、少なくともつぎの二点を考慮に入れなければならない。

テレビドラマから生まれるヒットソング

オリジナル・コンフィデンス社が一九六八年にシングルレコードの売上チャートをつけ始めて以来、〈ＳＡＹ　ＹＥＳ〉は五〇曲目のミリオンセラー・シングルレコードにあたる。その後さらに九曲のミリオンセラーが出た。五九曲の発売年別内訳は、六八、六九年が八曲、七〇年代が二五曲、八〇年代が

表1　1980年以降のミリオンセラー（1992年2月末まで）

年	アーチスト	曲　名	関連コマーシャル	関連番組・映画
1980	都はるみ	大阪しぐれ		
	もんた&ブラザーズ	ダンシング・オールナイト		
	竜鉄也	奥飛騨慕情		
	近藤真彦	スニーカーぶるーす		
1981	寺尾聰	ルビーの指環	ヨコハマゴム	
	イモ欽トリオ	ハイスクールララバイ		『欽ドン！　良い子悪い子　普通の子』
1982	あみん	待つわ		
	大川栄作	さざんかの宿		
1983	細川たかし	矢切りの渡し		
1986	山下達郎	クリスマス・イブ	JR東海（X'MAS EXPRESS)	映画『君は僕をスキになる』
1988	長渕剛	とんぼ		『とんぼ』
1989	プリンセス・プリンセス	Diamonds	ソニー（カセットテープ）	
1990	米米クラブ	浪漫飛行	JAL（'90沖縄キャンペーン）	
	B．B．クイーンズ	おどるポンポコリン		『ちびまる子ちゃん』
	KAN	愛は勝つ		『邦ちゃんのやまだかつてないテレビ』『クイズおもしろテレビ』
1991	小田和正	Oh! Yeah!	第一生命	
		ラブ・ストーリーは突然に		『東京ラブストーリー』
	CHAGE & ASKA	SAY YES		『101回目のプロポーズ』
	ASKA	はじまりはいつも雨	松下電器(コンポhalf)	映画『おいしい結婚』
	槇原敬之	どんなときも	ケンタッキー(クリスピーフライドチキン)	映画『就職戦線異常なし』
	小泉今日子	あなたに会えてよかった		『パパとなっちゃん』
	B'z	LADY NAVIGATION	カネボウ(NAVI)	
	長渕剛	しゃぼん玉		『しゃぼん玉』
	大事MANブラザーズバンド	それが大事		『邦ちゃんのやまだかつてないテレビ』
	今井美樹	PIECE OF MY WISH		『あしたがあるから』
	B'z	ALONE		『ホテルウーマン』
1992	とんねるず	ガラガラヘビがやってくる		『とんねるずのみなさんのおかげです』

オリジナル・コンフィデンス社のデータによる。年はレコードが発売された年。

一二曲、それ以後（小田和正の二曲は同一レコードのため一曲と計算）が一四曲である（表1）。八〇年代以後の曲をヒットした要因別に分類すると、大きく三つのグループに分けることができる。第一に演歌のグループ。これはカラオケブームと密接に関連していると見ることができる。七〇年代初めに産業として成立したカラオケは八〇年代初めには、中年男性の文化としてすっかり浸透していた。これらの曲のヒットは、こうしたカラオケブームを背景にしている。第二にイメージソングのグループ。七〇年代半ばに始まったイメージソング戦略は、八〇年にはピークに達し、その後広告の手法のひとつとして定着した。第三にテレビ番組のグループ。テレビドラマ（アニメを含む）の主題歌、挿入歌やバラエティー番組で歌われる曲が多い。

　テレビドラマの主題歌がヒットする現象は以前にも見られた。だが、一九九〇年以降の現象は以前とは異なっている。音楽の側とテレビの側の強力なタイアップがここにはある。レコード会社の側は、ベストテン番組など音楽番組が一斉に姿を消した状況のなかで、テレビドラマの主題歌や挿入歌を、ヒット曲作りの媒体として以前にもまして注目するようになった。また、主に若い男女の恋愛をテーマにしたドラマをつくる側も、音楽の力を効果的に利用しようとした。

　〈ＳＡＹ　ＹＥＳ〉は、フジテレビ系列のテレビドラマ『一〇一回目のプロポーズ』（一九九一年七月から九月）の主題歌だった。

武田鉄矢演じる中年男による浅野温子演じるチェリストへの求愛のプロセスを追ったドラマ。最終回、工事現場にいる武田のもとへ武田の求愛に応えた花嫁衣装の浅野が走ってくる。抱き合う二人。このときバックに流れるのがこの曲である。あたかもこの瞬間のためにつくられたかのような曲である。映像と音楽の結びつきについては、映画音楽からＭＴＶまで、さまざまな結びつき方があり、どのように結びついているかは、重要な研究テーマである。現代のテレビドラマにおける音楽の扱いも研究するに値するテーマだ。

カラオケから生まれるヒットソング

〈ＳＡＹ　ＹＥＳ〉が人気テレビドラマの主題歌であったことは、この曲のヒットの大きな原因のひとつだった。しかし、それだけではこの曲はこれほどヒットしなかっただろう。八〇年代末以降の若者の間のカラオケブームもうひとつの大きな要因だ。一九九一年の暮れ頃には、〈ＳＡＹ　ＹＥＳ〉は、カラオケでもっともよく歌われる曲のひとつだった。カラオケで歌うためにテレビドラマで主題歌をチェックするという側面もあるのだ。テレビドラマとカラオケが相乗的にこの曲への注目度を上げるのである。〈ＳＡＹ　ＹＥＳ〉のシングルＣＤにもカラオケバージョンが入っている。

以上、テレビドラマとカラオケの二つの要因を指摘した。もちろん、この歌の歌詞分析をして、「純愛ブーム」との関連で考察することも重要だ。また、音楽的な分析を行い、この曲の特徴を押さえることもできる。だが、このような現代的なヒットの構造を踏まえておくことも必要だ。

4　ポピュラー音楽研究の課題

ポピュラー音楽とは

ここまでポピュラー音楽という言葉を定義することなく使ってきた。ポピュラー音楽は、一般に、理念的に、民俗音楽、芸術音楽と対比される（表2）。この分類によれば、ポピュラー音楽は、マス・メディアに媒介され、音楽産業がそれを販売することにより利潤を得る商品である。しかし、これはあくまでも理念型である。現実には、民俗音楽も芸術音楽もマス・メディアに媒介され、音楽産業により商品化されている。クラシック音楽の世界にもアイドル化している演奏家がいるし、クラシック音楽もテレビのコマーシャルに使われている（渡辺裕『聴衆の誕生』春秋社、一九八九年）。この意味において、今日ではあらゆる音楽がポピュラー音楽化しているといってもいい。どのような音楽を扱うにせよ、このことは押さえておきたい。

ポピュラー音楽をめぐる問題群

さて、ポピュラー音楽をめぐる問題群は大きく分けるとつぎの四つになる。

(1)　テクノロジーとポピュラー音楽

ポピュラー音楽は、レコード、ラジオ放送など、メディアの発達とともに発展してきた。ポピュラー音楽を考えようという場合、マス・メディアと音楽の関係は避けて通れない問題だ。新しいメディアとポピュラー音楽の開花は、二〇世紀初めの都市大衆文化のなかの重要な構成要素だった。さらに、第二

表2　民俗音楽，芸術音楽，ポピュラー音楽の三角形の公理

特徴		民俗音楽	芸術音楽	ポピュラー音楽
制作と発信	おもに玄人		○	○
	おもに素人	○		
大量配給	通例			○
	異例	○	○	
おもな保存と配給の様式	口伝え	○		
	記譜		○	
	録音			○
当の音楽範疇がおもに生じる社会の種類	遊牧か農耕	○		
	農耕か工業		○	
	工業			○
当の音楽の制作と配給のための20世紀のおもな出資様式	貨幣経済とは無関係	○		
	公共出資		○	
	「自由」事業			○
理論と美学	特別	○		○
	普通		○	
作者	不詳	○		
	作者名あり		○	○

フィリップ・タグ「ポピュラー音楽の分析――理論と方法と実践」三井徹編訳『ポピュラー音楽の研究』音楽之友社，1990年所収。原文初出は1982年。

次世界大戦後のテレビ、ステレオ、テープレコーダー、七〇年代以降のヘッドフォンステレオ、カラオケ、MTVは、音楽のあり方に少なからぬ影響を与えた。それはどのようなものだったのか。

　音楽に関わるテクノロジーは伝達メディアだけではない。音楽制作の場面に関わるテクノロジーの発達も重要だ。第一に楽器の発達。電気楽器、電子楽器（シンセサイザーなど）がポピュラー音楽にどのような影響を与えたのか。第二に録音技術があげられる。機械式録音から電気式録音へ、モ

ノラル録音からステレオ録音へ。トラックの数も二トラックから四、八、一六、二四、三二、四八トラックへと増えてきた。アナログ録音からデジタル録音へという変化も見逃せない。第三に、以上のことも密接に関係するが、音楽制作過程へのコンピュータの導入。

もはやレコードやCDは、実況録音を除けば、一度コンサート会場で鳴り響いたオリジナルの音響の記録ではない。初めからスタジオでつくられ、それぞれの聴き手の音楽装置で聴かれる。作り手も聴き手もヘッドフォンで聴くとすれば、一度も空間で音が鳴り響くことすらない。音楽家による生の演奏も必要ない。テクノロジーが音楽の生産現場と聴取の場に与える影響の仕方はさまざまなケースで異なる。それぞれ具体的な考察が必要だ。

(2)　資本主義とポピュラー音楽

音楽がメディアに媒介されるようになり、音楽は本格的な商品となった。そして、商品としての音楽を販売することで利潤を追求する音楽産業が成立した。ラジオやレコードが発達・普及する以前には楽譜を販売する商売があったがレコード産業に比べれば規模は小さかった。それに、ポピュラー音楽の歴史においては、楽譜ではなく音そのものが商品となったことが重要である。音楽が商品になったことが音楽のあり方にどのような影響を与えたのか、音楽産業の存立の仕組みなど研究課題は多い。

さらに、資本主義と音楽との関係では、広告と音楽の関係も重要なテーマとなる。もの売りの声からCMソングへの転換をたどるだけでも、音楽と資本主義の関係が浮き彫りになる。放送広告で使われる音楽のあり方も民間放送開始から四〇年の間にかなり変わってきた（林進・小川博司・吉井篤子『消費社会の広告と音楽』有斐閣、一九八四年）。また近年では、企業による文化支援も盛んになってきている。それは、冠コンサートという形での直接的なコンサートへの協賛から、文化活動への間接的な金銭的支援にいたるまで、さまざまな形態があり、メセナ、フィランソロピーなどと呼ばれる。これらの実際のあり方など興味深い問題である。

音楽の経済的な問題としては、ほかに著作権問題がある。これは、複製装置の発達・普及にともない、複雑かつ深刻な問題となってきている。アメリカ合衆国、西ヨーロッパ諸国、日本、中国、東南アジア諸国では、それぞれ著作権に対する考え方が微妙に異なり、ポピュラー音楽の国際化が進むにつれて、今後ますます問題となるだろう。

(3) 権力とポピュラー音楽

六〇年代の全世界的な異議申し立ての運動と連動してさまざまなプロテストソングが歌われたように、音楽はさまざまな運動のプロパガンダに使われてきた。権力の側でも音楽を巧みに民衆支配に利用しようとした。日本の明治期の唱歌による中央集権国家イデオロギーの注入、戦時体制下の検閲による軍国主義的イデオロギーの注入など、さまざまな例をあげることができる。今日でも、各地での民族解放運動のなかに音楽を聴くことができる。

音楽の検閲の問題は、権力と音楽の問題を考える上で、もっともホットなテーマだ。日本では、憲法で検閲は禁止されているが、必ずしもすべての音楽が自由に流通しているわけではない。レコード、放送ともに、それぞれの業界が自主規制機関をつくり、自主規制をしているからだ。また、これらの自主規制機関とは関わりなく聴き手の知らないうちに葬られている音楽もある。どのような音楽がどのような仕組みで規制されていくのかを明らかにしていくことは、表現の自由を考える上で、きわめて重要なことだ。そのことは人間にとって音楽とは何かを問いかけることにもつながってくるだろう。そして、検閲や自主規制は国によって制度が異なっているので、音楽の検閲に関する比較研究も必要だ（角知男

「自主規制をもたらすもの――レコード業界の事例研究」『新聞学評論』三一号、一九八二年、Martin Cloonan, "Censorship and Popular Music," *IPM Occasional Paper 1*, University of Liverpool, 1991)。

（4）　西洋化

ポピュラー音楽は、当初はそれぞれ個別の文化圏のなかで生まれ、消費されていた。しかし、メディアに乗って流れていくポピュラー音楽は、汎文化的な性格をもっている。とくに六〇年代以降のロック音楽は全世界的な規模で影響力をもった。そこで、ロック音楽が生まれた欧米以外では、西洋化ということが問題として浮かび上がってくる。ロックはそれぞれの文化圏の音楽に影響を与えた。すでに指摘したように、日本では最初はカバーバージョンが人気を集めたが、しだいにオリジナルも聞かれるようになり、ついには日本流に消化して日本なりのロックを産み出すにいたった。このとき、ロックのリズムに乗りやすいように言葉の使い方が変化した。同じようなことは世界の各地で起きていた。そして、ロックの主要生産国は厳密にいえば欧米ではなく英米なので、イギリス以外のヨーロッパ諸国でも同様のことが起きていたのである。

民族音楽学者、ブルーノ・ネトルの『世界音楽の時代』（細川周平訳、勁草書房、一九八九年）は、西洋化が世界の音楽に与えた影響について書かれた本である。この原題は『世界音楽への西洋の影響』であり、リズムや楽器の使い方といった音楽内容ばかりでなく、学校、教会といった組織、記譜法、コンサートホール、レコードなどのコミュニケーションの様式などが西洋の影響なのだと指摘している。

ポピュラー音楽を研究する人へ

以上、ポピュラー音楽を研究する上での四つの問題群を提示した。もちろん、これらに加えて、それぞれのミュージシャンの伝記的研究、楽曲の分析、それらと社会意識との関連、さらに社会的存在との関連など、研究テーマは多様である。最後に、ポピュラー音楽研究をしてみようと思っている人に、つぎの三点をいっておこう。

(1) 音楽への好奇心をもつこと

ひとつの現象をとりあげるにしても、多様な問題群が絡んでくるので、常に十全な目配りが必要だ。アプローチも学際的にならざるをえない。それは、音楽学の知識がなくても研究は可能だということを意味する。現にこれまでのポピュラー音楽研究は、とくに日本では社会学畑出身者によるものが多かった。だが、ポピュラー音楽もやはり音楽なのである。ポピュラー音楽を研究しようとする者には、少なくとも音楽そのものについて知ろうとする姿勢は必要だ。音楽学の用語も知っていて損はない。

(2) もうひとりの自分をつくること

ポピュラー音楽研究の困難のひとつは、対象との距離の取り方だ。目に見えるものよりも耳で聴くもののほうが、距離の取り方は難しい。対象に夢中になって没頭しているだけでは研究はできない。しばしば「本当に好きなものを研究することができるのか」という声を聞く。ここが研究がうまくいくかいかないかの分かれ道だ。好きなものは研究したくないという人は、一ファンに徹し、研究はしなければよい。研究してみようという人は、夢中になっている自分を醒めた目で見るもうひとりの自分をつくるようにしなければならない。これができなければ、単なるファンの感想文で終わってしまう。もし、もうひとりの自分をつくることができたら、単にファンでいる以上に対象を理解することができるし、対象をもっと好きになれるかもしれない。

(3) 食わず嫌いにならないこと

現代のポピュラー音楽は、非常に好みが細分化されている。ポピュラー音楽を研究してみようという人の関心も非常に細分化されている。現代のポピュラー音楽現象を考えようとすれば、広く音・音楽現象を射程に入れなければならない。ロック音楽とて、現代の騒々しいサウンドスケープ（音風景）と無縁ではない。また、音楽だけでなく、他のさまざまなジャンル（とくに美術や映像）の動向、研究にも目配りしておかなければならない。ポピュラー音楽研究は、単に他の世界から隔離された安全な隠れ家ではない。自分の好みの世界に閉じこもり、他の世界の動向や研究に目も耳も開かないようでは、単なる自己満足に終わってしまう。人類の長い歴史のなかで、音の振動がどのようなものとして人間とともにあったのかという、音と人間の営みへの愛情を注ぐ視点からこそ自己満足に終わらない成果が生まれてくるだろう。

参考文献

見田宗介『近代日本の心情の歴史』講談社学術文庫、一九七八年
ＮＨＫ放送世論調査所編『現代人と音楽』日本放送出版協会、一九八二年
林進・小川博司・吉井篤子『消費社会の広告と音楽』有斐閣、一九八四年
稲増龍夫「社会的コミュニケーションとしての音楽」水原泰介・辻村明編『コミュニケーションの社会心理学』東京大学出版会、一九八四年
Ｒ・Ｍ・シェーファー『世界の調律』鳥越けい子・小川博司・庄野泰子・田中直子・若尾裕訳、平凡社、一九八六年
小川博司・庄野泰子・田中直子・鳥越けい子編著『波の記譜法――環境音楽とはなにか』時事通信社、一九八六年
稲増龍夫『アイドル工学』筑摩書房、一九八九年
小倉千加子『松田聖子論』飛鳥新社、一九八九年

小川博司『音楽する社会』勁草書房、一九八八年
三井徹編訳『ポピュラー音楽の研究』音楽之友社、一九九〇年
細川周平『レコードの美学』勁草書房、一九九〇年
S・フリス『サウンドの力』細川周平・竹田賢一訳、晶文社、一九九一年

第9章　豊かな時代の宗教ブーム

芦田徹郎

1　宗教ブーム

宗教回帰

現在にまで続く日本人の宗教回帰現象が云々され始めてから、すでに二〇年近くがたつ。この間マスコミは、この現象について手をかえ品をかえ、繰り返し伝えてきた。また、宗教ジャーナリストや研究者による積極的なリポートや発言もあって、今が近代日本における第三次ないし第四次の「宗教ブーム」だという認識がほぼ定着したようである。また、いくらかでもこの方面に関心がある向きには、「新新宗教」や「小さな神々」といった新しい術語も、用法にやや混乱があるものの、言葉じたいはすでに周知のこととなっている。

現在が宗教ブームだということの論拠としてしばしば取り上げられるのは、まず統計数字上の傾向である。文部省統計数理研究所が五年ごとに実施している「日本人の国民性」調査によれば、「何か信仰とか信心とかをもっている・信じている」と回答した人の割合は、一九五八年の第二回調査（三五％）から一九七三年の第五回調査（二五％）にかけて一貫して減少し続けていたのが、一九七八年の第六回調査では三四％へと急激な反騰をみたのである。また、一九七三年以降、「国民性」調査と同じ年に実施されているNHK世論調査部による「日本人の意識」調査でも、一九七三年の第一回調査から一九七八年の第二回調査にかけて、神仏をはじめとして「易」や「占い」を信じる人が増加するという結果が出ていた。

宗教摩擦

他方、個々の宗教団体の具体的な動向との関連で、宗教の「活性化」を否応なく思い知らされたのは、本来の宗教生活そのものの正当な認識と評価によってというよりは、それぞれの教団に特有の宗教的信念および実践と、一般の日常生活者の常識や慣行とのあいだで生じた、いくつかの齟齬や軋轢（宗教摩擦）をとおしてである。

この点からして、一九八〇年の「イエスの方舟」騒動は特筆に値する。怪しげな中年の男が若い娘を多数たぶらかし連れ歩いているとして、警察はおろか国会まで巻き込む騒ぎになった。結果的には、イエスの教え（聖書）の研究・実践集団だと主張する「方舟」側の潔白がほぼ証明されて終息したものの、総勢二十数名にすぎない弱小集団が、日本中の耳目を宗教に向けさせるきっかけになったのである。

一九九〇年五月には、家族を教団に奪われたとする「被害者の会」との摩擦や、同会の相談に応じていた弁護士一家失踪事件との関連など、かねてから何かと取りざたされていた「オウム真理教」が熊本県波野村に修行道場の建設を始め、進出に反対する村とのあいだで激しく衝突した。同年の一〇月には同道場などが警察の大規模な捜索を受けている。その後も教団と村との対立構図に基本的な変化はなく、現在（一九九二年九月）も、村が教団関係者の住民票の届けをすべて不受理にするという、きわめて異例の事態が続いている。

そして翌一九九一年には活発な出版活動によって勢力を伸ばしてきた「幸福の科学」の実力行使が世間の注目を集めた。同年九月に写真週刊誌『フライデー』の記事をきっかけに起きた同教団の講談社への激しい抗議行動は、社の業務を麻痺させてしまうほどだったという。また、抗議のデモとビラ撒きには、信者である人気作家と有名女優が先頭に立ったり、ある宗教学者が教義内容に踏みこんで教団批判の急先鋒をつとめたということでも、話題になった。

さらにその翌一九九二年には、またまた宗教ニュースの主役が交代し、一九六〇年代の後半から、関係団体である「原理研究会」会員の家出、それに激しい反共姿勢や「霊感商法」などで、世間一般の批判や論争の的になってきた「世界基督教統一神霊協会」（統一教会）があらためて強力なスポットライトを浴びた。この年の八月二五日に韓国ソウルで挙行された同会の「（国際）合同結婚式」で、日本の有名女優やかつての一流女性スポーツ選手が挙式するということで、その前後三カ月ばかりにわたってテレビや週刊誌を中心とするマスコミ界が大フィーバーしたのである。

そのほか、一九八五年には、キリスト教系の新宗教である「エホバの証人」（ものみの塔聖書冊子協会）の信者が、交通事故で重傷を負った小学生の息子の手術にあたり、みずからの信じる教義にもとづいて子どもへの輸血を拒否するということがあった。それが直接の原因とはいえないものの、結果的にこの少年は死亡している。また翌一九八六年には、和歌山市で「イエス」と「観音」を同時に祀る「真理《みち》の友教会」の女性会員七人が、病死した教祖の後をおって集団で焼身自殺をとげている。いずれも、一般の人にとっては、宗教の「不可解さ」を強く印象づける出来事であった。

以上は、「世間を騒がせた」ことで広く知られるようになった、おおむね新手の宗教であるが、もちろん、必ずしもこれらが現在の宗教ブームの主役というわけではなく、むしろ「狂言まわし」的な役どころをになったようでもある。それら以外にも、戦後の混乱が一段落した一九五五年前後以降に発足し、現在も比較的大規模なものないしは著名なものを列挙すれば、「世界真光文明教団」「崇教真光」「白光真宏会」「阿含宗」「GLA総合本部」などがある。

新しい神々

また、開教は戦前ないしは終戦直後にさかのぼるが、近年急速に教勢を伸ばしたことで注目されている教団に「真如苑」や「大山祇命《ねずのみこと》神示教会」がある。さらに、「小さな神々」という言葉をはやらせる発端になった、一九八四年の朝日新聞の連載記事に加筆して出版された『現代の小さな神々』には、一八人の「教祖」たちが「神々の肖像」として紹介されているが、これらはほんの一例にすぎず、この種の宗教家やその集団なら、新旧入り乱れて、まさしく数えきれないほど活動しているはずである。

ここ一〇年あまりのあいだでのマスコミの宗教報道の増加、とくに「異常」な宗教関連ニュースの増加は、宗教ブームに疑いをさしはさむ余地がないかのようである。しかしながら、これをそのまま現在の宗教状況全体の実態とみなすわけにはいかない。研究者のあいだでも、教団や信者の量的な拡大としての「ブーム」に疑問を投げかける声は根強い。いっとき宗教ブームを客観的に裏づけていたはずの、「日本人の国民性」調査やNHKの「日本人の意識」調査の統計数値にも、ごく最近では横ばいないしはむしろ若干の下降線を描く傾向もみられる。

ただその場合でも、現在の宗教界になんらかの重要な変化が起きているということでは、これまた多くの論者の意見が一致する。いずれにしても、宗教が無視できない「気になる」現象であることには違いないのである。いいかえれば、いいことか悪いことか、好きか嫌いかは別にして、人びとのあいだで宗教(の話題)への関心が高いことは否定できない。だからこそ、つねに「売れ筋」に敏感なテレビや週刊誌に「宗教ダネ」の絶えることがないのだ。

現在は、とりたてて「宗教ブーム」だというほどではないのかもしれない。また、いつの時代もそれぞれに「宗教の時代」であったともいえよう。結局、問題は、今が宗教ブームか否かということより、いかなる宗教の時代なのか、ということではないか。本章で考えてみたいのはこの問題である。

2 剝奪理論と豊かな社会

過去の宗教ブーム

ここ十数年の宗教(的なもの)の量的高揚ないしは質的変容を、ある人たちは、第三次宗教ブームと呼んでいる。また、別の論者たちは、現在が宗教ブームというのであれば、第四次とみなしたほうがよいという。ここで云々されている「宗教ブーム」というのは、日本の近代前夜から今日にいたるまで、間欠的に活況を呈した新興の宗教運動の高まりをさしている。こうした宗教運動ないし教団は、一時は文字どおり「新興宗教」と呼ばれていたが、今日では、蔑視的ニュアンスがあるという理由でこの呼称を避け、「新宗教」と呼ぶのが普通である。したがって、昨今の宗教ブームを「第三次」とみるか「第四次」とみるかは、近代日本の「新宗教」運動の満ち干をどう押さえるかという違いによる。

第三次説を主張する論者も、第四次説をとる立場も、今次の「ブーム」を別にすれば、つぎの二つの時期が近代日本の新宗教隆盛期であったことを認める点では、ほぼ一致している。最初は、「黒住教」「天理教」「金光教」など、今ではほとんど既成化した教団が相次いで勃興する幕末-明治維新期である。もう一つは、第二次大戦の敗戦の後であって、「雨後のタケノコのように」多種多様な教団が名のりをあげ、そうした「神々のラッシュアワー」(マックファーランド)的状況から、「創価学会」「PL教団」「霊友会」「立正佼成会」など——これらはすでに戦前に開教されていたものであるが——今日でも有力ないくつかの教団の大発展をみた。

貧・病・争

これら二つの「宗教ブーム」の例からもわかるように、広範な新宗教運動の盛り上がりが見られるのは、まず急激な社会変動期においてである。この符合は、これまでおおむね「剝奪理論」で説明されてきた。

剝奪理論は、新宗教への入信動機論としてもごく一般的なものである。宗教は、なんらかの「救済」を約束することで、人びとに訴えかける。そうであれば、とりたてて救いを必要としない人びとが、あえて宗教を志すということは稀であろうし、逆に、宗教に救いを求めるほどの人たちなら、必ずなんらかの苦難を背負っている(本来あるべきものを「剝奪」されている)はずだということになる。

日本では伝統的に、宗教による苦難の救済は、観念的な「意味の喪失」からの回復よりも、もっと具体的な「生活の危機」を「この世」で現実的に解決する、いわゆる「現世利益」の傾向が強いといわれている。これが、しばしば、新宗教への入信動機を「貧・病・争」として定式化してきたゆえんである。

人びとは、きょう食べるものにもこと欠くような貧困、本人や家族の難病、家庭や地域や職場での不和などに苦しみ、その解決を求めて新宗教の扉をたたく、というわけなのである。

もちろん、現実的な苦難を現世で救済するとはいっても、そこにはおのずから、世俗の福祉施設や病院や調停機関などによる問題解決とは違った、宗教独特のプロセスがあるはずである。宗教的な救済にとって重要なのは、おそらく、それぞれの教団が備えている教義に即しての、苦難の因果論的ないしは目的論的な説明（意味づけ）であろう。苦難の原因がわかれば、その解決策もおのずから見出されるはずである。そのため、除災招福の儀式・儀礼も、それぞれの教団で用意されている。

とはいえ、すべての不幸がこの世で解決されるわけではない。その場合にも、この世でのこの苦難がそれなりに有意義なものであることが説かれ、したがって耐えなければならないことを納得させられるし、来世での救済が約束されるなら、苦難も積極的に耐えるに値するものとなろう（苦難の神義論）。しかし、日本の新宗教的伝統の主流は、あくまでも、実生活上の不幸をこの世で解決するところにある。

社会変動と剝奪

社会の変動期や混乱期は、現実の生活上の苦難が続出するにもかかわらず、その苦難についての説明（意味づけ）の原理じたいも動揺している。要するに、そうした時期においては、生活の危機という「客観的（経済的・身体的・人間関係的）剝奪」は、意味の喪失という「精神的剝奪」にまで広がりやすいのである。

こうして、この時期には「生活の危機」と「意味の喪失」という二重の剝奪に苦しむ人びとが、そこからの救済を求めて、時代の変化によくマッチした新進の宗教に殺到する。これが剝奪理論による

（新）宗教ブームの説明である。幕末‐維新期の多数の新宗教の興隆も、敗戦期のそれも、この理論の枠内で説明するのにとくに無理はない。

問題は、「豊かな社会」と呼ばれる現代日本の宗教ブームの説明であろう。貧・病・争が人びとを（新）宗教に向かわせる典型的な不幸ということであったが、もちろんこれらは相互に関連し合っている。なかでも「貧」の問題が、長いあいだあらゆる不幸の根底に横たわっていたといって過言でない。人はしばしば稀少な生活の糧の配分をめぐって争った。また、病気にかかりやすいのも、十分な治療を施すことができないのも、多くは貧困のゆえであった。しかし、生存を直接脅かすような貧困は、すっかり過去のものとなった。現在の日本は、新たな信者の獲得にとって不都合なはずなのである。

新新宗教

今なお、（新）宗教が豊かな（はずの）現代人を引きつけるのはなぜか。解答は、やはり当の新宗教（ブーム）じたいにさぐられなければならないであろう。宗教学者たちが近年注目しているのは、新宗教のなかでも台頭した時期がかなり遅く、かつ最近急速に教勢を伸ばしてきた一群の教団に、つぎの二つの特色が顕著なことである。一つには、大胆な霊術と奇跡の強調などによって、あえて反（脱）近代的な非合理主義を打ち出していることであり、二つには、「超古代文献」やインド仏教学の成果、西欧スピリチュアリズムの霊学、さらにはニュー・サイエンスの学説などを採り入れて、新たなシンクレティック（習合的）な創造を行っていることである。

近年の宗教状況の重要な一面をこのように特徴づけてみせたのは、じつは西山茂であるが、今ではすっかり馴染みになった「新新宗教」という言葉も、これらの特性が顕著な教団群に対して、彼が命名したものである。彼は、その代表格として、阿含宗・真光系教団・ＧＬＡ系教団をあげ、それらを新新宗教「御三家」と呼んでもいる。しばらくは、主として西山の所論を参考にしながら、今日的な宗教状況の特徴をみていきたい。

小さな神々

「小さな神々」というのも、「新新宗教」とともに今日の宗教状況が語られるさいによく聞く言葉であり、ほぼ同じ内容をさすものとして互換的に使われもする。しかしながら、これも西山茂によれば、この両者はよく似ているけれど、やはり別のものである。

彼によれば、大胆なシンクレティズムをひとつの特徴とし、信者もその数が比較的多く、ある程度地域性を超えて分布している新新宗教に対して、小さな神々はつぎの二点において区別される。一つは、地方の土着的な伝統に根ざしていて、教えと実践におけるシンクレティックな創造性と体系性に欠けていること、二つには、その名称が示すようにほとんどが零細ないし小さな教団で、信者分布も地域的に限定されていることである。

もっとも、小さな神々のこれら二つの特色のうち、西山にとっては、教団の「小ささ」ということは、その名称にもかかわらず、決定的な要件ではない。かれは、八〇万人を超える公称信者数を誇る大山祇命神示教会をして、「（規模の）大きな小さな神々」と、一見形容矛盾的な性格づけをしている。それは、この教団が規模において近年急速に成長したのは事実だが、内容においては新新宗教とちがって民俗・民間宗教的伝統の色彩が強い、ということなのである。

ともかく、今日の「宗教ブーム」が話題になるとき、きまって合言葉のように使われるのがこの「小さな神々」であり、さきほどの「新新宗教」なのである。

3 〈霊＝術〉系新宗教と表出主義

〈霊＝術〉系新宗教ともう一つの宗教ブーム

さて、新新宗教と小さな神々との相違に注意を促した西山茂であるが、彼の現代新宗教論の戦略からすれば、実は、その共通性のほうにいっそう意味がありそうである。双方とも、奇跡など非合理を強調したり操霊（霊術）を繰り返す「〈霊＝術〉系新宗教」という同一のカテゴリーに、くくり直すことができるからである。これは、「術の宗教」とも表現され、教義信条に重点をおく創唱系または教典系の「信の宗教」と対照をなすものとされる。

西山によれば、本章ですでに言及した二つの新宗教興隆期は、天理教や金光教などが成立発展した幕末‐維新期にせよ、創価学会や立正佼成会などが飛躍的に伸びた第二次大戦後にせよ、いずれも信の宗教が主流を占めている。しかも、この二つの時期は、それぞれ日本の「第一の近代化」と「第二の近代化」の開始期から推進期にあたるという。つまり、極端な神秘性と呪術性とを取り除いた教えが、こうした時代に要求される合理的なエートスと、親和的だったというわけである。

他方、術の宗教はといえば、今日の新新宗教や小さな神々のほか、明治末から大正にかけて大躍進し、「鎮魂帰神法」を盛んに行った「大本」や、「霊子術」を大いにふるった「太霊道」なども該当するという。西山は、明治末‐大正期も一つの新宗教興隆期として押さえ、今次のそれを第四次とみなす論者の一人であるが、その戦略的な狙いは、これら二つの宗教状況に共通する顕著な性格を提示するところにある。

術の宗教が流行するこれら二つの時期は、二つの近代化のそれぞれ「一段落期」にあたる。第一の近代化の一段落期には、「千里眼」や「念写」をめぐる騒動をはじめとして、広範な神秘・呪術ブームがまきおこった。大本や太霊道など「術の宗教」の大躍進は、そうした一般的な時代背景のなかでの出来事だとされる。したがって、今般の新新宗教や小さな神々など術の宗教の隆盛も、戦後復興と高度経済成長という第二の近代化が一段落した時期における、より一般的な神秘・呪術ブームの一環としてとらえることができるはずなのである。

非合理の復権

現在の新新宗教や小さな神々の台頭の背後に、一九七三年の第一次「オイル・ショック」あたりを起点にして、神秘や呪術的なものなど「非合理」(への関心)の復権という、時代の一般的趨勢が認められるというのは、西山にかぎらず多くの論者が言及するところである。一九七三年には、コリン・ウィルソンの『オカルト』の翻訳や、五島勉の『ノストラダムスの大予言』が出版されベストセラーになる。一九七四年には、ユリ・ゲラーによる「スプーン曲げ」のテレビ実演が放映され、各地で大小の「超能力人間」が名のりをあげるきっかけになった。またこの年は、キリスト教の悪魔祓いをテーマにした映画『エクソシスト』が話題になったものである。

一九八〇年前後からは、オカルト雑誌もいくつか刊行され、「宗教」をテーマにした漫画、アニメ、コンピュータ・ゲームなどにも人気がある。一九七〇年代の末に発刊された、少年向けのあるオカルト専門月刊誌などは、今では毎号四〇万部を売るという。

そのほか、UFOへの関心の高さと話題の多さは相変わらずであるし、近年ではそこに「ミステリー・サークルの謎」などもつけ加わることになった。若い女性を中心にした占いへの関心は、いっこうにおさまる気配がない。そうかと思えば、宗教とはとくに関係のない一般のアクセサリー店でも、宝石に加工される前の原石が幸運を呼ぶ一種の「霊石」として人気があるという。大学でも、好意的であれ批判的であれ、超能力や神秘現象を実験的にあつかう授業があらわれて、学生を引きつけている。

手段主義から表出主義へ

西山茂は「〈霊＝術〉系新宗教」の流行を、神秘・呪術ブーム（非合理の復権）という、時代の一般的な「空気」のなかに位置づけたのであるが、その神秘・呪術ブームは、「手段主義から表出主義へ」という、さらにより一般的な人びとの意識とライフ・スタイルの変化の一環として起こってきたという。手段主義ないし手段的志向とは、一定の目標の達成にとってできるだけ効率的な（と思われる）行動をとろうとする態度である。他方、表出主義ないし表出的志向とは、規範や損得を考慮することなく、自分の欲求を即自的かつ即時的に満たそうとする態度（いまの自分の気持ちの率直な「表出」）のことである。

いちおう所期の国家（国民）的課題（近代化）を達成して一息ついた時期には、霊を操作して何かを獲得するというよりは、術そのものに、あるいは操術によって出会う霊的な世界そのものに、直接的な満足を求める人たちが増加する。これが〈霊＝術〉系新宗教のはやる理由だというわけである。いいかえれば、時代全体の表出的志向が、一般的な神秘・呪術ブームと結びつき、それが表出的かつ非合理的な〈霊＝術〉系新宗教の隆盛として現象していて、これがいわゆる「宗教ブーム」の実態だというのが西山の見立てである。

表出主義への疑問

しかしながら、西山のこの一連の仮説にはいくつか疑問がある。まず、過去十数年のあいだに社会一般の志向性が手段主義から表出主義にシフトしたという大前提じたい疑わしい。西山は、山崎正和の「柔らかい個人主義」（『柔らかい個人主義の誕生』中央公論社、一九八四年）への期待などを論拠にしているが、「バブル」とその破綻は、山崎が期待した「より柔軟な美的な趣味と、開かれた自己表現の個人主義」とは、似ても似つかぬ八〇年代の正体をあばいてしまった。

とはいえ、山崎の願望とそれへの少なからぬ反響そのものが、この時代の一部に、もしくは潜在的に、強い表出的志向があることを物語ってもいる。したがって、それが宗教潮流の一つを形成したとしても不思議ではない。それにしても、西山の場合、表出主義の一般的高揚が強調されすぎるきらいがある。

さらにもう一つ。表出主義の高まりと非合理の復権とのあいだに相関があるというのは理解できる。また、〈霊＝術〉への関心が非合理の復権と結びついているというのもわかりやすい。しかしながら、霊術（操霊）と表出的志向とのつながりは、けっして必然的でも自明のことでもない。それは、説明を要する問題である。その点、西山は、〈霊＝術〉への関心じたいのなかに表出的志向をさぐるよりは、みずからが時代の一般的趨勢とみなしたそれを、〈霊＝術〉系新宗教の全体的性格づけへと「外挿」しているという印象が強い。

しかし、実際のところは、かつての大本や太霊道にせよ、今日の阿含宗や真光系教団やGLA系教団にせよ、そこに表出的志向がみられるにしても、それと同時に（むしろ、そうである以上に）病気直しなど手段的志向も根強い。これらは、西山自身が紹介しているところである。現代の若者の宗教志向にも、これも西山の造語をそのまま用いれば、〈霊=術〉の表出的な「ケ付け機能」とともに、手段的な「ツキ付け機能」への期待も大きいと思われる。前者は、生命エネルギー(=気=ケ)の直接的な充塡をさしており、後者は、方便としての神秘的力への依存を意味している。

4 宗教ブームの聖-俗-遊

道徳的志向

西山の〈霊=術〉系新宗教論は、時代環境との関連だけでなく、その内側にもいくらか難点を抱えている。一つは、宗教志向における手段主義と表出主義のダイコトミーである。道具的志向(今後「手段的志向」をこういいかえる)と表出的志向とくれば、当然タルコット・パーソンズの行為論における評価基準の三類型が想起されるわけで、残る一つは「道徳的志向」である。この道徳的志向も、現代の宗教状況において見逃すわけにはいかない。

島薗進は、一九七〇年以降に急速な成長をみせた教団一般を、広く「新新宗教」のカテゴリーに入れ、それを、「信徒共同体の緊密度」という変数を用いて、「隔離型」「個人参加型」「中間型」の三タイプに分類している。そのうち、「隔離型」とは、一般社会から隔離され、内的結合の緊密度の高い共同体をつくろうとする傾向をさしてのことであるが、見方を少し変えれば、まさしく道徳的志向がきわめて強いタイプだということもできる。

たとえば、島薗も例にあげているオウム真理教では、通常の社会生活を離れて道場に住み込む「出家者」たちには、きわめて禁欲的な戒律を厳格に遵守して修行に専念することが要求される。同じくエホバの証人でも、頻繁な集会や厳しい生活規範や熱心な伝道活動が義務づけられており、信者もそれらをきわめて忠実に守ろうとする態度が強い。これらの教団が日常的な生活倫理とのあいだでトラブルを起こしがちなのも、かれらなりの価値観で、道徳的に厳格であろうとするからにほかならない。

もともと西山が「新新宗教」といい出した当初は、エホバの証人や統一教会など、終末思想の強い教義重視の教団も含まれていた。ところが、「信の宗教」に近いこれらの教団は、やがて除外されることになる。おそらくこれは、「術の宗教」としての新新宗教の性格を純化するためであり、したがって現在の新宗教の興隆と明治末-大正期のそれとの類似性を強調するためである。しかし、これら信の宗教は、現在の新宗教状況においても、無視しえない潮流を形成している。そして、術の宗教に分類されているものにも、それなりに道徳的（信の宗教）志向を読み取ることは、それほど困難でないはずである。

術の宗教と霊の宗教

もう一つ、西山の現代新宗教論の難点は、表出的志向と〈霊＝術〉系新宗教とがほとんど無媒介的に結びつけられていることである。霊を操作ないし統御しようとするのは、主として除災招福を目的とするからであって、この意味で術の宗教は、もともと道具的志向をその本性としている。たしかに、何かのためではなく、不思議をもたらす術そのものに人びとの関心が集まるというのは、ありがちなことである。西山は、そうした現象を「呪術の自足化」と呼んで、術と表出的志向との結びつきの論拠としている。しかし、そうした説明じたい、「術」本来の性格の変容を前提にしており、両者の結びつきがむしろ変則的なものであることを物語っている。

したがって、一九七〇～八〇年代の術の宗教の隆盛は、一方において「自足化した術」への関心という表出的志向の高まりを暗示しつつも、本筋においては、依然として道具主義という社会の一般的志向の強さを反映している、とみるのが素直な解釈であろう。私は、目的-手段基軸への表出的志向の独特のからみつきが、この時代（とくに八〇年代）特有の「瘴気」を醸し出したと踏んでいる。

とはいえ、表出的志向への着目それじたい、的外れだとは思えない。ただ、それがもっぱら術の宗教の盛況ぶりと関連づけられるところに無理がある。〈霊＝術〉系というのであれば、術の宗教だけでなく、霊そのものを主眼にした、いわば「霊の宗教」を考えることもできるのではないか。事実、現在の宗教状況の一つの特徴は、術の宗教の復興もさることながら、ある種の霊の宗教の広がりが顕著なことにあるのではないだろうか。しかも、表出的志向は、内在的に道具的志向が強い術の宗教よりも、霊の宗教のほうにいっそう親和性があるように思えるのである。

新霊性運動

島薗進は、現在の日本の宗教状況を特色づけるものとして、新新宗教の発展、呪術＝宗教的大衆文化の興隆、新霊性運動の高まり、の三点をあげている。このうち、「新霊性運動」とは、ある宗教的志向を共有する人びとの漠然とした集合体をさしており、島薗の命名である。

一九八〇年ごろから日本でも、クリシュナムルティ、バグワン・ラジニーシ、ルドルフ・シュタイナー、シャーリー・マクレーン、カルロス・カスタネダ、といった人物の瞑想、悟り、神秘学、チャネリング、ネオ・シャーマニズムなどの書物から、気功や東洋医学、トランス・パーソナル心理学や精神療法、それにニュー・サイエンスの本など、いわゆる「精神世界」の本が書店のいっかくを埋めるようになっている。島薗は、このコーナーこそ、新霊性運動のリアリティを端的に示すシンボリックな空間だという。

彼によれば、これらの動きは、明確な教団の形態をとらないものの、多くの人びとに影響を与えている「宗教運動」である。というのは、短期間に消長を繰り返す未定型な呪術＝宗教文化（「非合理の復権」の項で取り上げたような現象）にくらべ、世界観としての知的な洗練度と組織度が高く、個々人の深みに根を下ろしていく傾向があるからだという。

島薗は、そうした一連の思想や態度を、つぎのようにまとめている。①究極的なものにいたる指標としての「意識変容」の重視、②自然や人間のなかに「内在する神的なものや霊的なもの」の尊重、③意識変容と霊的覚醒をとおしての人類の霊的進化への参加という信念、④自律的な個人の覚醒による「霊性」（spirituality）の開発の要請、⑤科学と宗教（霊性）とは両立可能だという見地。

「霊」との一体化

私がこれらの運動に興味を覚えるのは、そこでの「自分」というものの強調であり、その肯定であり受容である。精神療法や身体技法や瞑想などによって、宇宙に遍在する「神的なもの」や「霊的なもの」と交流・一体化することで、みずからの内部に「霊性」を見出そうとする。いいかえれば、「本当の自分」や「ハイアー・セルフ」を見出すことが、宇宙に存在する「神的なもの」や「霊的なもの」に向けて、自分が開かれることでもある。

したがって、同じく「霊的なもの」といっても、「術の宗教」にしばしばみられる霊魂・精霊観とはだいぶ様子が違う。術の宗教では、霊よりも術が優位にたつだけでなく、霊の性格も邪悪な憑依霊や迷える不成仏霊など、少なくとも結果的には、人を悩ます霊が前面に出てくる傾向がある。だからこそ霊よりも術が上位にたって、それらの霊を制御したり慰撫したりする必要があるわけなのである。それに対し、新霊性運動では、それが個々の霊的なものであれ、抽象的な霊性であれ、なにか好ましいもの、親しみやすいものと認識される。それゆえ、霊を外から操るのではなく、霊を感じ受け入れるのであり、霊と交流し一体化するのである。ここには、柳田国男の「祖霊」観や見田宗介の「原恩の意識」さえ想起させる、近しさや明るさが感じられる。

表出的志向といえば、これほど表出的な宗教志向も少ないであろう。ここでは、信の宗教にしばしばみられるような、聖なる中心への忠誠や厳格な道徳的規律はない。また、術の宗教にともないがちな、俗なる功利的計算も意味をなさない。むしろ、そうしたものにとらわれず、自分自身を世界(宇宙)に向けて開放することがもっとも大切なことなのである。

「遊」の宗教の可能性

義務や打算から「自由」であるということで、この表出主義的な宗教志向は「遊び」に似ている。これまで近代日本人の宗教志向は、「現世利益」に重きをおく「俗」志向を底流にしつつ、ときに現世否定的で超越的な帰依を要求する「聖」志向の噴出をみてきた。いまや、一方において「聖」にも「俗」にもとらわれず、他方では「聖」にも「俗」にも開かれた、自由浮動的な「遊」志向とでも呼べるような宗教運動がみられるのである。ひとしきり話題をさらったチャネリングも、そのキャッチ・フレーズは「ワクワクする」ということであった。

もしも、この宗教運動が確固とした力を獲得するなら、聖の落魄でも俗からの滑落でもない、もっと積極的な意味と意義をもつ「遊」が可能になるかもしれない。しかし、新霊性運動の「遊」性が、可能性としてならともかく、現実の聖‐俗‐遊のトライアドにおいて、聖や俗とならぶ独自の位置を確保しているかどうかは疑問である。むしろそこに集う多くの若者の実状は、聖‐俗の二方向への志向性のなかで、宙ぶらりの状態におかれているようにみえなくもない。

新霊性運動にかぎらず、いくつかの新新宗教でも若者の姿が目につく。現在の非合理的で呪術＝宗教的な大衆文化を担っているのも、多くは若者である。彼らのしばしば移り気にみえる宗教団体への入退会やワークショップへの参加、ファッション感覚でのオカルト・グッズの着用などは、気まぐれな遊びのようにみえることもある。

大人たちが若者の宗教志向に首をかしげるのには、こうした事情も作用している。もちろん、「遊び」だからいけないということはない。むしろ、おそらく問題の焦点は、「心の癒し」を、「自己変革」を、「新しい自分」や「本当の自分」を、「ワクワクする気持ち」を、とことん遊び切れないところにあるのではないか。

近代人の自立＝自律とは、俗が聖から解放される過程のことであった。ところが、聖から解放された近代人は、いまや身ぐるみで俗にからめとられている。とくに、聖からの解放と「豊かな社会」が当たり前のことになっている若者は、あふれるばかりのモノや楽しみに囲まれながら、かえって、いまひとつ生きる手ごたえを実感できずにいる。そうした若者が、俗からも解放されたいと思うのは、十分に理由のあることなのだ。

ところが厄介なことに、世俗のシステムに由来する空虚感を克服しようとすればするほど、いっそうこのシステムにからめとられるという、皮肉な現象もまれでない。ある聖なる一瞬、神秘や超常現象や

「自分のなかの神」と、自足的に戯れることで、何ほどか心揺さぶる解放感や充実感を味わうことはできよう。しかし、つぎの瞬間にはそそくさと日常の生活に、職場へ、学校へ、「いつもの自分」にと、立ち戻らなければならない。こうして俗なる社会システムから超脱しようとする若者の意欲の多くは、遊の領域で妥協させられ、ふたたび俗での活動エネルギーとして回収されていくのである。

参考文献

朝日新聞社会部『現代の小さな神々』朝日新聞社、一九八四年
石井慎二編『別冊宝島一六　精神世界マップ』JICC出版局、一九八〇年
石井慎二編『別冊宝島一一四　いまどきの神サマ』JICC出版局、一九九〇年
井上俊『遊びの社会学』世界思想社、一九七七年
大村英昭・西山茂編『現代人の宗教』有斐閣、一九八八年
國學院大學日本文化研究所編『近代化と宗教ブーム』同朋舎出版、一九九〇年
島薗進『現代救済宗教論』青弓社、一九九二年
宗教社会学研究会編『いま宗教をどうとらえるか』海鳴社、一九九二年
沼田健哉『現代日本の新宗教』創元社、一九八八年
室生忠『新人類と宗教――若者はなぜ新・新宗教に走るのか』三一書房、一九八六年

Ⅲ 日常の文化

第10章 テレコム文化の現在形
――電話をめぐる情報環境――

岡田朋之

1 電話からテレコミュニケーションへ

電話利用の変遷

日本ではじめて電話が使われるようになってから百年あまり。いまやほとんどの家庭にいきわたり、一世帯あたりの電話機数が約一・六台に達するなど、テレビとならんでもっとも身近なコミュニケーション・メディアのひとつとなっている（郵政省「家庭生活と情報化のかかわりに関する調査研究」『通信白書』平成三年版による）。

にもかかわらず、普通われわれが文化とメディアのかかわりを考える際、電話のようなパーソナルなメディアまで含めることはあまりない。これまで、そうした場合「メディア」とは、そのまま新聞・雑誌あるいは映画、ラジオやテレビといったマス・メディアのことを意味してきたし、そうしたマス・メディアの社会的・文化的なあり方や、そこでやりとりされる情報の質などが〈文化〉としての議論の対象であった。

たしかに〈文化〉という言葉を、芸術や娯楽といったせまい意味でとらえるかぎり、パーソナルなメディアとのかかわりを見出すことはむずかしい。電話を例にとれば、ただ単に、遠く離れた人と直接顔を合わせなくても話せる道具、としか考えられていなかったといえる。

そのうえ日本の場合でいうと、電話が今のような身近なメディアになったのはそれほど昔のことではない。普及するまでに時間がかかったこともあるが、とくに重要な用件もないのにおしゃべりに用いることをいましめる傾向があったからである。今でも比較的高い年齢層を中心に根強く残る考え方だが、その背景には、第二次大戦後、電話の架設と回線数が需要に追いつかない状況がつづいたため、業務目的などの用件を伝える通話を優先させようという政策サイドの思惑がはたらいていた。社会的に稀少財である電話を、何らかの用件を伝える目的以外に使うことは遠慮すべきだというわけである。この風潮は公衆電話の場合にとりわけきびしく、長電話防止のため、通話を三分で強制的に打ち切る制度が導入された（一九六九～七一年）ことさえある（日本電信電話公社東京電気通信局『東京の電信電話――続・東京の電話』上、電気通信協会、一九七二年）。

一九七〇年代後半にダイヤル即時通話化がほぼ完了し、また一般家庭にも電話がひととおり普及してくると、そうした状況に変化がおとずれた。おしゃべり通話が公認され、「カエルコール」「ウィークエンドコール」など、需要創出のために通話拡大のキャンペーンが展開されるようになったのも、これ以後のことだ。ここでようやく、電話はあらゆる目的の会話に対して開かれた、気軽に使えるメディアとして、われわれのインフォーマルな日常生活の局面に、いっそう大きな影響力をもつこととなったのである。

メディアの変容と高度情報社会

現代社会は情報社会ともいわれ、われわれは自然の物理的な環境以外に、メディアを媒介とした情報環境によって取り巻かれている。そこでは、社会生活におけるさまざまな経験や知識のかなりの部分が、何らかのメディアを通じて獲得される。これまで、そのメディアのなかでもっとも大きな影響力をもっていると考えられてきたのは、テレビをはじめとするマスメディアであった。ところが、近年の高度情報化と呼ばれる一連の動きのなかでは、かなり違った様相が生じつつある。

そのもっとも顕著で包括的な局面はI・デ゠ソラ゠プールが「モードの融合」と呼んだ状況である。「モードの融合」とは「メディアとその利用法との間にかつて存在していた一対一の対応が崩れつつある」ことを指している。

従来、メディアそれぞれのあいだでは、電話は会話、テレビは報道や娯楽、印刷物は文字情報といった具合に棲み分けがなされていた。ところが、今日ではこうした分業によるカテゴリーの境界が、なかば意味を失いつつある。プールによると、そこには「エレクトロニクス革命」という背景が作用している。つまり、「すべてのメディアにおいて、コンピュータによる記号の操作と、それを電気的に伝送することの両者が、情報の生産と流通の過程の重要な段階で利用されている」ことで、「モードの融合」が生じ、種々のメディアが総体的に大きく変容しつつあるというのである(『自由のためのテクノロジー——ニューメディアと表現の自由』堀部政男監訳、東京大学出版会、一九八八年)。

電話もその例に漏れず、メディアの変容のなかで、少なからず様相を変えつつある。まず企業や商店といった事業所を中心にファクシミリが普及し、他方ではパソコン通信の加入者数が延べ百万人を突破したといわれるなど、電話網を通じて流れる情報が、人間どうしの会話にかぎらず、きわめて多様化している。また、各種テレホンサービスの充実をはじめ、日本電信電話（ＮＴＴ）によるダイヤルＱ²のサービス開始（一九八九年）にみられるように、情報機器としての可能性を徐々に拡大してきた。これは、従来とりたてて意識されてこなかった電話が、多様な情報を伝えるメディアとして、いわば再発見されたということになるだろう。

テレコミュニケーションの文化

こうした時代の流れにともなって、このところ「テレコム社会」とか「テレコム文化」の望ましいあり方を考える、といった議論が盛んになっている。「テレコム」とは「テレコミュニケーション」の略語で、直訳すると「遠隔通信」を意味し、一般的には「電気通信」の原語とされている。通常は主に電話、電報、さらにはコンピュータのデータ通信等を総称してこう呼ぶのだが、場合によってはラジオやテレビなどの放送をそこに含むこともある。

では、「テレコミュニケーション」あるいは「テレコム」が注目されるようになったのはなぜか。それは、メディアの変容のなかで、高度情報社会と、それを取り巻く情報環境の発展に、従来のマスメディアに代わって、テレコミュニケーションのメディアがより大きな役割を果たすであろうと考えられているからである。近い将来、光ファイバーによるＢ―ＩＳＤＮ（広帯域ディジタル統合サービス網）が各家庭に普及すれば、テレビ電話から映画ソフトまでのあらゆる情報を、この新しい通信網で提供するサービスが実現するだろうといわれている。それは同時に、〈マスメディアとしての放送〉と〈パーソナルメディアとしての通信〉という、従来のメディアにおける二分法の無効化ということでもある。

だが、テレコミュニケーションと社会のかかわりは、はじめに述べたとおりすでに百年以上の歴史をもっている。したがって、これまでにも電話を通じた「テレコム文化」は存在していたはずなのである。にもかかわらず、高度情報化における「テレコム文化」と、それ以前におけるそれとを一貫した視野のもとにとらえようとする試みは、これまでほとんど皆無であった。したがって、今われわれに必要なのは、こうした現状をふまえた議論をおこなうことではなかろうか。

そこで、文化の定義を「人々の日々の生活の仕方や慣習などもふくめて、ある社会（あるいは集団）に一般的にみられる行動の仕方やものの考え方・感じ方の全体」（井上俊「地域の文化」井上編『地域文化の社会学』世界思想社、一九八四年）と広くとらえる立場をとり入れてみよう。すると、〈メディアをめぐる文化〉という枠組のなかに、手紙で用いられる決まり文句や、電話をかける際の習慣となっているさまざまな行動なども、含めることができるようになる。こうしたアプローチは、メディアと文化の問題を、人びとのメディアの利用の仕方やメディアを通じた人びとの接触のあり方、という側面からとらえるものとして位置づけられる。

これをふまえて以下では、まず、そのもっともかかわりの深いテレコム・メディアである電話をめぐって、そこでのコミュニケーションの特徴を整理する。つぎにその特徴がきわめて端的にあらわれていると思われる「伝言ダイヤル」やダイヤルＱ^{2}の「パーティーライン」を具体的に紹介しつつ考察をくわえる。そして、以上の知見をもとに、今日におけるテレコミュニケーションの文化がどのように成立しているのか、またいかなる役割を果たしうるかを考えていくことにしよう。

2　電話コミュニケーションをめぐる文化

電話における儀礼と演技

そもそも、電話はなぜメディアとして意識されなかったのだろうか。フィールディングとハートレーはこのことを電話の「透明性」と呼んでいる（G. Fielding and P. Hartley, "The Telephone : a neglected medium," in A. Cashdan and M. Jordan, eds., *Studies in Communication*, Basil Blackwell Ltd., 1987）。電話が「透明」な理由として常識的に思いつくのは、われわれが日常接するなかで、音声によるリアルタイムの会話ができる、ほとんど唯一のメディアだという点だろう。互いの顔を見ることこそできないが、そこに目をつぶりさえすれば、直接会っている場合と同じように話すことはできる。

とはいえ、その「透明性」は見かけ上の性質にすぎない。よく、直接顔を合わせる場合に比べて、電話で話すのが苦手だという人がいるが、本当に「透明」ならば会話がメディアからの影響を受けるはずはない。電話のコミュニケーションでは、リアルタイムの会話ができるとはいうものの、お互いの姿が見えないので、どうしても緊張や不安がつきまとう。そうした性質をやわらげるように、さまざまな儀礼や演技が交わされていることを指摘したのは、渡辺潤であった（『メディアのミクロ社会学』筑摩書房、一九八九年）。

まず儀礼的な側面からいえば、電話でのやりとりは「もしもし、××さんのお宅ですか?」「はい、××です」と、お互いが名のりあうことからはじまる。また、間違い電話をかけた際には何らかのフォローが必要になるし、よほど気心の知れた間柄でもないかぎり一般に深夜の電話は遠慮すべきだとされる。

つぎに演技的な面をみてみよう。電話では、会話の途中で沈黙が生じたりすると気まずい雰囲気になるので、話の運びをスムーズにするために、かける側はあらかじめ話す内容を筋道だててまとめておくことが少なくない。いわば事前のシナリオを演じながら話すことになるが、一般にはそれが要領のよいかけ方と考えられている。他方、聞き手も間（ま）をあけないように、また、ちゃんと聞いていることが相手に伝わるように、ときおり相づちを入れなければならない。もちろん、それを利用して、ほとんど聞き流しているようなときでさえ、あたかも真面目に聞いているかのようなフリができるし、声色や口調を使い分けて、さまざまな態度を演じたりもできる。

日常の人間関係やコミュニケーションにおいて、何らかの儀礼や演技は、E・ゴフマンが論じたように、電話にかぎらずつねにおこなわれているし、それらを欠いて関係を維持することは困難だ。しかし、右に示したような例が、電話のコミュニケーションを特徴づける独特のスタイル（様式）であることは間違いない。

その意味で、こうした習慣は前節でふれた〈テレコム文化〉を構成しているということになる。それらはある程度、知らずしらずのうちに身についているはずだが、意識的に習得しなければならない場合もある。このことは、「電話のマナー」についての書籍が巷に出回っているという事実から裏づけられる。そうしてみると、電話のコミュニケーションにおける得手不得手は、〈文化〉としてのコミュニケーションのスタイルの獲得度から説明できる。おそらく、電話が苦手な人というのは、こうした独特な文化がうまく身についていなかったり、どこか馴染めなかったりする人なのであろう。

ともあれ、電話で話す際に、さまざまな儀礼や演技をうまく利用することさえできれば、見ず知らずの相手であっても円滑にコミュニケートできることは間違いない。常識的には、電話が今日のように各産業のなかで不可欠な存在になったのは、空間的に離れた者のあいだで直接会う手間をはぶくという便利さからだと考えられている。だが、こうした性質をみるかぎり、電話が事務的にコミュニケーションをおこなう上できわめて有利なメディアだという点は、これまで以上に注目する必要があるといえそうだ。

電話がつくる空間

ところで、電話が物理的な空間や距離を超えたコミュニケーションを可能にするという特徴は一見あたりまえの話だが、社会的な空間を変容させるという意味でも、きわめて重要な影響力をもっている。これをまず個別の通話の場面からみてみよう。

だれかが電話する様子をそばで見ていると、電話におじぎをしたり、声のトーンや口調がいつもとちがうなど、しばしば異様に感じられることがおこる。あるいは、だれかとなごやかにおしゃべりをしている最中、その部屋に電話がかかってきて、つい通話が長くなったときなど、同席している相手とのあいだで何となく気まずい雰囲気になった経験をもつ人も少からずいることだろう。

これらの例は、電話で話している者とそれ以外の人びととのあいだでは、たとえ物理的に同じ空間を共有していても、見えない隔たりが生じることを示している。同時に、話し手の意識は距離を超えて受話器の向こう側の相手と直接つながるため、そこには声という情報だけで成立する一種の「疑似空間」ともいうべき、特別なコミュニケーションの場が出現する。それは、閉鎖的な側面をもった、ある種の密室性を帯びた場である。このため電話では、仕事などの都合上、第三者に聞かれると困るような会話を交わすことが少なくない。電話が盗聴の対象になるのも、本来こうした性質をもっているためである。

また、相手が身内や親しい友人であれば、前述のような儀礼や演技はそれほど必要ないので、かけ手が「もしもし、あたし」とか「俺だけど」といった切りだし方をしても相手には十分通じる。すると、普段から電話の儀礼や演技が身についている者なら、気をつかわない分だけ、通話がうちとけてリラックスしたものに感じられるはずだ。しかも、密室性が強いだけに、身の上話や噂話といった日ごろ話しづらいような内容も、おのずと話題にのぼりやすい。そこで、電話はしばしば家族や親しい友人とのプライベートなおしゃべりの場にもなるわけである。逆の面からみれば、そうした話ができる分、電話はお互いの親密さを一層強めるはたらきも果たしうるということができる。

距離の隔てられた者を結び、同じ場所にいる者どうしを切り離す。電話がもつこのパラドキシカルな特性は、日常われわれが経験する社会的空間の距離や境界といった物理的な制約を超えて、対人関係のあり方も変容させる。これについて吉見俊哉は、家庭を例につぎのように述べている。家庭に電話が普及していくにつれて、住居を同じにしている家族の各成員は電話を通して直接、外部社会へとつながり、〈家族＝共同体〉は電話によって分節化される。同時に、遠く隔てられている場合は、電話で結ばれることにより「住居という空間的限定を超えて〈家族＝共同体〉のネットワーク」を維持するようにはたらく（吉見他「電話コミュニケーションの研究」『東京大学新聞研究所紀要』No42、一九九一年）。前者には、親の目をぬすんで自分の個室から恋人に長電話する息子や娘、という例が考えられるし、後者なら単身赴任の夫に毎日モーニングコールをかける妻、といった姿を思いうかべることができよう。

これは家族集団にかぎったことではない。友人関係といったものに目を向けても、やはり距離の遠近という限定を超えたコミュニケーションは、身近なところでおこなわれているはずである。プライベートによく電話をかける相手をふりかえってみると、一般的にみて気の許せる友人であることが多いのではなかろうか。

こうして、電話のネットワークが社会をくまなく覆い、日常生活がそれに大きく依存するとき、われわれの対人関係の少なからぬ部分は、電話の生みだす個々の疑似空間が無数に錯綜したネットワークのなかに組み込まれる。したがって、現代の社会においては、地理的・物理的に経験される空間と、メディアのつながりのなかで経験される疑似空間との重層的な結びつきの上に、社会関係が成立しているというわけだ。もちろん、その個々の疑似空間をささえるのが先述の電話のコミュニケーションの文化であることはいうまでもない。ただし、それぞれが一対一の通話を基盤としているため、こうしたメディアを通じた社会関係が全体として、日常世界とは別のリアリティを構成する可能性はきわめて低かったのである。

3　伝言ダイヤル――テレコム文化のアヴァンギャルド

伝言ダイヤルとは？

ところが、はじめにふれたように、近年のメディアの変化のなかで電話回線の利用のしかたが多様化するにつれ、メディアのなかに構成される疑似空間の経験も広がりをもつようになる。かつて、マスメディアで大きくとりあげられた「ダイヤルQ[2]」をめぐる一連の問題も、こうした変化のなかであらわれた現象のひとつに位置づけることができる。また、それより少し前にＮＴＴによってサービスがはじめられた「伝言ダイヤル」をめぐって、若者たちのあいだで交わされているコミュニケーションは、新しい〈テレコム文化〉というべき側面をもっている。なかでも興味深いのは、そこにこれまで指摘したような電話のコミュニケーション特有のスタイルが顕著にあらわれている点である。そこで、筆者が以前おこなったフィールドワークをもとに、これについてみていこう。

伝言ダイヤルは、NTTが一九八六年から提供を開始した新しいサービスで、内容はつぎのようになっている。まず伝言ダイヤルセンタに電話をかけて六〜十ケタの任意の連絡番号を指定すると、三〇秒以内の音声メッセージを一〇件まで各八時間保存してくれる。しかも、利用する者が互いに四ケタの暗証番号を知っていないかぎり、その連絡番号へのメッセージの追加録音と再生は不可能、というものである。

NTTは当初、お互いの居場所がはっきりせず、直接電話をかけにくい者どうしで連絡を取りあうための、声の伝言板としての利用を見込んでいた。ところが間もなく、このシステムを逆手にとって、「1111…」とか「1234…」といっただれでも思いつきそうな単純な数字の組み合わせからなる連絡番号・暗証番号に不特定の相手に向けたメッセージを入れる者があらわれ、若者を中心に一部で熱狂的な人気を博したのである。

こうして生まれた、声の掲示板とでもいうべきスペースは「オープンダイヤル」、略して「オープン」と呼ばれる。表1はそこに吹き込まれたメッセージの例である。内容をみると、まず①〜④のように、四ケタの番号を繰り返す「トリプル」という別の番号を指定したり、ポケットベル、あるいは連絡先の電話番号（「直電」という）を教えあって、見知らぬ者どうしで接触をはかろうとする伝言が目につく。これらは「ナンパ伝言」とも呼ばれ、伝言ダイヤルでメッセージを交換したり、電話で話そうとするものから、④のように実際に会おうとするものまで、そのキッカケづくりが目的となっている。

表1　オープンダイヤルにおけるメッセージの例

①「あーもしもしえーと僕は18歳の、高校3年生のマサヒコといいます。えーと、今ヒマにしているんで、ヒマな女の子いたら、789658＃、8888＃の方まで、789658＃、8888＃の方まで、えーっと楽しい伝言待ってますので。それじゃ。」（男）
②「ハーイども。こんばんは。えー大阪に住んでいる、えーシンというものですけど、えー今日結構ヒマにしてますので、よければ楽しい話とかいっぱいしたいと思いますので、えーよければ電話ください。え電話番号06､6××、××××です。えー女の子からの電話、待ってますんで。それじゃ、バイバイー。」（男）
③「あ、こんばんは。あの、20歳のヤスミです。んとー今日ずっとヒマな人は、お電話ください。4902のトリプルです。よければ、直電もお願いします。じゃさよなら。」（女）
④「ハイ。えーと僕は京都に住んでる18の男の子です。えーと京都に住んでる、20歳から30歳までの女性の方で、え僕ぐらいの、男の子が好きな方興味がある方は、え075、8××の××××の方、えポケットベルですので、あなたの電話番号を入れてください。えー人妻でも、かまいません。えー、話をしたり、相手してくれたりしてほしいです。えー年上からの女性の…」（男）
⑤「バイク好きのね、リレーダイヤルやってるんだけどもな。あなたバイク興味あるかないうとこでな。もしバイクに興味あったりするんだったらな、あのバイク好きのリレーダイヤルにあーそびにこないかいうところでやな。バ・イ・ク・ヨてなところでやな8194のトリプル。インフォメーションだからな。まあとは8194のトリプル聴いてな、どこにいるかな場所を聞いてからな、8194で場所説明するんでな。その場所を聞いてからな3＃しにきてほしいところなのよ。とにかくバイク好きのリレーダイヤル、遊びにコイコイってところだ。待ってるよん。じゃあな。」（男）
⑥「6時10ぷーんのおーれ、なんだけどもねー。ウーン。もしよー、リレーダイヤルで遊びたいっていう女の子がいたらな。××××01＃の××××シャ・ア・プ。別に男でもいいんだけどな、ここのダイヤル今腐ってるからよ、ウーン、まあな、リスナーしてな、入れそうだったら入ってくれっちゅうことでなあ。ま、巷ではよ、いい男がいっぱい揃ってるってなあ、噂が飛んでるかどうかわかんないけれどもよ、ま、取りあえず××××01＃の××××シャ・ア・プで、待ってるでー。んほっちゃらね。」（男）

（注）　1990年9月21～22日，関西伝言ダイヤルセンタから録音。

「リレーダイヤル」の相互作用秩序

この伝言による「ナンパ」自体、それまでのメディアにはあまりみられなかったものだが、新しい電話の文化という面でより注目されるのは、「リレーダイヤル」（以下「リレー」と略）と呼ばれる、伝言ダイヤルを通じて知り合った仲間とメッセージのやりとりを楽しむサークル集団である。その多くは「オープン回り」という⑤や⑥のようなメッセージを流して、あらかじめきめられた任意の登録番号にメンバーを募集することからはじまる。メンバーの年齢構成は二〇歳代が中心だが、なかには下は中学生から上は五〇歳代の者までいる。規模は大小さまざまで、二、三人の小さなものから大きなものでは数十人に達する。また、そこでのやりとりの内容も多様だ。その一例を、筆者がフィールドワークにあたって参加した「リレー」からつぎに紹介しておこう（表2）。「リレー」のなかでは、こうした他愛のない世間話のような会話が多いが、ほかにもギャグやコントを織り交ぜたり、歌を唄うなど、じつにさまざまなメッセージが交換されている。またグループによっては「ミーティング」と称して、メンバーが実際に集まる会合を開く場合も少なくない。

こうした「リレー」のやりとりは、つぎのような特徴をもっている。まず、その第一は運営システムに空間的メタファーが使われること。第二は、独特の発話ルール（名前と時間を述べることと、あいさつの義務。——線部）である。

一つめの特徴は、以下のような運営システムにあらわれている。最初にきめた連絡番号が一〇伝言で埋まると、暗証番号はそのままで、連絡番号の末尾に「01」をつないだ「一階」と呼ばれる連絡番号を、新たなスペースとして開設する。以後、それぞれの「階」が埋まるごとに、「二階」「三階」と増築し、そのつど最初の連絡番号に、現在どの「階」で会話しているか知らせるメッセージを入れておくの

表2　ある「リレーダイヤル」におけるメッセージの例

①「Aです。今の時間は9時20分です。えーっと今ね家の方に着きました。えーっともう今日は最低、もうしんどかったよーってことで。患者さんの顔が鬼に見えたよって感じなんですけどもね。ほんと次から次と来る来るって感じで。結局ね終わったのがね、えー8時45分ぐらいかな。一応ね7時までなんですようちは。本当にもう最低ってことで。今からチェックしてきまーすということで。」（女、10歳代後半）

②「えっとBです。ただいま9時と34分てなところですね。えーAちゃんどもお帰りなさいということでね、お疲れさまでしたというとこをお伝えしといてですね、えー私たちにゃね歯医者の先生の方が鬼に見えますよいうことをお伝えしときますよ。ほんとにねあんな痛いもん平気でギーギーギーギー、キィーってやるわけでしょ。ウンあれは痛いわいうことでね。えーそれからね、うん［筆者］さんももうすぐウーあと30分ぐらいで、自宅に着くんでしょうかね。ご苦労さまということで。Eさんもオープントップご苦労さまということでね、ウン今日なんかアンラッキーな日みたいでね。ウン、そのうちいいこともあ…」（男、20歳代後半）

③「ハイ9時と54分Cだよー。最寄駅へね、帰ってきちゃったですよもう。会社にいませんよというわけでね。E君にAちゃんに［筆者］に、えーB、うーDちゃんにF君、皆さん皆さんご苦労さまーというわけでね。えー何だわ、ウン雨がね、しょぼしょぼと降ってたんでね、結構ね、ウンあのーあれよ、傘があって助かったというわけで。何をブツクサいうてるんかわからんけどね。皆さん皆さんお疲れさまーというて突然でございますが、ファイナルよ。Cでした。皆さんおやすみなさいませ。」（男、50歳代前半）

④「9時と55分のDちゃんですって。Cさんお帰んなさいって。最寄駅チェック？うんGさんみたいだねーって。Gさんがそろそろ帰ってくるんじゃなかろうかと思っているところのDちゃんですけれどもねえ。んーとお仕事お疲れさまでした。今日はお化粧をしてお店に行かなかったんですかーっていうことでCさんは。ウン聞いてないかーって。（笑）まあいいやーって。ひとりで喋っとこーって。」（女、20歳代半ば）

（注）1990年11月27日に採録。メンバーの呼称はすべて伏せている。また会話の流れをわかりやすくするため，実際に再生される順序とは逆に記載した。

である。

伝言ダイヤルという、視覚的な具体性をもたず、つかみどころのない場に対し、「リレー」のメンバーたちはこうした空間的なメタファーを用いて一定の秩序化をはかっている。第二の特徴もこれと同じ背景に由来すると考えられる。匿名の者のあいだで交わされるコミュニケーションの相互作用は、おのずと一定の緊張をともない、きわめて不安定な状況にある。そこで、たとえ仮名であるにせよ名を名のり、正確な時刻を述べ、登場しているメンバーにかならずあいさつするといったルールを共有することで、この無根拠な状況に内的秩序を与えているのだ。実際、メンバーたちは、発信者の不明な伝言や無言伝言に対して、少なからぬ嫌悪感や不快感を抱くようである。

同じような傾向は、ダイヤルQ^2のサービスのひとつで、見ず知らずの者どうしが複数で会話の可能な回線に電話をかける「パーティーライン」の場合にもみられる。そこでの会話も、比較的常連のメンバーを中心に、独特のジャーゴン（用語）を使いながら進む点で、「リレー」の場合と共通の側面をもっている（『ラジオライフ』別冊「電話の本Ｐａｒｔ２」三才ブックス、一九九一年）。

ネットのなかのリアリティ

こうした秩序づけは、相互作用の場面を維持するという意味で、日常の電話で交わされる儀礼と本質的には同じである。だが、通常われわれのかける電話では、あくまでもコミュニケーションの場は日常の社会的空間や人間関係と分かちがたく結びついているのに対して、「リレーダイヤル」の場合は、まず、仮の名前を使った匿名的な接触であるために、そうした社会的な現実からいったん切り離されることになる。それゆえ電話回線のなかにつくられるネットワークは「リレー」の場合、別のリアリティをもった疑似空間としての性格がいっそうきわだってくる。それ自体がもうひとつの社会的な現実〈リアリティ〉を構成しているといっても過言ではない。

現在、アメリカや日本で「ハビタット」というシミュレーション・ゲームがパソコン通信を使って展開されている。自分の分身であるキャラクターをネットワークのなかに設定して、同じようにパソコンでアクセスしている他の多数のプレイヤーとともに、ゲームのなかで社会生活をおくるというものだが、伝言ダイヤルのなかでは、まさにこうした世界が今も繰りひろげられているのである。

実際、「リレー」に参加する者は、伝言ダイヤルを通じた人間関係の総体を、それ以外の一般社会と区別して「伝言界」と呼び、そこから足を洗うことを「ファイナルをうつ」という。それはあたかも「伝言界」での人生が日常の生活とは別に営まれているかのようである。このことを象徴するように、メッセージのなかには身体的なメタファーがしばしば登場する。伝言を入れる時点で目下進行中でない「階」の番号に吹き込んでしまった際にいう「はまる」とか、容量オーバーで別の番号に入れざるをえないことをさす「けられる」などはその一例である。

パソコン通信やフランスのニューメディア、「ミニテル」の場合にもよく似た現象がみられるというから、これらは今日の〈テレコム文化〉に共通する側面だといえるかもしれない。もちろんその背景には、ファミコンやビデオの普及でテレビが単なる放送の受像機でなくなったように、最近のテレコミュニケーションの革新により、電話回線がバラエティに富んだ情報ネットワークとしてクローズアップされてきたことも作用しているだろう。

4　テレコム文化の可能性

メディアという街路

かつて、「都市はメディアであ」る、と述べたのは粉川哲夫だった（『遊歩都市——もうひとつのオーストラリア』冬樹社、一九八三年）。そのことばのなかには都市を人びとの出会いの場としてとらえる視点があったといえる。逆に、メディアの発達したネットワークは、新しい人間関係の場を形成することで、目に見えないもうひとつの「都市」を浮かび上がらせる。現代にいたるまで、都市が人びとをひきつけてきた魅力のひとつは「そこへいけば何かが体験できる」というものであった。同じように、メディアのネットワークの魅力も「アクセスすれば何かが体験できる」ことにその可能性が見出されるのではなかろうか。

伝言ダイヤルやダイヤルQ[2]が人気を博したのは、魅力的な出会いの場を、まとまって整理されたかたちで提供することができたためだったと思われる。伝言ダイヤルの場合でいえば、都市の街路と同じような公共的スペースとして「オープンダイヤル」があり、そこから比較的プライベートな色合いの濃い「リレーダイヤル」まで系統的な秩序化がなされていた。

おそらく、パソコン通信をはじめとする新しいネットワーク・メディアが、今後いっそうの発展をみることができるか否かは、そうした魅力的な場をどこまで提供できるかにかかっているといえよう。では、その魅力のもとになるものは何であろうか。

そのカギは、一般的には〈役に立たない情報〉をいかに流すかということであろう。その例をラジオにみることができる。初期のラジオはニュースなどの「役に立つ情報」源として、機能的、手段的なはたらきを担っていた。そうでない場合も、ドラマや演芸、音楽など、趣味嗜好性が強いとはいえ、万人の娯楽となるようなものを一方的に流す媒体としての役割をもっていた。

ところが、テレビの普及によって、ラジオはそうした意味での存在意義のうち、かなりの部分を失わざるをえなかった。そうしたなかで新たに見出された活路が、万人にとってみるとかならずしも〈役に立たない情報〉を流す、深夜放送だったのである。

一九七〇年代に平野秀秋と中野収は、ラジオの深夜放送のなかで語りかけるディスク・ジョッキーと、若者を中心とするリスナーのあいだに、ある種の連帯がつくりあげられているさまを論じている（『コピー体験の文化——孤独な群衆の後裔』時事通信社、一九七五年）。そこで、新たなメディアの文化として注目されたのは、DJの語りと、リスナーからの投書や電話が織りなす疑似双方向的なネットワークであった。

はじめは用件を伝える機能的・手段的メディアとして普及した電話も、とりとめないおしゃべりの道具として用いられるようになってはじめて、日常で身近なメディアとなった。伝言ダイヤルも、一見他愛ないメッセージのやりとりのなかで、新しい人間関係を形成して人気を博した。この点で、電話がたどってきた道筋はラジオと共通している。

近年話題にのぼるニューメディアのなかには、なかなか思ったように普及に結びつかないものも少なくないが、あまりにその機能的な長所や情報の有用性ばかりを強調しすぎたきらいがあったのではなかろうか。むしろ受け入れられる上で重要なのは、何かの目的に役立つというわけではないが、対人接触と結合の機会を広げるようなはたらきではないかと思われる。NTTが鳴り物入りではじめた「キャプテン」が伸び悩んだ理由のひとつも、そのあたりにありそうだ。

電話や伝言ダイヤルは深夜放送と異なり、「疑似的」ではない正真正銘の人間関係のネットワークをつくりだす。とりわけ、伝言ダイヤルにおけるコミュニケーションのあり方は、前節でふれたように、ユーザーのあいだからの自然発生的な性格を帯びている。この数年来、十〜二十歳代の若年層を中心として急速に保有率を拡大したポケットベルの場合にも、それはあてはまる。その意味で、こうした現象は、ラジオやテレビの媒体が主導する〈マスコミの文化〉に対比すべき〈テレコミュニケーションの文化〉として位置づけられるのである。

メディアによる社会の重層化

ところで、これまでみた伝言ダイヤルやダイヤルQ[2]の場合のように、テレコム文化のなかで新たなリアリティが浮かび上がってくると、そこへ没入することの危険性が問題とされるようになってきた。メディアなしでは人と関係を結ぶことができない一種の退行現象ではないか、とか、ヴァーチャル・リアリティの話題ともからめて、現実と虚構との区別がつかなくなったり、現実からの逃避を助長するのではないか、といった批判がそれである。

この問題について詳しい議論をする余裕はないが、明らかな点がひとつある。それは、伝言ダイヤルやパーティーラインも含めて、テレコム・メディアを媒介とした関係が、日常の社会関係を形成・維持する上で何らかの障害を感じている人びとのささえとなりうるということである。たとえば、オーストラリアの移民の場合、電話のネットワークが互いの家庭を結ぶことで、孤立感をやわらげ、現地への適応をたすけるように機能しているという（A. Moyal, "The Gendered Use of the Telephone : an Australian case study," *Media, Culture and Society,* Vol. 14, 1992）。また、日本でもある程度の歴史をもつ「いのちの電話」の果たしてきた役割も見逃してはならないだろう。

したがって、むしろそこで問題とされるべきなのは、メディアによって社会関係が重層化されるなかで、日常の社会的世界と、メディアのなかに成立したリアリティや人間関係との間に生じるズレをいかに克服するかということである。しかしながら、ダイヤルQ^2をめぐるトラブルなどの場合、両者のあいだに生じた軋轢や矛盾が問題化したものがかなりの部分を占めていたにもかかわらず、メディアそれ自体の害悪を批判する議論が少なくなかったように思われる。少なくとも筆者の知るかぎり、「リレーダイヤル」の場合、そうした問題を回避するようなさまざまな手だてがルールのなかに組み込まれていたことは確かである（拙稿「電話コミュニケーションの展開と日常空間」『年報人間科学』第一三号、大阪大学人間科学部、一九九二年）。

いずれにせよ、今日われわれの日常生活のかなりの部分が、すでにテレコミュニケーションのネットワークのもとで成立していることは動かしようのない事実となっている。さらに今後、マルチメディアや移動体通信などの新しいテクノロジーを媒介としたハイパーリアルな情報が流布し、デジタル通信網の展開するなかでは、テレコミュニケーションと社会とのかかわりも、当然ながらこれまで見たような電話のあり方とは異なった様態をとって受け入れられていくことであろう。とはいえ、それと同時にわれわれが、ますます錯綜する情報空間の内部へと取り込まれていくことも間違いない。そのなかでは今後もさまざまな問題が起こることが予想されるが、それらをとらえる際には、つねに、メディアをめぐる行為や言説の解明が不可欠である。これまでにみたような、電話をはじめとするテレコミュニケーションと、それを取り巻く文化に目を向けることは、そうした点からきわめて重要な意義をもっているといえよう。

参考文献

小林恭二『電話男』福武文庫、一九八七年

M・マクルーハン『メディア論——人間の拡張の諸相』栗原裕・河本仲聖訳、みすず書房、一九八七年

渡辺潤『メディアのミクロ社会学』筑摩書房、一九八九年

G・ガンパート『メディアの時代』石丸正訳、新潮社、一九九〇年

逓信総合博物館監修『日本人とてれふぉん——明治・大正・昭和の電話世相史』NTT出版、一九九〇年

室井尚『情報宇宙論』岩波書店、一九九一年

吉見俊哉・水越伸・若林幹夫『メディアとしての電話』弘文堂、一九九二年

E・M・ロジャース『コミュニケーションの科学——マルチメディア社会の基礎理論』安田寿明訳、共立出版、一九九二年

森岡正博『意識通信——ドリーム・ナヴィゲイターの誕生』筑摩書房、一九九三年

山田登世子『声の銀河系——メディア・女・エロティシズム』河出書房新社、一九九三年

富田英典『声のオデッセイ——ダイヤルQ^2の世界——電話文化の社会学』恒星社厚生閣、一九九四年

第11章　旅行文化の発展
——人類史的視点から——

高田公理

1　人間——旅行をする動物

爆発するツーリズム

現代は、世界でも日本でも、きわめて多数の人びとが旅行をする時代である。たとえば世界観光機関（ＷＴＯ）の推計によると、一九九〇年に世界中で国境を越えて旅行をした人の総数は四億四、〇〇〇万人に達した。一九五五年には、その数が二、五〇〇万人であったというから、わずか三五年間に一八倍に増えた計算になる。

話を日本に限ると、その増加率はもっと極端である。第二次世界大戦の終結以降、初めて海外渡航が自由化された一九六三年には一三万人であった海外渡航者数が、一九九〇年には一、〇〇〇万人を超えた。三〇年たらずの間に、じつに八〇倍以上に増えたのである。

同様のことは、日本国内の旅行にもあてはまる。たとえばここ数年、「大型休暇が取れたら何をするか」という問に対する答の第一位は「国内旅行」、第二位は「海外旅行」で占められている（余暇開発センター「余暇需要に関する調査研究」）。また、一九八九年における国民一人あたりの平均旅行回数は二・三九回、宿泊数は四・九七泊である。これらはいずれも対前年比で一一％、一一三％の増加となっている（『観光白書』平成二年版）。

では、いったい〈旅行〉とは何なのか。いうまでもなく現代人にとっては、「日常生活を営んでいる時空間を離れて、どこか別の場所へ出かけること」を意味する。そのさい、必ずしもふたたび、もとの場所に帰ってくるとは限らないが、たいていの場合は、そのことが前提条件となっている。本章では、もとの生活場所に戻ってくる旅行を、主たる関心の対象としたい。

それというのも、現代の旅行はしばしば〈ツアー tour〉の名で呼ばれるが、その語源をたどると、ラテン語で〈回転するロクロ〉を意味する tornus という語にまでさかのぼるからである。これを日本語に訳すと〈周遊旅行〉ということになり、もとの生活場所に戻ってくることが前提となっている。

そしてそれは、さらに敷衍されて〈ツーリズム tourism〉、すなわち楽しみを求めて出かける観光旅行、あるいはそれにサービスを提供する観光事業などを意味する概念を派生させる。今日、とりわけ日本人の旅行目的のなかば以上が「観光」であることを思うと、現代とは、まさに「爆発するツーリズムの時代」だというとらえ方ができるであろう。

じっさい、さきに挙げた日本人の年間の平均旅行回数のうち、五一・五％が「観光目的」であり、これに「観光を兼ねた業務や帰省」を含めると、五九・〇％に達する。宿泊数に関しても四三・五％が「観光目的」であり、「観光を兼ねた業務や帰省」を含めると、五一・七％に達するのである。

人間はずっと旅行をしてきた

それではいったい、人間はなぜ旅行をするのか。

そこで最初に思い出すべきは、およそ三〇〇万年と見積もられる人類史のほとんど、すなわち、およそ一万年前に農業生産が始まるまでの、形式的な算術に従えば、二九九万年間は狩猟採集社会であったという事実である。

狩猟採集社会に生きる人びとの生活を支えるのは、周囲に広がる大自然によって供給される野生植物の実や葉や根、野生の獣や鳥や魚、蜂蜜などに限られる。彼らは、今日的な意味では一切の生産労働を試みることなく、採集・狩猟・漁撈によって生活を成り立たせていたのである。

そして、採集・狩猟・漁撈によって生活を成り立たせるには、よほど自然の再生産能力が卓越している場所を除き、長い期間にわたって一定の場所で定着生活を続けることは不可能である。消費された自然が回復するのに時間が必要だからである。その結果、彼ら狩猟採集社会に生きる人びとは、自然資源を求めて絶えることのない遊動を試みる必要に迫られる。

このことは、現代の地球上にごくわずか残る狩猟採集社会、たとえばボツワナのカラハリ沙漠に住む狩猟採集民の社会に関する知見によって示される。彼らは、複数の核家族が集合した〈バンド〉と呼ばれる血縁集団を形成しながら、集団ごとに季節移動を繰り返すことによって、食糧をはじめとする生活資源を確保している（田中二郎『ブッシュマン』思索社、一九七七年）。

そこでの生活は、毎日が旅行であるような生活だというほかない。こう考えてみると人類はまさに、これまた形式的な算術に従えば、その歴史の九九・七%を定着ではなく、遊動のうちに過ごしてきたということになる。

それだけではない。農業生産が開始されて以後も、農業という生業形態に対立する、いまひとつの生業形態として、乾燥地帯や草原地帯に成立した牧畜(パストラリズム)もまた、しばしば家畜の食糧である草を求めての遊牧を必要不可欠とした。ここに彼らがノマッド(遊動民)と呼ばれた理由がある。

こうしてみると、人間は本来的に「旅行をする動物」であるのかもしれない。なにしろ旅行は、人類史のほとんどを占める人間の生活様式それ自体だったのだからである。定着生活を余儀なくされる現代人の心身の深層に、あらかじめ旅行への衝動が組み込まれていたとしても不思議はあるまい。

ただし、狩猟採集民や遊牧民たちが、自分たちの空間移動を「旅あるいは旅行」として、ましてや「観光旅行」などという概念でとらえていたというわけではない。くどいようだが、現代人の目から見れば「毎日が旅行」だったのであり、彼らにとっては日常生活そのものに過ぎなかったのである。

旅と宗教——想像力の問題

では、現代人の旅行好きは、農業革命以前の生活への憧憬が蘇った結果なのであろうか。その可能性は捨てがたい魅力をもった仮説でありうる。だが、ここでは多少、異なった視点から、現代人の旅行への欲求の解明を試みてみる。

それは人間という動物が、脳という巨大な情報処理器官をもっているがゆえに、際限のない想像力を発揮してしまうという認識から出発する。早い話が人間以外の動物は、空腹が満たされ、適度に快適であれば、残りの生涯を眠ることで費消する。それに対して、それだけなら人間はすぐに退屈し、「何か面白いことはないか」と考えてしまうというわけである。

そして、豊かすぎる想像力が〈現在のこの場所以外〉への関心を呼び起こす。同時に、人間の生につきまとう解決不能の不条理が想起される。無限の想像力は永遠の時間と無限の空間に飛翔することを希求するのに、人間の生涯は有限の時間と空間のなかに閉じ込められざるをえないという不条理である。

ここに、有限の生命しかもちえない人間の時間的永遠性に対する憧憬が生じる。それは人類文化にとってもっとも普遍的な要素の一つである宗教がめざす、もっとも普遍的な目標であり、もっとも本質的な属性でもある。つまり宗教とは、有限の人生を永遠の時間につなげたいとする人間の営為の総称なのである。

一方、有限の空間でしか生活しえない人間の空間的無限性に対する憧憬は、かりに旅行と総称される行動様式を生み出す。それはときに、宗教的な行動様式である巡礼という形をとり、また別のときには日常生活に切断をもち込む観光旅行としての形をとりながら、人びとを未知の時空間に誘う。

こうして宗教と旅が、無限の想像力をもつがゆえに、すぐに退屈してしまわざるをえない人間という動物にとって、もっとも根源的な行動様式の一つであり続けてきたことが明らかになる。ただし、そのためには衣食住をはじめ、生活の物質的基礎と潤沢な自由時間が保証されていることが必要条件となる。

そこで現代の日本社会に目をやると、そこには物質的に充足された生活を保証され、より豊かな自由時間を与えられつつある人びとが大量に出現しつつあることが判明する。こうして宗教と旅行が、現代日本人にとって必要不可欠な生活回路の一つとならざるをえないことが理解されるのである。

2　旅行の文化史

旅行の起源と近代以前の旅

ところで、狩猟採集民や遊牧民の遊動とは異なる、現代的な意味での旅行という習俗につながる行動様式は、いつごろ、どのようにして成立したのか。いうまでもなく最初の契機は、農業生産の成立の前後における定着生活の始まりによってもたらされたと考えるべきであろう。(注)そこで初めて、定着生活が日常となり、旅行が非日常とみなされるようになったからである。

しかしながら、それがそのまま物質的充足と豊かな自由時間に保証された楽しみのための営みとして成立したわけではない。定着生活を始めた人びとにとって初期の旅行は、むしろ苦労や苦痛や骨折りに満ちた経験とみなされた。

このことは、旅行を意味する英語の travel の語源が「労苦・骨折り」にあり、英語の〈trouble＝面倒なこと〉やフランス語の〈travail＝労働〉などと同根であることからも明らかである。日本語の〈旅＝たび〉もまた、柳田国男が記しているように「旅は夕べ、即ちたまはれ又は下さいの意味であつて……旅する以上はたべたべと言つて歩かねばならず、乞食に近い生活をして居たものと思はれる」（『文化運搬の問題』一九三四年）のである。

では、そんな労苦や骨折りに満ちた旅行に人びとを駆り立てた要因は、どのようなものであったのか。その第一は、農業生産の成熟に伴って成立した国家が、国土の拡張や防衛のために派遣した軍隊の旅行である。日本では、防人《さきもり》として北九州の防衛に派遣された東国の農民たちの旅行がそれにあたる。同様の事例は、アレキサンダーの大遠征をはじめ、ユーラシア大陸各地の歴史のなかに見出される。

第二は、それぞれに異なった商品を交易するための商人の旅行である。古くは日本神話のなかの海産物と農産物を交換する海彦山彦の話、より巨大なスケールの交易としては、中国とローマを結んだシルクロードなどに示されるように、商人たちは、ある地域にあって別の地域にはない物資を輸送し、交易することで富を手中にしたのであった。

第三は、宗教的信仰と結合した旅行である。身近なところでは西国八十八カ所の札所めぐりの旅行があるし、世界的に有名なものとしてはイスラム教徒のメッカ巡礼などが思い出される。宗教は、旅行と不可分に結びついているのである。のみならず近世日本の伊勢参りなどは、のちに述べるように近代的なパック旅行の前駆形態としての役割を果たしたりもした。

第四は、探求のための旅行である。これには多様な動機や形態がある。中世ヨーロッパの職人たちの優れた師匠を訪ねる徒弟修業のための旅行、コロンブスに始まる近代的な探検旅行、日本でも異なった習俗を求めて広く地方を歩きまわった菅江真澄、旅に人生の真実を求めた松尾芭蕉の旅行など、いずれも日常を離れた異郷に、探検や人格形成を求めた旅行であると一括できる。

そして第五は、保養や健康を求めての旅行である。高度経済成長期以前の日本の農民たちが農閑期を利用して試みた温泉湯治や〈骨休め〉の旅行、現代なら欧米で盛んになり、最近は日本人の間にも徐々に広がり始めたリゾートでの保養を求めての旅行、さらには中国医学やインドのアユルベーダ医学の治療を受けるためにわざわざ出かける旅行などがこれにあたる。

だが、いずれにしろ旅行には、日常生活のなかではけっして出会えない自然や風物、人びととの生活や文化などに出会いたいとする動機が隠されている。それがおそらく、旅行についてまわるトラブル（労苦や骨折り）を超えた魅力となって、多数の人びとを旅行という営みに駆り立てる要因になるのである。

（注）これまでは農業生産の成立が定着生活をもたらしたとされてきた。だが、たとえば日本の縄文時代などの場合、むしろ定着生活が先に成立し、その結果、植物栽培が開始されたと考えるほうが事実に近いらしい（西田正規『定住革命』新曜社、一九八六年）。そのため、ここではあえて「農業生産の成立の前後における定着生活の始まり」という曖昧な表現を用いた。

観光とパック旅行の成立

ところで一八世紀なかば、イギリスで近代化が始まると、イギリス貴族の御曹子たちが、一種の修学旅行としてフランスとイタリアを周遊する〈グランド・ツアー〉が普及し始める。その目的は「どこに出しても恥かしくない国際人の養成であった。なにしろイギリスは島国であるため、息子を国際的に通用するジェントルマンに仕立てあげるには、文化的先進国であるフランスやイタリアを若いうちに訪れさせることが必要不可欠だ（ったのである）」（本城靖久『グランド・ツアー——良き時代の良き旅』中央公論社、一九八三年）。

道路事情も悪く、陸上の輸送機関は馬車に限られた当時にあって、それは必ずしも快適な旅行とはいい難く、期間も通常で一、二年、長い場合には四、五年にも及んだ。だが、若者にとっては見たこともない世界に遊ぶ、刺激に満ちた体験として受け入れられたに違いない。

やがて一九世紀、産業革命が本格化すると、イギリスを中心に工業原料・製品輸送のための鉄道敷設が始まり、商人のための宿泊施設が姿を現し始める。そこで今度は、豊かになったブルジョワ階級の間に鉄道と宿泊施設を利用した、もっぱら楽しみのための周遊旅行が広がり始める。ツーリズムの誕生である。

ところが同じころ、労働者階級は苛酷な労働と貧困のただ中で、ひたすら飲酒と賭博に明け暮れていた。そんなとき、彼らに健全な娯楽を提供しようと考える人物が登場した。のちに世界に広く知られるクック旅行社を創立することになる、当時は牧師であったトーマス・クックである。

彼は一八四一年、鉄道や食事や宿泊施設はもとより、旅行中の娯楽まで、あらゆる準備をあらかじめ整えて、労働者が禁酒大会に参加するための団体旅行を募集して、圧倒的な人気を獲得することに成功する。そしてそれは、一八五一年のロンドン万国博に一六万人余を動員し、さらに一八五五年のパリ万国博に初めて〈海外むけパック旅行団〉を送る一大事業の成功を経て、すべての旅行手続きを一切含んだ新しい商品としての〈パック旅行＝パッケージ・ツアー〉の開発と普及、それに伴うツーリズムの大衆化につながっていくのである（荒井政治『レジャーの社会経済史』東洋経済新報社、一九八九年）。

だが、改めて考えてみると、これと類似の旅行形態はイギリスよりむしろ日本で、より早期に成立したと考えるべきなのかもしれない。トーマス・クックより一世紀以上も早く、伊勢神社にお参りする農民たちを〈伊勢講〉と称して組織し、食事や宿泊施設はもとより、神社における御祓いから土産物までをもパッケージにして提供する〈御師《おし》〉という名の旅行仲介業者が成立しているからである（神崎宣武『物見遊山と日本人』講談社、一九九一年）。

のみならず一七世紀なかば、伊勢参宮の農民、東海道を往来する旅人の数は、すでに一〇〇万前後に達していたという（石森秀三「旅から旅行へ」『日本人と遊び』現代日本文化における伝統と変容⑥、ドメス出版、一九八九年）。国土が藩に分割され、交通事情が今日と極端に異なり、しかも人口が一、五〇〇万人程度であった当時の状況を考えると、日本は大衆的ツーリズムの先進国であったといわざるをえないのである。

周遊と滞在——快楽と快適

このようにして日本では近世、ヨーロッパでは近代の始まりとともに周遊旅行、あるいはツーリズム（観光旅行）という名の習俗が発生し定着する。その背景には経済的余剰の成立、交通事情の好転など、いくつもの要因が想定できる。だが、なによりも大切なことは、近代的な社会意識におけるエキゾチシズム（異国情緒への憧れ）の成立という要因である。

それは、こういうことである。社会を近代化する最大の要因は工業生産の成立とその経済的比重の増大である。だが、工業生産を可能にする資本の原始的蓄積は、重商主義経済によって契機を与えられた。そして重商主義経済は、ある地域に存在しない商品を、その地域にもたらす商業を重要視する。とすれば、そこでは富が見知らぬ世界からのみもたらされるということになる。

それはいいかえれば、農業生産によって自足する経済社会においては、ある意味ではまったく不要な、「この世界の彼方に何があるのか」という好奇心と関心を喚起する。たとえばコロンブスが大西洋の西の果てに香料諸島の存在を夢想したのも、重商主義経済のもたらした想像力だったのではなかろうか。

ただし、いったん触発された好奇心は、1節の最後に述べた人間の際限のない想像力に作用して、「この世界の果ての、本来なら関係あらざるヒトやモノやコト」への関心を連鎖反応的に発生させる。それが人間を旅行に駆り立てる。

そして旅行に出た人間は、そこで美しい風景や未知の風俗などと出会うことによって喜びや楽しみ、珍しさや面白さを享受する。いささか図式的だが、それは、差異化された刺激が人間の心身にもたらす

〈快楽〉である。さまざまな地域を訪問することを本来の目的とする周遊旅行の多くは、主としてこうした動機に根ざしていると考えてよい。

だが他方、あまり多様な非日常的刺激に過剰にさらされると、人間の心身は快楽の果ての疲労に陥る。そんなとき、それを柔らかに包む環境や生活に浸る〈快適〉が求められる。豊かな自然、ゆっくり流れる時間、一切の刺激を遮断して心身を休めること——ここに周遊旅行とは異なる旅行の形式が浮上してくる。

かつて高度経済成長が本格化する以前の日本の農民の間では珍しくなかった、農閑期を利用しての湯治や骨休め、一九三〇年あたりをさかいに広く欧米人の間に定着し、現代の日本人の間にも徐々に普及し始めているリゾートでの滞在などは、こうした範疇に含まれる旅行の形態である。

むろん現実に実現される旅行は、これら二つの理念型の間を揺らぎながら、人びとに快楽と快適のいずれをも提供する。ただ、そこに差異化された刺激とその遮断という、いわば正反対の要素が混在している点を忘れてはなるまい。

3　現代社会と旅行

観光旅行の普及と発展

日本では近世に、ヨーロッパでは近代に、それぞれ観光旅行という習俗が成立すると、その普及を促進する多様な現象が、それに随伴して発生する。

たとえば日本では、旅行をするのに必要不可欠な道中絵図やガイドブックに相当する名所図絵などが、江戸時代中期あたりから大量に発行され、広く大衆に普及する。また一九世紀に入ると、十返舎一九の『東海道中膝栗毛』をはじめとする道中記や八隅盧庵の『旅行用心集』など、人びとを旅行に誘い、あるいは人びとにそのノウハウを伝える出版が盛んになってくる。

それだけではない。江戸・京・大坂の三都をはじめとする都市や旅行者が通行する街道の要所には、宿泊施設や飲食施設が整備され、彼らに旅の便宜を提供するようになる。あるいは、人びとを引きつける社寺の御開帳に代表される各種イベントの開催、温泉場や門前町など観光地の整備が進行していく。そして、こうした趨勢は明治から大正・昭和に受け継がれ、国土全体に国鉄（現在のJR線）網が、大都市周辺に私鉄網が、それぞれ整備されるとともに、いっそう顕著な流れとなる。ただし、近代以降に日本が体験した戦争、とくに第二次世界大戦の期間中には不要不急の旅行が戒められ、戦後も国民生活に経済的余裕のなかった時代には観光旅行が逼塞することになった。

という意味では、一九五五年あたりから本格化する高度経済成長の結果、国民の経済生活がより豊かになる過程で、楽しみを求めての旅行が大衆化することによって初めて、今日の「爆発するツーリズムの時代」が切り開かれたということになる。そしてそれは、鉄道や船舶といった従来の輸送手段が、自動車や航空機といった新しい輸送手段に転換する過程でもあった。

こうした時代の推移を、たとえば当時の新聞は〈レジャーブーム〉という新語を用いて、概略つぎのように伝えている。

今年の〈夏山〉シーズンには、しめて二二四万七〇〇〇人の登山客が運ばれた。日航国内線の年間乗客数も今年はじめて（一〇〇万の）大台を超え、去年より六割もふえ、〈空かけるレジャー〉時代の幕あけを思わせる。

（『朝日新聞』一九六一年一二月二三日）

いずれにしろ、こうして一九六〇年代に始まった観光旅行の大衆化は、その後も逼塞することなく、いよいよ盛んになるばかりである。そのことを物語る事象を、ここでは経年的にいくつか列挙して、読者の便に供することにする。

一九六四年……東海道新幹線開通。海外渡航の自由化。東京オリンピック開催（相前後してオークラ、ニューオータニなどのホテルが開業＝第一次ホテルブーム）。名神高速道路開通。

一九六五年……このころ人員輸送において自動車が鉄道を凌駕（モータリゼーションの本格化）。ジャルパックの募集開始。

一九七〇年……エキスポ’70開催（相前後して大阪プラザ、京王プラザなどのホテルが開業＝第二次ホテルブーム）。国鉄のディスカバージャパン・キャンペーン。

一九七五年……（七三年の石油ショックのあと）沖縄海洋博開催。

一九八〇年……「女の時代」の本格化で女性旅行客が増加。京都ブーム。

一九八三年……東京ディズニーランド開業（以後現在までに一億人近くが入場）。

一九八五年……「円高・ドル安」の開始と定着。以後、海外旅行者数が急増。

一九八七年……〈総合保養地域整備法＝リゾート法〉施行。

一九九〇年……海外渡航者数一、〇〇〇万人を突破。相前後して地方博覧会がブームに。『ガリバー』はじめ、旅行専門雑誌の新刊ラッシュ。

観光開発の両義性

旅行が大衆的に盛んになると、それは観光客となる人びとの生活や意識、彼らが訪れる地域をはじめ、社会全体にさまざまな影響を及ぼす。

たとえば、人間が旅行をすることは、人類学者のファン・ヘネップが述べた〈通過儀礼〉を体験することに似ている。周知のように通過儀礼は「分離・移行・再統合」の過程を推移するとされるが、旅行という行為にかかわる「出発・道中・帰宅」は、これと同型のインパクトを旅行者に刻印する可能性がある。

また、見知らぬ土地を訪れる旅行者（ゲスト）とそれを受容する土地の人びと（ホスト）との間には、財の交換のほか、さまざまな関係が成立する。それはしばしば、観光客を受容する地域に少なからざるインパクトをもたらす。

まず、観光客が訪れる地域には、宿泊施設の建設をはじめとする観光開発がさまざまな形で試みられる。そのさい、しばしば多額の資本投下が伴うため、社会資本が整備され、雇用が促進されるなどの結果、地域経済が発展することが期待される。だが、こうした利点と同時に、資本を投下した大企業への地域経済の依存度が増大するのみならず、当初に期待されたほどの経済的利益が生じないばかりか、損失のほうが遙かに大きいといった場合も起こりうる。

経済だけではない。政治的なインパクトとして、観光開発が地域の誇りを高め、地域のリーダーシップを創出し、国家の中枢との政治的連係を深めるといった利点をもたらす場合もある。だが同時に、それは該当する地域の国家中枢、国家経済への従属といったマイナス面を顕在化させる要因ともなる。

類似のことは、社会的・文化的・生態的などの局面にもあてはまる。

たとえば社会的には、観光客の行動やふるまいの影響を受けることで、地域の人びとの生活が近代化するといった利点がもたらされる。だが他方、犯罪の増加や物欲指向の増大、伝統的宗教の軽視や社会規範の変質、さらには貧富の差の増大に伴う社会的軋轢の発生などのマイナス面が顕在化したりする。

また文化的には、観光客の到来によって、近代化過程で軽視され消滅しつつあった工芸や芸能などの伝統的文化が復活し、さらに観光芸術など、新たな文化の創出が刺激されるといった利点が期待される。だが他方、コカコライゼーション（Coca-colaization）やディズニフィケーション（Disneyfication）などの形で文化の画一化が進み、観光客むけの享楽主義が広がる危険性もある。

そして生態的には、観光客が捨てるゴミの増加、植物相や動物相の破壊、自動車の乗り入れに伴う大気汚染、農林業や漁業の変化、観光客がもたらす新たな病気の蔓延などのマイナス面が予想される。ただし、これもまた観光客が豊かな自然に出会い、そこで自然についての知識を身につけることで環境保全にプラスのインパクトをもたらす可能性をはらんでもいる。

このように観光旅行の普及、観光開発の進行と観光産業の隆盛は、観光地域とそこに住む人びとに対して、両義性を帯びた「諸刃の剣」として作用する。ここに旅行や観光を、社会文化現象として研究する立場の立脚点の一つがある。

ネオ・トラベリズム

一方、観光旅行の大衆化は、観光旅行そのもののあり方を多様化させ、変質させる。これまで観光旅行の普及と発展を支えてきたのは、旅行にかかわる一切のサービスをパッケージにした、いわゆる〈パックツアー〉の開発であった。だが今日、海外体験を重ねた年輩者や並みのパックツアーに飽き足りない若者を中心に、たとえば〈秘境への旅〉が人気を集めるようになった。

そうしたパックツアーを主催している旅行社のパンフレットの一事例を紹介すると、「より遠く、より高く、より深く」といった呼びかけとともに、つぎのような旅行企画が掲載されている。「パキスタンから標高五〇〇〇メートルのクンジェラブ峠を越えてタクラマカン沙漠へ抜ける二四日間の旅」「アルジェリアのサハラ沙漠を五日間、自炊しながらテントに泊ってひたすら歩く旅」「ワニのいるニューギニア、ジャングルの川を現地人のガイドを頼りに小さなボートでさかのぼる旅」——そして傍らには「高山病の危険があるので健康不安の人はお断り」「宿泊はテントか露天」「ホテルで水や湯が出ないことがあります」などという注記が添えてある。

そこには、豊かで便利になった現代の日本社会ではけっして出会うことのできない危険（の感覚）やそこで出会う面倒や困難、つまりはさまざまなトラブル、そんな条件下に生きる秘境の民族との出会いを、ただ単に〈見る〉だけでなく、五感をもって〈体験〉してみたいという人びとの欲求の発露が見え隠れする。

それは近代という時代が発明した、すべての手筈を手軽に便利に運ぶことをめざすツーリズムの大衆的普及の果てに、新たに登場しつつある、かりにネオ・トラベリズムとでも呼べそうな旅行の形態を示唆しているのかもしれない。

4　旅行の周辺とその将来

非日常性、自然、文化、人

3節の最後に、これから将来にかけて人びとの関心を引くことになるかもしれない新しい旅行の形態を展望したが、では今日、いったい彼らは旅行に何を期待しているのか。それを示したのが、次頁の表

表1　宿泊観光レクリエーションの旅行先での行動の意向

事　項　＼　区　分	88年調査時における意向	86年調査時における意向
	%	%
温泉に入る	52.3	③42.6
美しい自然景観を見る	50.4	①52.0
のんびりとくつろぐ	45.8	②48.2
珍しい料理を食べたり，ショッピングをする	44.9	④40.1
史跡・文化財（博物館，美術館など）などを鑑賞する	32.0	⑤27.4
家族と一緒に遊ぶ	27.2	⑥26.7
大勢でにぎやかに過ごす	17.2	⑦17.5
スポーツ，レクリエーション活動をする	13.6	⑧15.7
旅行先の土地の郷土色豊かな行動（工芸品造りなど）に参加する	10.3	⑨ 8.1
旅行先での見知らぬ人との出会いや交流	9.0	⑩ 6.6
祭りなどの催しを見る	8.2	⑪ 6.5
その他・わからない	0.7	1.2

（注）1　総理府広報室「余暇と旅行に関する世論調査」（88年11月）による。
2　複数回答である。
3　○内は順位を示す。

1である。この調査は、日本国内での宿泊観光レクリエーションを想定しているようであるが、それでも人びとが旅行に期待しているものを感知することができないわけではあるまい。

そこにはまず「非日常性への期待」が読み取れる。「温泉に入る」「のんびりとくつろぐ」ことは、ストレスに満ちた多忙な都市の日常生活の陰画そのものである。「家族と一緒に遊ぶ」「大勢でにぎやかに過ごす」こともまた現代日本の都市生活では非日常的な色彩を濃厚に帯びている。

そして、こうした非日常性に彩りを添えるのは、これまた現代日本の都市からは失われた〈豊かな自然〉であり、ふだんは出会うことのない〈文化〉である。「美しい自然景観を見る」「史跡・文化財（博物館、美術館など）などを鑑賞する」などといった選択肢が、そのことを示している。

もちろん、それは必ずしもモノやコトとは限らない。もし可能なら彼らは、そこで土地の人びとと触れあい、交流することを願ってもいるらしい。必ずしも比率は大きくないが、「旅行先の土地の郷土色豊かな行動（工芸品造りなど）に参加する」「旅行先での見知らぬ人との出会いや交流」「祭りなどの催しを見る」などの選択肢が、このことを暗示している。

そして、忘れてはならないのが〈食〉と〈買物〉と〈スポーツ・レクリエーション〉――こうして見ると観光旅行とは、旅行のあらゆる要素を内に含んだ〈総合旅行〉だとみてよいのではないか。本章の2節で、近代以前に人びとを旅行に駆り立てた要素を、①戦争、②商業、③宗教、④探求、⑤保養の五項目に整理したが、観光旅行はこれらのうち〈戦争〉を除くすべての要素を、何がしかの形ではらんでいるからである。

同時に、ここで〈戦争〉という要素が排除されていることは、ある意味できわめて重要である。なぜなら、観光旅行が広く普及し発展するためには、世界の〈平和〉が前提条件として実現されなければならないからである。

このことは、一九九〇年の天安門事件のために中国への訪問者が激減し、一九九一年の湾岸戦争のために多数の航空便が欠航したことなどによって、陰画的に、だが雄弁に物語られる。その限りにおいて、観光産業はまた平和産業でもあったということになる。

情報産業社会と観光

その観光産業が今日、急速に発展し、大幅に市場規模を拡大しつつある。たとえば、ＷＴＯ（World Tourism Organization：世界観光機関＝ツーリズムの振興、研究・調査などの活動を行っている政府間機関、本部はマドリッド）の集計によると、一九九〇年における世界中の観光産業の市場規模は約二兆ドル――これは世界中の軍事費の二倍以上に及んでいる。

その結果、かつてＩＬＯ（国際労働機関）が、一九八七年の年次報告で述べたように「二一世紀の人類の基幹産業は、広い意味での観光産業になるであろう」という予測が、いよいよ現実的になりつつある。そこには航空産業をはじめとする各種輸送業、旅行を斡旋するサービス業、ホテルやリゾートを経営する多数の宿泊業や飲食業、土産物となるファッション製品や食品などにかかわる製造業や流通業、各種のコンベンションやイベント事業など、その広がりはほとんどあらゆる産業分野に及ぶと考えられる。

では今日、なにゆえこうも観光関連産業が急速かつ巨大に成長するのか。その背景には、欧米と日本の先進国を中心に、地球上の相当数の人口が、生存に必要な物質エネルギー的条件を充足することによって、本章の冒頭ちかくで述べたとおり、みずからの豊かすぎる想像力を露出し始めた結果である。

そのさい、さきには「豊かすぎる想像力が〈現在のこの場所以外〉への関心を呼び起こす」と述べた。それが人を旅行に駆り立てる。このことに間違いはない。だが、人間は旅行以外にも〈豊かすぎる想像力〉を充足する芸術・芸能・デザイン、学術・技術、スポーツなど、多様な文化をその受け皿として開発してきた。そしてそれらは広い意味での〈情報〉として人間に遊ばれる。

ただし、かつて衣食住をはじめ、生存を支える物質エネルギー的条件が必ずしも十分でなかった時代には、その確保のための活動が人間の営みの大部分を占めた。そこでは情報もまた産業社会を支える装置と制度に作用して、その効率を高める機能を発揮することを期待された。

それが近代化、とくに日本の場合には一九五五年以降に進行した高度経済成長によって、生存のための物質エネルギー的条件が充足され、未曾有の〈あり余る豊かな社会〉を現実化した。その結果、多様な情報は、単に産業社会の制度と装置に作用してその効率を高めるだけでなく、直接に人間の感覚器官に作用して、その心身を快楽や快適に導くことを期待されるようになった。

目や耳や鼻や舌や肌に作用して、人間の心身を喜ばせ楽しませ珍しがらせ面白がらせる言葉やイメージ、色や形、音や映像、味や香りや肌触り――これらを一括して〈情報〉という概念でとらえ直してみると、そのことが明らかになる。

そこでは食はカロリーとしてではなく、見て美しい、食べて美味な情報の媒体として消費され、衣服は物理的刺激から心身を保護する物質としてではなく、その表層に付加されたファッション情報の媒体として購入される。むろん、あまたある言葉や図柄や映像や音響の媒体、つまりは書籍や絵画やビデオやCDもまた、それらがもたらす心身の充足ゆえに人びとに受容されている。

このように、広い意味での情報だけが巨大な市場性をもちうる社会は〈情報産業社会〉と呼ばれるにふさわしい。そこではつねに新しい情報の発見と創造が政治的・社会的・経済的・文化的にきわめて重要な意味を帯びる。そして、それを実現するうえで観光旅行が大きな役割を果たす。

なぜなら芸術・芸能・デザイン、学術・技術、スポーツなど、新しい文化、いいかえれば新しい情報の創出には、創造主体の独創性もさることながら、その固定観念を揺さぶる異界からの刺激が必要不可欠だからである。だからこそファッション・デザイナーは秘境の民族を訪れ、彼らのコスチュームのデザインに挑発されながら、新しいデザインの創出に向かうのである。

同様のことは、民族芸術から刺激を受け続ける現代芸術、先端的な科学・技術者の相互刺激のなかから新しい知恵とアイデアを紡ぎ出し続ける現代の学術や技術にもそのままあてはまる。しかも今日それは、かつてのようにごく一部のエリートによってではなく、圧倒的多数の大衆によって担われている。ここに広い意味での観光旅行が普及し、ツーリズムが爆発する理由の一端がある。

ここにきて改めて〈観光〉旅行それ自体の意味が問い返される。中国の古典『易経』によると、観光とは「国の光を見ること」を意味し、「国の光を見るは王に賓たるによろし」――「王たる者は他国の輝かしい文物を視察してまわるべし」というのである。しかも中国語の〈観〉には〈見る〉と同時に〈示す〉という意味が含まれている。つまり観光とは「王たる者が自国の威光を発揚し顕示する行為」でもあったということになる。

それが今日では王だけでなく、多数の大衆の営みになり始めた。つまり現代という時代は、定着生活を余儀なくされた農業と工業の果てに、観光ないしは旅行に伴う創造的な情報生産が広範かつ重要な意味をもつ時代なのである。

それは農業革命以前の、遊動が日常であった人類の生活の記憶とそれへの憧憬の表現であるような気がしないでもない。ただし、かつてのそれは食糧をはじめ、物質とエネルギーを求めての遊動であった。それに対して現代人の遊動は情報を求めての遊動である。そういう意味で現代は、インテリジェント・ノマッド、知恵とアイデアを求める新しい遊動民の時代としてとらえることも可能になる。

適切なるツーリズム

こうして、情報生産の重要な装置として浮上する多様な電子機器と電子テクノロジー、二一世紀の地球社会の命運を左右する「居直りを始めた」世界の民族文化、そして人類文明の将来にとって最大の課題の一つになりつつある地球環境問題を統合的にとらえる契機が、旅行ないしは観光という、従来は周縁的と考えられがちであった人間行動、あるいは現象によって提供される。

ところが、現実に世界規模で爆発するツーリズム、旅行や観光の隆盛は、いよいよその規模を巨大化させながら、他方では経済的・政治的・社会的・文化的・生態的など、さまざまな局面で弊害をもたらしもし始めている。そこでは急速に、ともすれば資源浪費的で、〈南〉の諸国に対して収奪的で、享楽主義的で、伝統文化や自然生態系に対して破壊的なマスツーリズム（大規模観光）の現状を見直し、より望ましい旅行や観光、いわば「適切なるツーリズム」のあり方を模索する必要が高まりつつある。

こうした要請に応えるには、学問的な立場を堅持したツーリズム研究が必要不可欠である。そしてその歩みは *Journal of Travel Research*（コロラド大学、一九七二年創刊）や *Annals of Tourism Research*（パーガモン・プレス、一九七四年創刊）などの雑誌の創刊によって着実に前進しつつある。さらに一九八八年には、観光研究の国際的発展と振興をめざす国際観光学アカデミー（IAST : International Academy for the Study of Tourism）が創設され、翌年にはその第一回総会がポーランドのワルシャワで開催されている。

いまや旅行や観光は、現代文化を学ぶ人びとの前に、もっとも先端的で肥沃な研究分野の一つを提供しつつあるといえるのである。


（付記）本章のもととなる文章は、「ネオ・ノマド（遊動民）の時代」という標題で『中央公論』一九九二年七月号に掲載された。

参考文献

荒井政治『レジャーの社会経済史』東洋経済新報社、一九八九年
N. Graburn, *Ethnic and Tourist Arts: Cultural Expressions from the Fourth World*, University of California Press, 1976
本城靖久『グランド・ツアー——良き時代の良き旅』中央公論社、一九八三年
石森秀三「旅から旅行へ」『日本人と遊び』現代日本文化における伝統と変容⑥、ドメス出版、一九八九年
神崎宣武『物見遊山と日本人』講談社、一九九一年
加藤秀俊『新・旅行用心集』中央公論社、一九八二年
小池洋一・足羽洋保編『観光学概論』ミネルヴァ書房、一九八八年
D. MacCannell, *The Tourist: A New Theory of Leisure Class*, Schocken Books, 1976
能登路雅子『ディズニーランドという聖地』岩波書店、一九九〇年
V. Smith, *Hosts and Guests: The Anthropology of Tourism*, University of Pennsylvania Press, 1977
高田公理『情報快楽都市——街を生かす生活美学』学芸出版社、一九九一年

「勉強」の系譜

竹内　洋

「ジュク」（塾）や「ローニン」（浪人）はいまや海外にも有名であるが、日本の教育を考えるうえで「ベンキョウ」（勉強）も忘れてはならないキー・ワードである。

勉強の原義は「無理をする」「骨折って励むこと」である。知識の習得や学習の意味はなかった。『西国立志編』においては「勉強」は spirit of industry（勤勉）の訳語としてでてくるだけである。だから明治十年ごろまでは「学ぶ」や「学問」は使われていても学習の意味での「勉強」はまだ使われてはいなかった。ところが明治十年代になると今日の勉強の用法が頻出するようになる。「学ぶ」や「学問」にかわって「勉強」がファッショナブルな言葉になった。なぜだろうか。

知識の習得を通じ立身出世するというアンビシャスな知識青年たちにとって「勉強」は格好な言葉だったからである。それまでの「学ぶ」や「学問」には聖人への道という道徳的修養の残響があるのに対し、新しい用語「勉強」はそうした残響を消去し、身分家柄にかかわらず、また才能によらず、ひたすら「努力して」学問した者が富貴になるという現世的な物語を込めることができたからである。

そのことは明治十年代の青少年の投稿雑誌である『頴才新誌』の作文にみることができる。そこには、勉強は富貴のための資本であるとか、勉強は立身の基礎である、勉強は幸福を生む母であるというような勉強立身言説が洪水のように登場している。しかしこれらの作文には勉強しないとどんな富貴の家に生まれても朝夕の煙が立たない、没落し、貧窮・卑賤・愚人になると激越なことも書かれてある。勉強立身の背後に社会ダーウィニズム的世界観が張り付いていたことも注意されるべきだろう。

　ともあれ、明治初期のように、勉強の結果大臣や参議のような大きな社会移動をしていく時代にあっては、勉強立身のイメージは明るく雄大なものでありえた。短期間に政策決定の重要な地位についたから、かれらの勉強立身は私的な功利主義をこえたものとして了解されえた。しかししだいに「人材過多」や「教育過度」の時代になり上昇移動市場が逼迫したときに、勉強は零和ゲーム競争である受験勉強になる。上昇移動もささやかな月給取りの位置を争う小さな移動になる。勉強立身に公的意味を読み取ることが困難な時代になる。勉強立身は我利我利私欲主義にしかみられなくなる。こうして勉強に対するマイナスイメージをあらわす「ガリ（我利）勉」という言葉が誕生してくる。

　しかし、近代日本社会にあっては勤勉や努力はそれ自体として価値だったから、勉強の「努力」の側面が、「立身出世」のマイナスイメージを中和することもできた。「勉強家」という言葉がときとして皮肉の意味で使われたとしても、なお努力と勤勉を生きる道徳的に立派な人という判断も持続しえた。

　勉強をめぐる意味の世界が大きく転換するのは戦後の高度成長以後の社会においてである。努力や勤勉がそれ自体としての価値をもたなくなりはじめた。いまや努力主義にも功利主義の匂いがかがれるだけでなく、努力や勤勉は才能のなさや余裕のなさに読まれてしまう。このとき勉強のマイナスイメージを消去する中和装置がなくなってしまう。

　いまの子供が勉強しなさいといわれても素直になれない背景には単に学習を嫌がる怠け心だけではない。勉強という言葉が含意する努力主義や功利主義的な学問観に道徳性や実用性ではなく「野暮なダサさ」を、その背後にある社会ダーウィニズム的世界観に達成への動機づけではなく「時代錯誤」を、上昇移動志向に希望ではなく「いじましさ」を感じとってしまうからではなかろうか。

第12章 「私らしさ」の神話
——ファッションという制度——

河原和枝

1 ファッション革命

先日、ついにミニ・スカートを買ってしまった。美しいダブルの紺色のジャケットを見つけとても気にいったのだが、それはスーツになっていて、膝上数センチのミニ・スカートがついていたのだ。ジャケットは単品でも買えるが、ジャケットの長めのシルエットはミニ・スカートとの微妙なバランスに基づいてデザインされている。閉店間際の百貨店で悩みに悩んだ末、ようやく買う決心をした。まさか今ごろ、ミニ・スカートをはくことになろうとは……。ミニ・スカートが再来して以来、自分には似合わないと頑なに拒んできたが、ついに負けてしまった。「ファッション」から逃れるのは、容易なことではない。

とはいえ、同じミニ・スカートでも、最近のものと、一九六〇年代後半にジーンズとともに大流行したものとでは趣がまるで違っている。新しいミニ・スカートはウェストをマークし、フェミニン、コンサヴァティヴなスタイルだが、かつてのはヒップボーンでスポーティヴ、そして何よりもほぼ同じころに大流行したジーンズとともに、ラディカルなイメージと結びついていた。ミニ・スカートとジーンズは、わが国を含め、欧米の多くの国々のそれまでのファッションの流れを一変させた「ファッション革命」であった。そしてこの「革命」を機に、現代のわれわれがもつファッション観が誕生したともいえる。本章ではまず一九六〇年代に起こったファッションの「革命」とそれ以後の変化をたどり、その後で現代のファッションにまつわる神話について考察してみたい。

「上から下へ」

一九五〇年代まで、欧米諸国のファッションは、パリのオートクチュールから発信される流行情報に従ってさまざまに変化してきた。日本でも戦後、クリスチャン・ディオールが発表したチューリップライン、Hライン、Yラインなどのシルエットをまねた洋服が次々に流行した。それらは本物とは似ても似つかぬものであったが、本場パリから来たファッションとして権威づけられ、戦前に高級呉服を扱っていた百貨店は、プレスティジ・ストアとしてのイメージを保つため、パリのオートクチュールと提携契約をした。このころまでの流行は、池井望の述べているように、いわば「上から下へ」と広がっていくものであった（「流行研究の方法」『現代風俗'78』現代風俗研究会、一九七八年）。

流行は気まぐれであるが、その伝わり方はつねに「上から下へ」と一定している。二〇世紀初頭にジンメルは流行の図式をそのようにとらえ、それはのちに「トリクルダウン（滴り落ち）」理論と呼ばれるようになった。ジンメルによれば、流行も「生の形式」のひとつであり、人間は本質的に運動とともに休息を、生産力とともに感受性を必要とする。それゆえわれわれの生活は、精神に休息を与える普遍化への努力と、精神を活動させる個別化・特殊化への努力に導かれているが、流行は、この二つの傾向を、ひとつの行為のなかで合流させるものである。つまり流行は、与えられた範例を模倣することによって普遍化への欲求を満足させ、流行を追うことで他者から差異化したい欲求をも満足させるというのである。そして、ジンメルが観察した当時のドイツ社会においては、流行はつねに階級と結びついていた。流行は階級によってまったく異なっており、下層階級は上流階級の流行を模倣し、それを吸収しようと努めた。上流階級はこれに対して、自らを差異化するため、絶えず新しい流行へと向かった。流行はそのようなプロセスを伴う階級構造の所産とみられ、また、それは社会的な欲求であり、流行するものの内容には目的性がないため、その文化圏の外部から輸入されるもののほうがより高い価値をもつとされた。ジンメルがその例として挙げたのが「パリの流行」であった（『ジンメル著作集7　文化の哲学』円子修平訳、白水社、一九七六年）。

この「上から下へ」のダイナミズムが、西洋近代のファッションの歴史を動かしてきた。「パリの流行」は、一七世紀、ルイ一四世の宰相コルベールがモードを産業化したことに始まり、華麗な宮廷ファッションが各国に輸出され、貴族階級から豊かな市民層にまで広がっていった。そして一九世紀に入り機械生産が可能になると、上流階級のファッションを表層的に模倣した大衆的なファッションが誕生した。マス・ファッションが上流階級の模倣から離れるようになったのは二〇世紀に入り、第一次世界大戦を契機に機能主義的な美学が既製服に取り入れられるようになってからのことである。

一九六〇年代に起こったこと

ミニ・スカートとジーンズに代表される「ファッション革命」は、二つの意味において「革命的」であった。ひとつは、従来の「上から下へ」という西洋近代ファッションの流れと無関係に下から流行が生まれ、それがファッドではなくファッションとして世界中に広まったこと。もうひとつは、ファッションがカウンター・カルチャーと結びつき、広く一般の人びとが衣服を積極的な自己主張の手段としてとらえるようになったことである。ミニ・スカートはもともと、ロンドンのカーナビー・ストリートやキングス・ロードから生まれたストリート・ファッションであった。一九六〇年、ビートニクスのファッションをマリー・クワントが採り上げて売り出して以来、ミニ・スカートは若者たちのあいだで爆発的に流行し、ミニ・スカート旋風はイギリスだけでなく欧米諸国を席巻した。マリー・クワントは一九六五年、ビートルズとともに多大の外貨を獲得した功により第四等英国勲章を受けている。パリのオートクチュールは一九六五年に流行を後追いするかたちでミニ・スカートを採用した。わが国にミニ・スカートが上陸したのも一九六五年で、大人の顰蹙をかいながらも若者たちのあいだに広まり、六八年頃には若い女性の誰もがミニ・スカートをはいた。若者ばかりか、かなり年配の女性にまでミニ・スカート姿が見られた。子ども服のように短いミニ・スカートは、従来の大人の女性の洋服が強調してきた道徳と誘惑の二面性を示す「女らしさ」を欠くものであり、純粋に「性」を表すとともに、大人になることに対する拒絶の表現でもあった。ミニ・スカートによってファッション産業は若者たちの心をとらえ、ファッション市場をさらに広げることになった。

しかし、「ファッション革命」は、単に流行の発信源や伝わり方の変化をもたらしただけでなく、一九六〇年代にアメリカを中心として起こった文化革命の一翼を担うものでもあった。アメリカの若者たちが採用したアンチ・ファッションは、彼らが生み出したカウンター・カルチャーの象徴であった。衣服は歴史が始まって以来つねに何らかのかたちでステイタスを表すものであったが、彼らはそれを平等化し、男女の別さえなくそうとした。下層階級の労働着であったジーンズをはき、下着であったTシャツを着、移民たちがアメリカニゼーションのプロセスのなかで捨ててきた民族衣装を身につけて、五〇年代の規格化された消費社会に異議を申し立てた。アメリカのファッション史を通して現代社会の消費主義を描いたスチュアート・ユーエンとエリザベス・ユーエンは、衣服にさまざまな意味が込められ、あらゆるファッションが自己主張の場となっていった当時の様子を、つぎのように述べている（『欲望と消費――トレンドはいかに形づくられるか』小沢瑞穂訳、晶文社、一九八八年）。

六〇年代の急進的な衣服表現は、郊外主義からの隔絶をはっきり主張し、新しい衣服の慣用句を確立させた。ブルー・ジーンズは、模倣の象徴的贅沢さに対する人類平等主義の現れとなり、ダシキを着ることは、ファッションと市場を支配する西欧の美意識に背を向ける姿勢だった。ペザント・ブラウスは、近代的な技術よりも田舎の生活を上とみなす意識の表現だ。……衣服革命は、社会的要求や大衆の表現の鮮やかなイメージ絵図を繰り広げた。

「ほとんど一夜にして、マス・ファッションの消費産業は時流から外れ、〝流行遅れ〟とな」り、衣服は、人びとが自己を表現し、主張する創造的な場となったのである。だがアンチ・ファッションもやはり一種の流行であり、ジンメルの流行論は（むろん階級的な「上から下へ」ではないが）ある意味でここにおいても有効であった。彼の指摘したファッションの分節機能、つまり、ある人びとを結合させるとともに他の人びとから隔離するという働きは、マス・ファッションから離れて自分たち自身の衣服をつくろうとしたアンチ・ファッションのなかにも鮮やかに見てとることができるからである。

マス・ファッションが得たもの

アメリカにおいて六〇年代は「マス・ファッションの機構が限界まで試され、調整を余儀なくされた時期」であった。七〇年以後、ファッション産業は、この運動が残した教訓をすべて貪欲に呑み込んで市場に反映させていった。つまり、市場は以後、画一性を拒否し、自己を主張したいという人びとの欲求を、多様化された衣服の消費へと水路づけることに成功したのである。同一化と差異化という流行の原理に従い、マス・ファッションは多様になり、以前にもましてさまざまな意味が付されるようになって、「既製服の形で抵抗と追従の武器」が提供されることになった。

アメリカのファッション革命は日本にももたらされ、千村典生によれば、一九六五年から六九年までの五年間がわが国における「ファッション革命期」であった（『戦後ファッションストーリー』平凡社、一九八九年）。そして七〇年代になるとアメリカと同様にファッションは多様化し、わが国も本格的なマス・ファッション時代に入る。現在、われわれは、さまざまなマス・ファッションのなかから、自分の趣味によって、自分のイメージ、ライフスタイルにふさわしい衣服を選んで身につけている。しかし、はたしてそれは本当に自分にふさわしいのだろうか。ふさわしいとしたら、われわれはそれをどこで学んだのだろうか。次節では、マス・ファッションが「私らしさ」の神話を生み出していく様相を、わが国のファッション史のなかに見ていくことにしよう。

2 ファッショナブル・ライフ

ライフスタイルの提案

ファッションに関する雑誌や本の頁を繰っていると、しばしば「おしゃれって、わたしを表現すること」「ファッションって、まるごと生きかたなんだ」（ファッション探偵団編『〈少女玉手箱〉おしゃれ、したい』晶文社、一九八八年）とか、「基本の一着を持つこと、すなわち自分自身の基本を持つこと」「バランスのよいおしゃれができている人は、ライフスタイルもバランスがよいということ」（渡辺雪三郎『気品ある女性のおしゃれ学』講談社、一九九一年）とか、「シンプルな組み合わせの中に、自分らしさをプラスしたおしゃれ」（『アンアン』八二九号、マガジンハウス、一九九二年）といった言葉に出会う。タレントや女優の人気投票でも、ファッショナブルであること、自分らしいおしゃれが上手といった理由で、小泉今日子や浅野ゆう子、今井美樹らが上位に顔を出す。つまり昨今では、おしゃれとは個々の既製のアイテムを上手に組み合わせることであり、その結果生まれるトータルなファッションは、単なる外見ではなく「私らしさ」を、つまり私の考え方やライフスタイルまでをも表現する重要な要素である、と認識されているのである。これは現在ではごく当たり前のことだが、しかし、こうした考え方が広く一般化したのは、一九六〇年代後半にファッション革命が日本にも輸入され、多様なファッション販売が展開されて以後のことである。

日本女性のほとんどが洋服を着るようになったのは戦後のことで、初めはアメリカン・スタイルが流行したが、その後ファッションの関心はパリ・モードに移った。しかし、千村典生によれば、一九六五年には婦人服五品目（コート、スーツ、ワンピース、スカート、スラックス）の消費額からみた既製服化率はまだ三五パーセントにすぎず、七〇年になってようやく四五パーセントに達した。そしてこのころから、わが国でもファッション・ビジネスとかファッション産業といった言葉が盛んに用いられるようになった。千村は七〇年に流行した絞り染めのシャツが、製造原価五百円程度のものが流行商品として五千円から一万円で売れたことを例に挙げ、このころから「ファッション（流行）商品であれば、それはファッションの名においてプライスレスとなり、ファッションを作り、ファッションを売るものに高付加価値（粗利益）をもたらす。こういったファッション信仰、ファッション神話のようなものが一人歩きをはじめていた」という。

衣服の付加価値を強調するためには、これまで繊維産業が行ってきた流行色やルックなどを宣伝するキャンペーンよりも、衣服にまつわるイメージを販売戦略に利用するほうがより有効であろう。ファッション業界は、高度経済成長で余裕をもつようになった消費者に向かってライフスタイル・マーケティングの戦略をとり、スタイルを提案するようになった。そしてその基礎には、当時若者の心をとらえていたカウンター・カルチャーの価値観があった。つまりわが国では、大衆消費社会の成立と、「ファッション革命」の結果生まれた、アンチ・ファッションまでも商品としてしまうしたたかなファッション戦略の流入とが、ほぼ同時期に見られることになったのである。

スタイルの夢

まず一九六九年、ヤングカジュアルファッションの専門店として急成長してきた鈴屋が、「フィーリングの発見〈かっこよさの革命〉」キャンペーンを行った。「今まで女性をしばっていたルールや古い常識から解放された自由なフィーリング……オシャレに権威などありません　若い女性の一人一人が創り出すフィーリング」と、自分のフィーリングにあったオシャレこそかっこいいのだと主張した。翌七〇年もやはりフィーリング感覚で、「さわるショッピング」（丸井）、「感じるブティック」（松屋）といったCMが見られ、個人の感覚が強調された。さらに丸井は七二年には「愛情はつらつ」のテレビCMでお腹の大きな若い奥さんと夫を登場させ、屈託のないニューファミリーのイメージを描いてみせた。伊勢丹は「なぜ年齢をきくの」（七五年）「甘えずに生きていきたい」（七七年）と自立する女のイメージを、パルコは「女たちよ大志を抱け」「モデルだって顔だけじゃダメなんだ」「ファッションだって真似だけじゃダメなんだ」（七五年）と強くセクシーな女のイメージを打ち出し、西武は「人間の街」「女の時代」（七九年）「じぶん、新発見」（八〇年）と、日常生活のなかで人間らしく、自分らしく生きることを提案した。これらのCMはどれも、ファッションを扱う専門店や百貨店が、衣服ではなくスタイルを提案することによって、人びとに、ファッショナブルなライフスタイルの夢と、ファッションがライフスタイルを象徴することを強く訴えていた。

スタイルと消費の問題を論じた『浪費の政治学』（平野秀秋・中江桂子訳、晶文社、一九九〇年）のなかで、S・ユーエンはこういっている。「ライフスタイルというスタイルは、たとえ生活のなかで実現できなくても、それはひとびとに生活の視覚的文法をおしえる一番手近で役に立つ字引きとなる」。スタイルは抽象的なイメージであるが、マス・メディアは、市場の要請に応え、それが要求する美の枠組をひとつひとつ具体的なものにあてはめていく。

マス・メディアが提示するスタイルには、人を呪縛する力が二つある。ひとつは、スタイルは自己表現であるという幻想である。われわれは、マス・メディアが描いてみせるさまざまな理想のイメージを選んでは、教えられた文法に従ってものを集め、ファッションを身にまとう。イメージの異なるミス・マッチなものを上手に組み合わせるのもセンスの見せどころだが、その場合でも組み合わせの文法自体はスタイルのなかにある。しかし、ライフスタイルを選び、日常的にそれを具現する商品を集めていくというプロセスからくる強い能動性の感覚は、われわれに、文法に従っているという最初の受動性を越えるものであるかのように思わせてしまう。それゆえ、あるスタイルに積極的に従えば従うほど、「私らしい」というパラドクスが生じることになる。

第二は、ユーエンもいうように、デモクラシーの魔力である。現実には階級や富や権力などに限りなく不公平があるとしても、スタイルは市場で売られ、高度大衆消費社会では誰もが「好みのままにだれかになる象徴能力」を購入することができる。つまりスタイルは「本質において見かけとごまかしの問題であるにせよ、デモクラシーの魔力を提供」するものであり、そうであるかぎり、われわれはスタイルのからくりから逃れることはできない。ファッションが多様化し、ファッション産業がスタイル消費を声高に呼びかけて以来、イメージの魔法はわれわれを魅了し続けている。

「個性」を着る

一九七〇年にはまた、マス・メディアにもうひとつ大きな出来事が起こった。まったく新しい型のファッション雑誌が誕生したのである。一九七〇年に『アンアン』（平凡出版）が、翌七一年には『ノンノ』（集英社）が創刊された。両者は傾向を異にするが、いずれも従来の洋裁をする人のためのファッション専門誌ではなく、きれいなヴィジュアル誌で、既製服をどう着るかを提案し、その洋服のブランド、定価も掲載した。そこに登場した秋川リサや立川ユリらそれまでにないタイプの個性的なモデルは、読者に親近感を与え、手軽に買える衣服で誰もが自分のファッションの主役になれることを感じさせた。二誌は多くの面で今日までのファッション雑誌の方向を決定づけた。以後、さまざまなテイストをもった雑誌が次々と現れ、メーカーや小売店と提携し、広告やパブリシティを載せ、スタイル消費を支えるメディア・パノラマはさらに広がっていった。

若者たちにスタイル消費が浸透していったことは、八〇年代前半のDCブランドの大流行からも見てとることができる。DCとはデザイナーズ&キャラクターの略で、個性的なデザイナーの創作態度を強く出して特徴づけた服や、メーカーの一部門であっても対象を絞って性格をはっきり打ち出した服をいう。当初はファッション業界の周辺で好んで着られていたにすぎなかったが、既存の既製服にあきたらなくなった人びとに注目されるようになり、一般に広がった。コム・デ・ギャルソン風の黒ずくめの服を着た「カラス族」が話題を集めたり、バーゲンの季節にファッション・ビルの前にできる長蛇の列が年中行事化したりもした。DCブランドが人気を呼んだのは、兵頭正英「DCブランド・その神話と現実」(『別冊宝島八七　ファッション狂騒曲』JICC出版局、一九八九年)によれば、単にデザイナーのクリエイティヴィティによるだけではなく、「数々の商売上の仕掛け」がなされていたからである。服のキャラクターを明確に絞り込み、型数を少なくし、少産体制、高単価とする。ファッション雑誌に大量に広告を出稿するとともに見返りパブリシティによって高付加価値を創造する。新手法による店舗演出を行い、急速に多店舗展開をする。それらの要素が相まって、DCは異常なまでに膨張した。しかし、DCは本来「マイナーな価値が生命線」であり、「オシャレ二軍三軍の層にまで的を広げ」たことによって逆にブランド・イメージは崩れてしまう。「他人との差別化のために着た服が、DCを着て一軍に追いついたというレベルにまで広がったのでは、一軍は離れていく。かくてDC服は特別の服からただの服となった」。ファッション産業とメディア・パノラマによる「個性」創造のからくりと、人びとがそれを消費していくさまを示す恰好の例といえよう。

3　キャリアウーマンの選択

記号としてのファッション

今日、多様なファッションを楽しむ学生たちも、就職戦線が近づくとリクルート・ファッションに身を包んで会社訪問を始める。男性に比べて女性の場合は、業種によって色彩やデザインなどにかなりヴァリエーションの幅があるようだが、着るものはやはり堅いイメージのスーツが多い。リクルート・ファッションを通して学生たちは、企業に社会人としての覚悟を示し、仕事のできる有能な人材であることをアピールするのである。

衣服というのはつねにさまざまな情報を伝達する働きをしてきた。P・G・ボガトゥイリョフは『衣裳のフォークロア』（松枝到・中沢新一訳、せりか書房、一九八九年）において、言語学をモデルにしてモラヴィア=スロヴァキア地方の民俗衣裳を分析し、衣服がそれを着用する人の民族や住む地域、宗教、年齢、既婚・未婚の区別、社会的地位、財産の有無、さらにはそれを着用した日が祝日か平日かまでも分節化する記号であることを詳細に示した。どのような文化でも、衣服には記号体系としての側面があり、それは当該社会の特性を端的に表している。わが国では明治以来、男性の洋装化と女性のそれとのあいだには大きな格差があったが、それは近代化=西洋化が男性のものであったことの視覚化であるし、昨今、街に女性のスーツ姿を多く見かけるようになったのも、女性の社会進出と深く関わっている。

リクルート・スーツは着る側に着こなしの準備がないため、スーツばかりが浮いて見えてしまうのだが、仕事をもつ女性たちのなかには、テーラード・スーツやジャケットなどの堅いイメージの衣服を、さりげなくファッショナブルに着こなす人が少なくない。テーラードとは男子服仕立ての意であり、テーラード・スーツは一九世紀後半、ヨーロッパで男性の衣服のデザインや縫製を借用して作られ、当時、登場し始めた教師や看護婦といった職業婦人たちに用いられた。それは男性社会への参加を意味するとともに、ひとりで着られ、シンプルで動きやすいという実用性も兼ね備えていた。今日では他の婦人服が時代を経てより実用的なデザインになったため、テーラード・スーツは男性のビジネス・スーツと象徴的属性を共有しているという意味で人びとに採用され、キャリアウーマン・ファッションの典型となっている。

そのようなキャリアウーマン・ファッションの記号論的意味に着目して、ジンメル流の「トリクルダウン」理論の見直しを提唱しているのがG・マクラッケンである（『文化と消費とシンボルと』小池和子訳、勁草書房、一九九〇年）。「トリクルダウン」理論は、階級社会では有効であるが、現代のような情報の氾濫する高度大衆消費社会には適用しがたいと批判されることが多い。しかしマクラッケンによれば、シンボルの観点からすると、キャリアウーマン・ファッションはジンメル理論の有効性を示す好い例であるという。一般に女性らしい服といわれるものは、柔らかく軽い生地を用い、カラフルで、曲線的な形をしているが、男性の衣服は対照的に生地が重く色彩は地味で、形も鋭角的でシンプルである。こうした特徴をもつ男性の衣服は、仕事中に想定されている役割をコード化したものであり、女性のそれは反対に仕事には不向きな性格を表している。キャリアウーマンのファッションは、「女に想定された劣等な資質」を表現するシンボル性から逃れて、「仕事場での優越した地位を主張し正当化する」男性の衣服のシンボリックな利点を獲得しようとしたもの、とみなすことができる。マクラッケンはこう述べて、「トリクルダウン」が生じる上位グループと下位グループの区分を階級的なものだけでなく性別、年齢、エスニシティによるステイタス差にまで広げること、模倣を文化的な文脈で理解する必要があることを主張している。

戦略としてのファッション

テーラード・スーツを着ることが、女性が男性と同等に仕事をするためにとられた一種の戦略とするなら、さらに進めて女性が成功するためのファッションというものも考えられよう。『衣服の記号論』（木幡和枝訳、文化出版局、一九八七年）のなかでA・リュリーは、『成功する服装――女性版』（J・モロイ、一九七七年）を引用し、「昇進を勝ち取る」ための方法を次のように説いている。「いうまでもなくその秘訣は、高価な、しかし保守的な『スーツ』と地味なブラウスの組合わせだという。スーツの色は中間的なグレイか紺で生地はウール。セーター、パンツ、派手な色、スリットのあるスカート、長い髪、カーリー・ヘアはことごとくご法度」。相手に望ましい自己の情報を意図的に提示する、E・ゴフマンのいう印象操作（『行為と演技――日常生活における自己呈示』石黒毅訳、誠信書房、一九七四年）は、公的な役割演技が期待される仕事の場でことに有効に働くからである。

そして実際、仕事をもって活躍している女性ほど、自分の置かれた位置を客観的に理解し、ファッションを通じて巧みに印象操作を行っているようである。たとえば、筆者が取材した、ある大手外資系企業の日本支社で秘書をしている女性は、仕事には必ずスーツを着用し、パンツやワンピースを着ることはないという。スカートは、実際には歩きにくいのだがシンプルできびきびした外見が好まれるため、タイト・スカートをはく。会議の日にはとくにかちっとした感じを出すために気を配る。色は、爽やかな印象の紺やブルーが多い。また、大手メーカーの本社教育担当の女性は、衣服のイメージをその日の仕事の内容に合わせて工夫するという。若い女性の研修の場合には彼女たちに職場のファッションの見本を示し、男性の長期研修のときには女性としての役割期待に応え、殺伐とした雰囲気を和らげるために、たとえば同じスーツでも柔らかい色彩のものを着たりする。男性ばかりの会議に「若い女性」を代表する立場で出席する場合には、ふだんよりやや軽いイメージの服を選び、発言が少しでも取り上げられるよう存在意義を強調するという。

女性がファッションに強い関心をもつ理由について、江原由美子は、女性が社会化によってそうしたパーソナリティを植えつけられることに加え、つぎの二つを挙げている。ひとつは、女性に対する評価が私生活によってなされ、その私生活を表すものが衣服だとみなされていること。もうひとつは、結婚式に華やかな衣装を着たり、企業では女性だけに制服があることなどにうかがわれるように、女性は服装によって状況の定義を行うべく社会から要求されている、ということである（「服装の社会学——自己呈示と状況定義の観点から」江原由美子・山岸健編『現象学的社会学』三和書房、一九八五年）。たしかに、働く女性たちの衣服への心配りの背景には、こうした理由があると思われる。だからこそ彼女たちは、ファッション産業とメディア・パノラマがつくり出すスタイルを単に受け入れるだけでなくてそれを利用し、「キャリアウーマン・ファッション」を身に着けることで状況定義に積極的に関わり、男性社会のなかで独自の仕事の場を創出していくことに成功しているのだろう。

現実には誰もが颯爽たる「キャリアウーマン」になれるわけではないが、「キャリアウーマン・ファッション」のイメージは、職場の男性のビジネス・スーツ以上に状況定義の力をもっており、女性が仕事をする上でひとつの戦略となりうる。映画『ワーキング・ガール』は、証券会社の秘書のメラニー・グリフィスが上司の女性になりすまして成功するサクセス・ストーリーだが、彼女が最初にしたことは、膨らんだカーリーヘアを切り、けばけばしいメイクをナチュラルにし、全身をキャリアウーマン・スタイルに整えることであった。

4　制度としてのファッション

「服は人なり」

「ダンディ」というのは本来、伊達男、めかしたしゃれ者を指す言葉であるが、近頃では女性雑誌にもときおりこの言葉が見られるようになった。たとえば『フィガロ・ジャポン』の一九九二年六月号は「ダンディな女」という特集を組み、そのなかでこう謳っている。「はっきりしたスタイルをもっている女。おしゃれも、仕事も、私生活も。自分のスタイルから外れることには、『ノン！』といえる女。それが現代のダンディです」。

ダンディズムとは一九世紀初頭のロンドン、摂政皇太子（のちのジョージ四世）とその友人「美しきブ《ボー》ランメル」の伊達趣味に端を発するもので、ある種禁欲的な男性の美学であった。自らの精神の崇高さを外見によって示そうと衣服に耽溺し、完璧な身づくろいのために多大の時間と金額を費やし、大衆蔑視の態度をとるとともに「女はダンディの逆」（ボードレール）の存在だとみなしていた。

大衆消費社会における「現代のダンディ」は、むろん、そうした一九世紀初頭以来のダンディと多くの点で異なっているが、おしゃれを自我に関わる重要な問題としてとらえている点では共通している。

人びとの自我とファッションとの関わりは、ダンディズムが誕生した一九世紀の初めから、近代の消費社会の進展とともに歩を進めてきたように思われる。一八三〇年、ヨーロッパではダンディズムに触発されて衣服に関する二つの対照的な論考が生まれた。ひとつはカーライルの「衣裳哲学」であり、もうひとつがバルザックの「優雅な生活」である。

「衣裳哲学」はカーライルが、国家や宗教、道徳などあらゆる制度は衣服にすぎないと、自らの象徴哲学を衣服をメタファーとして説いたものであるが、そのなかで彼は、ダンディズム批判を込めて「自分の衣服と自分の自我とは同一不可分のものではないということ」に気づくべきだと主張している。しかし、たとえカーライルがいうように「自分が本当に裸で、……また一つの霊であり、曰くいい難い神秘ちゅうの神秘であることを知る瞬間には、何か偉大なものがある」にしても、その言葉に従って衣服をすっかり脱ぎ去ってしまうことは、われわれにはできない。衣服＝制度は社会を構成する人間の本質と深く関わっており、カーライル自身述べているように、「衣服こそは、われわれに、個性・差別・社会組織を与える。衣服はわれわれを人間たらしめ」、「社会は服地を基礎にして築かれている」ともいえるからである（『カーライル選集1　衣服の哲学』宇山直亮訳、日本教文社、一九六二年）。

一方、バルザックの「優雅な生活」（『風俗研究』山田登世子訳、藤原書店、一九九二年）は、ダンディのボー・ブランメルを登場させて「優雅学」を論じている。バルザックによれば、かつての封建貴族には優雅な生活など考えられなかったが、貴族階級とブルジョワ階級が支配する今日のブルジョワ社会では差異化のために優雅な生活が必要になったという。「一九世紀の指導的思想は人間による人間の搾取を知性による人間の搾取に代えることであるから、われわれが自分の優越性を見せつける方法もよろしくこの高等哲学の影響をこうむらぬわけはなく、今後は物質より精神が大いにものを言うことになるだろう」。それゆえ「優雅な生活」論とは、人間の思考が生活の外面に現れる、その現れ方の原理を集大成したものとなり、そして平民でありながらしゃれ者ぶりをかわれてジョージ四世に取り立てられ、ロンドン社交界の花形としてもてはやされたボー・ブランメルこそ、まさに「優雅な生活」の指南役にふさわしい存在である。苦い顔をしたバルザックの姿が目に浮かぶようだが、面白いことにバルザック自身たいへんなダンディであったという。「優雅な生活」に出てくる「優雅のよってたつ原理は統一である」とか「清潔であること、調和がとれていること、ほどよくシンプルであること、この三つがそろわなければおよそ統一もありえない」といった数々の原理や公理は、彼が率先して信奉したものであったろう。

「話したり、歩いたり、服を着たりしてみたまえ、そうすれば君がどんな人間だか言ってみせよう」。

思考は生活の外面に現れ出ると考えて、外見を整え、身だしなみに凝るバルザック流の「優雅な生活」も、今日われわれの社会では、女性雑誌がおしゃれにも仕事にも私生活にもはっきりした自分のスタイルをもとうと主張することに見られるように、スタイル消費というかたちですっかり大衆化している。その極端な現れのひとつが、大平健のいう〈モノ語り〉の人びと、〈モノ〉によって自己や他者をアイデンティファイしてしまう人びとであるといえるだろう。

二つの制度

精神科医である大平健は、従来なら葛藤とも呼べないような軽い理由で彼のもとを訪れる〈よろず相談の患者〉が、人間関係をうまく語れない一方で〈モノ〉に関しては非常に雄弁であることに気づき、彼らを〈モノ語り〉の人びとと名づけた（『豊かさの精神病理』岩波新書、一九九〇年）。そして、人づきあいだけでなく、他人も自分自身をもモノ化しようとする〈モノ語り〉の人びとが、実は、〈モノ〉に溢れる日本社会にある種の積極性をもって適応しており、〈モノ〉化によってドロドロした人間同士の葛藤を軽減しようと図っているのだと指摘する。

〈モノ語り〉の人びとは一様に〈モノ〉についての情報に詳しいが、たとえばルイ・ヴィトンのバッグを数多く収集していて「バッグのイメルダ」と呼ばれる女性は、時計はブルガリ、ローレックス、靴はバリー、タニノ・クリスティー……と自分の持ち物を語り、職場で反りの合わない女性を、韓国産のヴィトンをもち、カルティエのスリーゴールドをし、スーツにリーボックで会社に来て卑弥呼に履き換える「ポリシーのない人」だと定義する。皆が持っているとすぐに購入したり、雑誌に踊らされて高いブランド品を買ったりするのは「ポリシー」がないことで、ヴィトンのような良い物を多く持ち、その真贋のわかることが「ポリシー」の現れなのである。しかし、彼らが「ポリシー」という言葉を多用し、「ポリシー」にこだわること自体は、病理的な現象ではない。「モノ集めの方針」であると同時に「自分の生活のありかたについての考え方」「生活に秩序を与える方法」である「ポリシー」とは、七〇年代以来、マス・メディアが唱え続けてきた「スタイル」の謂にほかならない。今や、〈モノ〉の際限のない消費を促す装置＝「スタイル」が非常に重要な価値となっているわれわれの社会において、〈モノ語り〉の人びとは、スタイル消費の行き着くひとつの地点を示している。

自由に選べ、しかもそれぞれが〈個性〉を主張するものとして売られているマス・ファッションは、〈ストレンジャー〉に囲まれた日常生活のなかで、自分がどんな人間であるか、どんな人間に見られたいかということを人びとに一見してわからせる有効な方法であり、それらを組み合わせて「生活に秩序を与える」スタイルは、われわれの「人格を物質的な水準に拡張」（S・ユーエン）したものである。つまり今日、ファッションやスタイルは「人格」を表現する制度として社会的に認知されているのである。

制度としてのスタイルは、われわれの自我の受け皿となり、さらには自我に働きかけ、自我を支え、自我の代替物ともなる。しかしわれわれの欲望は、自我の代替物をひとつ手に入れたくらいでは満たされることはない。ルネ・ジラールがいうように欲望は模倣から生じるのであり、われわれは互いに他を模倣しあい、わずかな差異を競いあうことによってとめどない消費に駆り立てられる。われわれの目の前には魅力的なファッションやスタイルが次から次へと現れ、誘いかける。脆弱な自我を護りつつ、さまざまなファッション・シーンに自在に対応し、つねにファッショナブルでいるためには、それらを何らかのかたちで整序するメタ・スタイルが必要となってくる。その必要性は情報が氾濫すればするほど大きくなり、そのメタ・スタイルもまた市場からわれわれに提供される。スタイル消費、メタ・スタイル消費……は果てしなく続くことになる。今日、われわれがファッションに拘泥し、かつファッションに拘束されざるを得ないのは、それが近代社会における自我の問題と深く結びついているためであろう。近代人は主体的自我をもつ存在だとみなされており、独立した個人として「私らしく」生きることを要請されている。ファッションと自我という、ともに不安定な二つの制度は、互いに相手を必要とし、依存しあっているのである。

参考文献

バルザック『風俗研究』山田登世子訳、藤原書店、一九九二年
T・カーライル『カーライル選集1　衣服の哲学』宇山直亮訳、日本教文社、一九六二年
G・ジンメル「流行」『ジンメル著作集7　文化の哲学』円子修平訳、白水社、一九七六年
T・ヴェブレン『有閑階級の理論』小原敬士訳、岩波書店、一九六一年

R・ジラール『欲望の現象学』古田幸男訳、法政大学出版局、一九七一年
R・バルト『モードの体系』佐藤信夫訳、みすず書房、一九七二年
J・ボードリヤール『消費社会の神話と構造』今村仁司・塚原史訳、紀伊國屋書店、一九七九年
S・ユーエン、E・ユーエン『欲望と消費——トレンドはいかに形づくられるか』小沢瑞穂訳、晶文社、一九八八年
S・ユーエン『浪費の政治学』平野秀秋・中江桂子訳、晶文社、一九九〇年
A・リュリー『衣服の記号論』木幡和枝訳、文化出版局、一九八七年
G・マクラッケン『文化と消費とシンボルと』小池和子訳、勁草書房、一九九〇年
鷲田清一『モードの迷宮』中央公論社、一九八九年
千村典生『戦後ファッションストーリー』平凡社、一九八九年
能澤慧子『モードの社会史——西洋近代服の誕生と展開』有斐閣、一九九一年

第13章　スポーツと日常生活にみる滑走感覚

亀山佳明

1　スポーツと身体

二つの身体性

スポーツが身体活動であることについては誰もが認めるところである。スポーツする身体とは、客体＝モノとしての身体ではなく、生きられる身体である。そこで私たちは生きられる身体を類別することから始めることにする。哲学者の中井正一は「スポーツ気分の構造」という論文のなかで、スポーツの面白さを気分の開示に求めているが、そこで述べられた二つの気分を二つの身体として読み換えることができる。この二つの身体をここではかりに「共同性の身体」と「超個体性の身体」と呼び、中井の記述を参考にしながら、それぞれの身体を構成してみることにしよう（以下の引用は久野収編『美と集団の論理』中央公論社、一九六三年による）。

「共同性の身体」とは通常私たちのいう間合いのことである。多くのスポーツ競技では、それぞれのポジションを占めているメンバー相互の動作と機能とがうまくかみ合わなければ成り立つことができない。このかみ合いは、メンバーの相互が互いの身体の動きをなぞり合うことから可能となる。野球の連携プレー、たとえばセカンドがゴロをさばいて、二塁に入ったショートにトスし、すかさずショートが一塁に送球してダブル・プレーが成立するとき、セカンド、ショート、ファーストの選手は互いに相手の動作を自己の身体のうちに潜在的に創り出し（同形同調）、それに合うようにしてみずからの動作を顕在化させる（相補同調）。このなぞり合いとかみ合いの微妙なリズムと間合いが、プレーの成功、不成功を分ける。間合いはポジション間だけでなくチーム全体の次元でも成立していなくてはならず、その際にはチーム全体がまるで「一つの集団的実存的な性格」をもつかのように思われるほどである。

また、この間合いは、練習を重ねるごとに緊密さと微妙さを加えずにはいない。チームの間合いが高度な次元にまで洗練されると、メンバーの一人のほんのわずかな狂いが他に敏感に伝染することになる。そして間合いの把握が完全となるとき、ボートのエイトでみられるように、「あたかも電流が櫂先に伝える如く、一つの時間が八つのシートの上に流れていることを心臓をもって知る」ことができることになる。ここで私たちが注意しておきたいのは、この間合いは同一チーム内に成り立つだけではないということだ。競い合う競技者の間にもたびたび経験される。たとえばテニスでラリーがえんえんと続くのは、相手のスキをついた球筋の先に私の動作を敏感に読み取った相手が、いつも球より先にあるいは球に追いついてそこに行っているのであって、私の動作のことごとくが相手のそれらとうまくかみ合っているためである。そのとき私たちはまるで互いに同じ身体をもっているかのように感じる。このようにチーム内、競技者間に生まれる身体の間合いは、私たちが世界のうちに他とともに共同存在していること、つまり身体の共同的性格をあかしているのである。

これに対してもう一方の身体が存在する。苦しい練習に耐え抜いていると、それまで自由に動いてくれなかった自分の身体が、不意にまるで存在しないかのように、何の抵抗もなく自由自在となる瞬間がやってくることがある。このとき個としての身体は対象や世界のうちに溶け込んでしまい、全体と化している。たとえばボートでは、「耐えることは最早放棄しか有り得ない極みに於いて、何物かに身を委ねる」とき、「最も苦しいにもかかわらず、しかも楽に櫂げる境、緊張し切った境に見出す弛緩ともいわるべきもの」がやってくる。中井はこの瞬間を「天地晦瞑只水とオールとに成り切るとき、身は自ら水にアダプトして融合して一如となる」状態というのである。このように個の身体がまわりに融合して一体となるとき、当の本人には個を超えた全体そのものと化した印象を経験させずにはおかない。そこで私たちはこの身体を「超個体性の身体」と名付けることにしたい。この身体性を経験するのはボートという競技のみに限られるわけではない。多くのスポーツマンたちは類似の経験を語っている。チクセントミハイの調査では、ロッククライミング、バスケットボール、ロック・ダンスなどの選手が同様な経験（フロー経験）について述べており、なかでもロッククライミングはもっとも集中力を必要とするため、クライマーは無我夢中で登はんしている折には、岩のなかに自分が溶け込んで岩と一体化すると証言している（『楽しみの社会学』今村浩明訳、思索社、一九七九年）。

共同性の身体は他者との関係において成り立つ身体性であり、いわば自他という社会次元（水平）の関係であるのに対して、超個体性の身体は個と全体との間に成り立つ存在次元（垂直）の関係といえる。これらはともに身体の成り立ちそれ自体に根ざす身体の根本的な性格であるが、この点については2節でさらにくわしく述べることにする。

表1　スポーツ参加率

種別	年度	参加率（%）					
		1979年	1982年	1984年	1986年	1988年	1990年
Ⅰ群	野球（キャッチボール）	28.2	25.5	23.9	23.0	19.1	19.2
	サッカー	4.9	4.2	5.2	5.4	4.3	4.7
	バレーボール	17.9	14.4	15.0	13.1	10.9	10.3
	卓球	22.9	18.9	17.8	15.4	11.8	9.7
Ⅱ群	テニス	13.6	15.2	16.7	14.1	13.4	12.8
	ゴルフ（コース）	12.7	12.3	12.2	10.5	13.0	13.4
Ⅲ群	スキー	9.8	11.3	12.8	12.5	12.8	13.8
	サーフィン ヨット スキン・ダイビング	1.7	2.3	3.3	2.9	3.4	3.1

『レジャー白書』1985・1991年度版（余暇開発センター）より作製。
（注）⑴　５万人以上都市群3,000サンプルのデータでの比較（回収率82.8%）。
⑵　参加率とは，ある余暇活動を，１年間に１回以上行った人の割合。

現代スポーツの傾向と問題の設定

つぎに、これら二つの身体性と現在行われている各種のスポーツ活動とがどのように関連しているのかを知るために、人びとはどんなスポーツを享受しているのかについて調べてみよう。表1は『レジャー白書』(一九八五、一九九一年)によって、最近十数年の間の主要なスポーツへの人びとの参加率を求めたものである。この表からつぎの二つの傾向を読み取ることが許されるであろう。その一点は、現代の主要なスポーツは大きく二つに類別できることである。Ⅰ群に分けたスポーツに代表されるように、チームの各メンバーが互いに協力し合うことによって、敵対する相手チームと勝敗や記録を競い合うゲーム型のスポーツが一方にあり、他方には、Ⅲ群に代表されるように、参加者の個々人がみずからパフォーマンスを演じ、その演技自体を楽しむパフォーマンス型のスポーツの二つのタイプが

図1　参加率表示グラフ

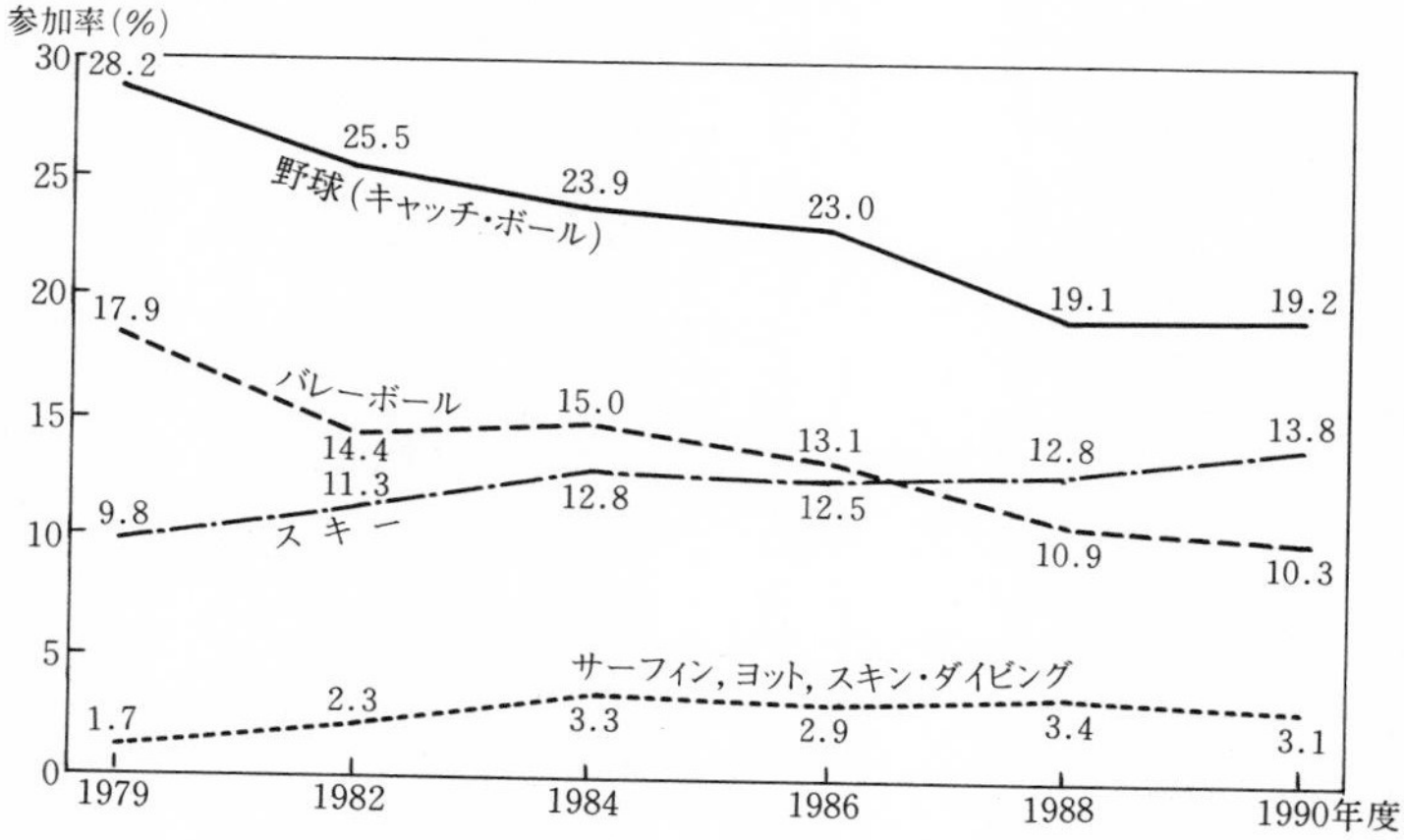

あるということである。後者の場合、その面白さは演ずることそれ自体にあって、本来他者と競い合うことにはなじみにくいのではないかと思われる。ちなみにⅡ群のスポーツは社交性の強いスポーツであるが、個人が他者と勝敗を競うという点でⅠ群と同型であるといえよう。前者の型をゲーム・スポーツと呼ぶなら、後者はパフォーマンス・スポーツとでも呼ぶほかはない。

もう一つの注目すべき点は、最近の十数年の間にゲーム・スポーツへの人びとの参加率が減退し、かわりにパフォーマンス・スポーツへの参加率が上昇傾向にあることである。わずか十数年間のデータのみから、この移行を安易に判定することには慎重でなければならないだろうが、少なくともパフォーマンス・スポーツが人びとに好まれる傾向にあることは指摘してもよいだろう。このことは表1から作成した図1を見るなら明らかであるからだ。

さてこれら二つの傾向を私たちはつぎのように説明していくことにしよう。まず今述べたスポーツの二類型は先の二つの身体性と対応しているのではないかと考える。

むろん以前にもみたように、どのスポーツもこれら二つの身体性を程度の差はあれ含んでいるはずであるが、ゲーム型のスポーツは共同性の身体性を、またパフォーマンス型のスポーツは超個体性の身体性を、それぞれより優位に有していると思われる。ゲーム型たとえば野球やバレーボールが共同性の身体に富むことはいまさら説明するまでもないだろう。チームワークが良くなければ相手チームに勝てないであろうし、実力の拮抗するチームと闘い合うとき、もっともゲームは盛り上がるはずであるからだ。ところが、パフォーマンス型（スキー、サーフィン、ヨット等）がどのような意味において超個体性の身体と結びつくのかについては明白とはいえない。そこでこの点をこれらのスポーツが共通にもつ運動、すなわち滑走という運動を手掛かりにして2節で明らかにしていく。と同時に滑る運動が生み出す生きられた経験を滑走感覚としてとらえ、その特徴についても述べていきたい。

また、後者の傾向すなわちパフォーマンス型のスポーツの台頭をどのように理解したらよいのか。この点を私たちは社会が要求する身体性の変化としてとらえる。つまり、遊びの世界の身体性を日常的世界の身体性と対応させ、遊びの世界でみられる身体性の変化は、日常生活のなかにもそれを要求する基盤があるからではないのかという観点から、2節で得られた滑る身体の生きられた経験についての知見に依拠しながら、変化の根拠について3節で説明していくことにする。

2　滑る身体の生きられた経験

滑る身体の空間性

パフォーマンス・スポーツに共通してみられる滑るという運動は、おそらく人間にとっては不自然な身体活動であるといえるだろう。私たちは空間を移動するとき、歩いたり、走ったり、跳んだりはしても、生身の身体のままでは滑ることはできないからである。動物行動の研究家であるD・モリスは『マン・ウォッチング』（藤田統訳、小学館、一九八〇年）のなかで人間の移動行動の種類を幼児のはう行動をはじめとして二〇項目あげているが、そこにも滑る運動は含まれていない。言い換えると、滑るためには道具の使用が欠かせないということである。雪原ではスキー・ボード、波の上ではサーフィン・ボードを必要とする。とはいえ、ボードの上に立ちさえすれば、滑りが可能となるわけでもない。滑走は身体とトポス（場所）との関係において生ずる。トポスは滑る身体にとっては重要な意味をもつ。スキーではゲレンデ、サーフィンではウェイブ、ハンググライダーでは大気の流れがそれぞれトポスに当たる。トポスに立つと、心がはやるのはこれらどのスポーツにおいても同じことである。

それでは滑るという運動はどのようにして生ずるのか。この典型的な仕組みを私たちはサーフィンにみることができる。海面を移動する波はひとときも同じ形をとどめることなく、絶え間なく変貌を繰り返している。この複雑で変化きわまりない流動体こそが、サーファーのトポスをなしており、彼はこの上にいわば乗ら（riding）なければならない。この流動体にうまく着地するには、身体はみずからを波の形状、速度、方向に適応させるほかはない。身体は一瞬一瞬変化に合わせて適切な身体図式を浮かびあがらせ、それをまた微妙に調節することを強いられる。日常生活の身体運動においても、私たちはこのような運動図式の浮上と調節を無意識のうちに行っている。平地を歩くとき、坂道にさしかかるとき、また階段を降りるとき、そのつど自覚はせずとも、それぞれの場合に合うように歩行の運動図式を変化させている。ところが波の上という変幻自在なトポスにおいては、変化の形状、速度、方向に適切に運動を合わせていくことはほぼ不可能であるといってよい。このため身体が浮上させる図式とトポスとの間にはつねにくいちがいが生ずることになる。たとえば、その地点まで歩いてきて、平地を移動するエスカレーターにそのまま乗り移ろうとするとき、私たちは前につんのめりそうになったり、後ろにひっくり返りそうになってしまうが、それは歩く運動図式とエスカレーターという移動するトポスとが速度という一点においてズレてしまうためである。二つの異なった運動体がこのように出会う際には、どうしてもズレが生ずることは避けられない。このとき、二つの運動体の間に道具（ボード）が介在するなら、このズレ（まさつ）は滑走運動へと変化させられるだろう。スキー・ボードもサーフィン・ボードもズレを滑りへと変える。ここに道具のもつ大きな役割がある。

さてこの点を含めて、つぎには滑走する身体の生きられた経験を梶井基次郎の「路上」という作品を手掛かりとしながら分析していきたい。滑るという運動をその経験の内部から記述したテクストとして、これほどすぐれた例をほかに筆者は知らないからである。

それはある雨あがりの日のことであった。午後で自分は学校の帰途であった。いつもの道から崖の近道へ這入った自分は、雨あがりの下で赤土が軟くなっていることに気がついた。人の足跡のついていないその道は歩くたびに少しずつ滑った。

高い方の見晴らしへ出た。それからが傾斜である。自分は少し危いぞと思った。傾斜についている路はもう一層軟かであった。しかし自分は引返そうとも、立留って考えようともしなかった。危ぶみながら下りてゆく。一足下りかけた瞬間からすでに自分は滑って転ぶにちがいないと思った。——途端自分は足を滑らせた。（『梶井基次郎』ちくま日本文学全集、筑摩書房、一九九〇年。以下の引用もこれによる）

梶井が経験した滑走を先の視点からとらえ返してみると、彼が滑ったのは、トポス（雨あがりの軟い赤土の坂道）と身体の運動図式（歩いて降りる運動）とがかみ合わずにズレが生じたのを、靴（鋲を打っていない靴の底）が道具となってこのズレを滑る運動へと変換させた、と考えることができる。この際私たちにとって最も興味深い点は、滑るという運動に梶井が強く引きつけられ、その運動感覚をつぎのように記述したことである。「自分、自分の意識というもの、そして世界というものが焦点を外れて泳ぎ出して行くような気持」。この運動感覚こそが超個体性の身体と結びついていると考えるのだが、このことを理解するためには身体をどのようにとらえるのかという身体論が必要とされる。そこで、それについて簡単にふれることを通して、両者の関連を説明することにしたい。

私たちは世界のうちに所属する身体的な存在である。何人であれ、身体をもたない現存在はありえない。この身体存在は単なる物体として在るのではない。身体を介して世界を創り出すとともに、その創り出された世界の内にあることによって、身体そのものもまた創られる。身体とは市川浩のいうように、「世界を身分けるとともに世界によって身分けられる」という両義的なあり方をする。この両義的なあり方が身体を運動体となし、この運動体から構造がまた生成される。この意味において身体は運動―構造体としてとらえられる。それはいわば地層のような層状を形成しており、ここでは議論を簡潔にするという目的から、この運動―構造体を上・下の二層からなるものと想定する。

まず上層には分節された身体が位置する。私たちは食事の仕方や歩き方に特定の身体の動かし方（パタン）を有しているが、上層にはこうした諸パタンが貯蔵されている。同じ文化に所属する人びとは、ほぼ相似た食事の仕方をするように、この身体運動のパタンは文化によって分節化された制度をなしている。逆にいえば、文化とは身体の諸パタンの体系であるということもできる。この分節化された身体は、文化がそうであるように、〈文化／自然〉〈自／他〉〈自我／他我〉などのような世界を分節する根本的な範疇《カテゴリー》を前提としている。自分の身体と他者の身体とは区分されており、自我は自分の身体に宿ることが疑われることもない。この上層の身体を制度身体とするなら、下層には錯綜身体が位置する。錯綜身体は制度身体とは違って分節をもたず、つねにその志向する対象に巻きついて一体化（unity）を達成する身体である。〈いま・ここ・私〉は〈いつか・あそこ・誰か〉に向かっていくとともに、この両極が絶えず入れ換わる。この錯綜運動のおかげで、錯綜身体はどんな対象とも一体化できるし、またどんな方向にも移行できる。このためにこの身体は多様に拡散する複雑多岐な身体性をもたずにはいない。しかし逆にいえば、この拡散する身体性を有することは生体として世界に適合していくにはあまりにも浪費が大きく、不適格となる。そこで生体として生存していくためには、この多方向的な拡散に限定を加える以外にない。錯綜身体はみずからの内部からみずからの複雑性を縮減する身体を生み出し、いわば自己が自己に枠をはめる。自己の先方に投射された身体が上層に位置する制度身体である。下層の錯綜身体が対象との一体化によって生成を担うなら、上層の制度身体は生成の無方向性と無限定性を制限することによって、安定した方向づけを与えるといえよう。実際の身体活動においてはこの両層が作用する。たとえ同一パタンの反復とみえる日常的な身体活動（たとえば食事の仕方）においても、下層の錯綜身体が働いている。下層の錯綜身体が揺れ動き、その多様な運動―構造体のなかから制度身体が限定されて浮きあがるという〈上向作用〉によって日常の活動は可能となるからだ（拙稿「生成する身体」『ソシオロジ』三六巻一号、社会学研究会、一九九一年）。

ところで滑走運動はこれとは逆に〈下向〉の道筋をたどる。先にみたように滑る運動は既成の運動図式では対応しえない場合に生じた。制度身体のパタン、たとえば歩くという運動図式がはずれるなら、下層に位置する錯綜身体が露頭することになる。流動するトポスに適応していくには制度身体ではなく、対象そのものと一体化する錯綜身体こそがふさわしい。梶井が「自分、自分の意識というもの、そして世界というものが焦点を外れて泳ぎ出して行く」と述べたのは、世界を、ということは自己を、成り立たせていたあらゆる分節（制度身体）がはずれて、対象と融合していくときの気分であったといえるだろう。私たちが滑る身体は超個体性の身体性を生み出すと考えるわけもこの点においてである。

滑る身体の対他性

ところで梶井の作品は滑走する身体の生きられた経験についてさらにいくつかの示唆を私たちに与える。

誰かがどこかで見ていやしなかったかと、自分は眼の下の人家の方を見た。それらの人家から見れば、自分は高みの舞台で一人滑稽な芸当を一生懸命やっているように見えるにちがいなかった。——誰れも見ていなかった。変な気持であった。

滑る（slip）という動作は、当の主体の価値を貶価させずにはいない。われわれは謹厳な紳士がバナナの皮で滑って転ぶのを見るとき、思わず笑ってしまうが、そこには価値の落差が生じているからである。このとき見る者は主体の動作＝演技を評価する観客となっている。たしかに梶井は〈演者／観客〉にあたる観客＝他者を求めたと思えなくもない。しかし彼が本気になってスキーの格好をして二度目にズルズルと滑った（slide）ときの記述をみるなら、彼が求めた他者とは観客を超えた他者であることがわかる。

どこかで見ている人はいなかったかと、また自分は見廻してみた。（中略）廓寥として人影はなかった。（中略）嘲笑っていてもいい、誰かが自分のしたことを見ていてくれたらと思った。

誰も見ていないことはすでに一回目の滑走の後で確認されていた。にもかかわらず彼は再度他者を求めている。他者の評価を希求しているわけではむろんないだろう。見てくれるだけでよいのだから。見てくれる人がいなければ自分はこの世界に実存しなくなるという意味での他者である。このような他者概念を社会学は有していない。なぜなら社会学が問題とするのは、いわば制度身体の次元であり、分節化された世界における相対的な他者であるからだ。ところが滑る運動は錯綜身体を浮かびあがらせるはずであったから、ここでの他者とは錯綜身体の次元に対応する他者でなくてはならない。錯綜身体はあらゆる対象と一体化して融合するという身体性をもっていたが、この極とは別に他者というもう一つの極をも有している。他者とはどんなに一体化によって融合をはかっても、つねにそれを拒絶して他なるものとしての差異を生み出す源泉である。自己は他者からの差異化によって自己とされるのであり、世界内存在は他者とともにあることをまぬがれることはできない。ここでは先の相対他者に呼応して、この他者を絶対他者と名付けてみたい。錯綜身体とは一方における超個体性志向の極と他方における絶対他者を志向するという二極をもつ身体である。私たちが1節でみた身体の二つの基本的性格、すなわち超個体性の身体と共同性の身体はここに由来する。これらどちらかの極の喪失はこの意味から自己が世界内に存在することを止めることと同義となる。

滑ることによって自分、意識というもの、世界が泳ぎ出していくなら、彼はトポスに融合して世界を喪失してしまいかねない。世界の内と外との境にいわば〈宙吊り状態〉となったとき、梶井は自分を世界の内に引き戻すもう一方の極、つまり絶対他者を求めずにはいられなかった。自分を見ていてくれるだけの他者、彼のまなざしの下にあることによって自分はこの世界の内に実存していることを確認できるからだ。

滑る身体の技術性

滑走という運動にはまたつねに破局への予感がつきまとう。このことは滑る行為が行為者にとって制御することがきわめて困難であることと結びついている。滑るためにはパフォーマーはトポスの表面からわずかではあっても浮きあがっていなくてはならない。各種のボードは表面張力という物理的な力によってこのことを可能にする。この浮上こそが行為者の進行の無方向性とスピードとを発生させるのである。初めてスキーをはいて雪上に立つとき、進行方向もスピードも意のままにならず、私たちは途方にくれてしまうはずだ。自己の行為でありながら、自分にはコントロールしえないという運動感覚がわれわれに破局の予感を抱かせる要因である。たとえば転倒（fall）の恐怖とは進行の無方向性と制御不能な速度とが生み出す破局の一つといえよう。

破局の予感の記述においても梶井の作品は秀逸である。彼がスキーのまねをして再度滑り出し、偶然止まったのが崖の鼻先であった。「それは何かが止めてくれたという感じであった。全く自力を施す術はどこにもなかった。いくら危険を感じていても、滑るに任せ止まるに任せる他はなかった」。もし止まらなかったなら、彼は崖から飛び降りるしかなかったであろう。このように自分の行為でありながら制御不能であるという点に、自己放棄の甘美な魅力が生ずる。「どうして引返そうとはしなかったのか。魅せられたように滑って来た自分が恐ろしかった。―破滅というものの一つの姿を見たような気がした」。消尽点《ヴァニシング・ポイント》へ向かってやみくもな疾走を試みることには、自己が対象や世界に融合して、喪失してしまうという快い感覚をともなっている。それゆえにスピードを追求するスポーツの多くは、超個体性の身体がもつこうした自己消滅＝破壊の魅力に満ちているというべきだろう。

しかしながらパフォーマーがこの魅力に負けてしまえば、彼は再び滑ることはできなくなる。なぜなら自己消滅の極点には死があるからだ。滑ることに伴う快楽とは自由であるという感覚である。滑走する面白さは高度な技術性を獲得することによって、破滅の吸引に抗するところにこそある。私たちは人間に不可避な死を高度な技術によって回避してみせることにより、自由であることを実感する。死を制するところに自己放棄＝死に倍する魅力と快感が生じてくる。それゆえに転倒、破滅をつねに克服できるだけの技術の洗練が求められる。J－P・サルトルはこうした滑走スポーツの技能性に広い意味での権力を読み取っていた（『存在と無』松浪信三郎訳、人文書院、一九五六年）。たとえばスキーヤーは雪原を猛スピードで滑り降りるとき、その行為によって当の雪原をわがものにすることができるという。彼のいう我有化とは、私たちが道具を介して実現する世界獲得のことである。金槌が上手に使えるようになれば、私たちは釘を打ったり、棚をつくったりできるようになり、今までにない新しい世界が獲得されることになる。これと同様に、スキーヤーはスキー・ボードという道具を自在に駆使する技術によって、〈非―私〉である雪原を〈私のもの〉とする。権力の行使は雪に対してもなされる。雪はスキーヤーを支えるためにボードの下で同質化し、固体化する。雪はみずからの素材性をスキー・ボードの下で実現している。我有化と素材性の実現という二つの点にサルトルは権力を見ていたわけだが、この権力の行使はシュプールに象徴されるだろう。新雪に描かれたシュプールの美しさにスキーの面白さをみる者は、自己の権力（技術の高度性）にみほれる者といえるかもしれない。たしかにこの権力は、雪の深い素材的統一を実現しながらも、表面より奥には入ることがないという点から、被権力者に権力の所在を感じさせないという意味で理想的な権力の形態である。しかしサルトルによれば、シュプール（痕跡）を残さざるをえないところに自己を完結することができない唯一の欠陥がある。彼は、マリン・スポーツたとえば水上スキーこそ、権力行使の痕跡を消し去る理想的な権力の実現すなわち技術性の高度な完成が認められるというのである。

さて私たちは滑走する運動身体がいかにして超個体性の身体性と結びつくかを述べてきた。とともに滑走する身体の生きられた経験を、〈空間性〉〈対他性〉〈技術性〉の三点にわたってみてきたが、これらの特徴を滑るという運動が生み出す「滑走感覚」と呼んでもさしつかえないと思われる。

また滑走にもいくつかの様相があったが、それらをとりあえずつぎのように整理しておく。空間性の規準においてトポスと運動図式のズレについて述べたが、ズレの大、小は滑りの条件をなす。また技術性の規準においては、そのズレを制御できるかどうかの問題ととらえることができる。そこで空間性の軸（ズレの大・小）を横軸に、技術性の軸（制御可能・不能）を縦軸にとるなら、図2のように滑りの四つの様相が区別できる。滑りは上達するにつれて、slip → slide → ride という具合に様相を変化させる。スキーもサーフィンも理想の滑りはライディングにあった。しかし図からもわかるようにどの滑りの背後にも転倒＝破局の予感はつきまとっており、これが滑走運動にアクセントを与えることになる。

図2　滑走の類別

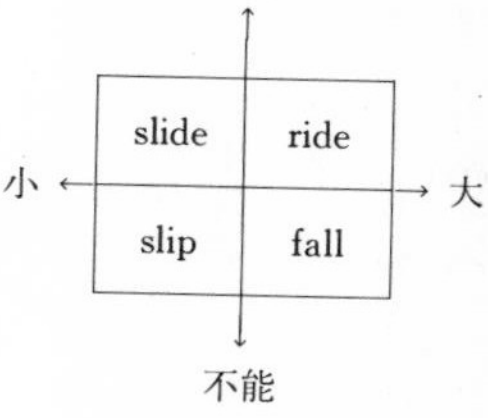

3　日常生活のなかの滑走感覚

遊びの身体と日常の身体

1節で掲げたもう一つの課題、すなわち現代のスポーツ文化のなかで超個体性の身体を志向するパフォーマンス・スポーツの台頭が著しいのはなぜか、がつぎに問われる。この問いにスポーツをめぐる文化状況の分析のみによって答えるには無理があると筆者には思われる。というのは、スポーツ（遊び）は日常生活（仕事）との関連においてとらえられなければならないと考えるからである。われわれは同じ身体（肉）を通して遊びの世界と日常生活の世界とを生きている。両世界で要求される身体図式は異なるかもしれないが、それぞれの身体性になにほどかの親和的な関係がなければ、同じ身体（肉）を生きることが困難となるはずであるからだ。この点をなお少し詳しく述べてみよう。

J・ホイジンガは『ホモ・ルーデンス』のなかで「遊びのなかから文化が創り出される」という有名な定式を立てたが、このテーゼを受けてR・カイヨワは遊びの分類を通じて文化とその変遷をとらえる方法を展開してみせた。この広く知られたホイジンガ＝カイヨワの考え方は私たちの身体論からしてみても納得できることの多い学説である。遊びの世界たとえばスポーツの世界においては、各瞬間ごとにつねに新しい身体の動きを生み出すことが求められる。言い換えると、型どおりの身体図式の再現のみでは間に合わない事態が、スポーツの領域では絶えず生起してくるということである。この意味からしてスポーツでは、身体の生成が他のどのような活動よりも必要とされる。

スポーツと比較すれば、日常生活のなかの行動においては身体活動の生成への要請ははるかに少ない。なぜなら日常生活のほとんどの領域では、日々同じ身体運動のパタンを反復していれば、ほぼ何事もなくことは運ぶからである。この点は野球の試合で打席に立つバッターに毎打席要求される動作と、日々の三度の食事の際に使われる身体動作とを比較してみると明らかであろう。とはいえ人間が機械ではなく生体である以上、同一パタンの精確な反復のみではすまされないこともたしかである。日常生活の身体動作も、なにほどかではあれ、生成の輝きを帯びざるをえない。身体論の用語でいうなら、スポーツの身体も日常生活の身体も、ともに錯綜身体（下層）と制度身体（上層）とから成り立っているのだが、両者においてはその力点の置き方がちょうど逆になっている。スポーツにおいては錯綜身体が、また日常生活では制度身体が、それぞれ優勢を占めている。スポーツのほうが生成をより必要とする以上、錯綜身体の働きが大きいことは当然といえる。この点から、スポーツの身体と日常生活の身体とを比較するなら、前者のほうが身体構造全体のより根底に位置するといってよい。カイヨワは、遊びのなかで形成され維持される行動パタンはやがて日常生活を支える行動パタンすなわち文化になっていくと述べた。この指摘は身体論からも支持できる。身体活動の生成と再現においては、表層のパタンは深層のパタンを介しながら出現する。その結果、表層と深層があまりにも乖離しているなら身体は分裂してしまうことになる。水上に生ずる波紋の外周はより中心に位置する内円を反映するように、日常的身体はそれより根底に位置する遊びの身体性を反映するのである。この意味において両身体の間には親和的な関係が存在すると思われる。この論理を現在の文脈に直すとつぎのようになる。現代スポーツにみられる超個体性の身体性（滑走感覚）は、それに対応する日常生活のなかにも同様な身体性を要求する基盤を有しているはずであると。そこでつぎにはそれは何かが問われなくてはならない。

情報社会と滑走感覚

私たちの住んでいる高度に発達した産業社会は大きく分けて二つの貌をもっている。二つの貌とは、一方における極端にまで進行した分業システムという側面であり、他方における複雑に分岐した情報システムという側面である。この両者の区別は社会と文化の区別にほぼ対応しているといってよい。現実にはこの両側面は相互にからまり合っているが、一応別次元のものと考えられる。なぜなら、分業化がそれほど進行していない社会にも情報化の波は押し寄せているからだ。

分業は異質な機能をもつ諸部分が互いに補完し合うことによって、全体のまとまりを形成する。人体が呼吸器官や消化器官などの諸器官の結合によって生体としてのまとまりをなすのと同様に、この結合は有機的連帯と呼ばれる。社会が有機的連帯をなすためには、各部分の間に共同性が前提とされる。あるシステムが他のシステムと安定した結合を達成するためには、その両者は互いに間合いを調節しなくてはならないし、またシステムを構成する成員の間にも一定期間持続した関係をとり結ぶためには相互の間合いが必要とされるからである。この観点からすると、産業化した近代英国社会に近代スポーツが成立したことは決して偶然ではない。近代スポーツを成り立たせる基本的な条件、ルールの制定とその下での対等な競争、フェアプレーの精神、これらを実現するための規律化された身体は、この社会（産業社会）の日常生活に必要とされる身体的エトスと対応していた。これについてはE・ダニングらの研究に代表されるように、いくつかのスポーツ史の研究が明らかにしてきたところである。ゲーム・スポーツたとえばサッカーやラグビーが涵養する間合いの身体感覚は、分業という労働形態が前提とする間合いの身体感覚と親和していたのである。現代の高度に産業化された社会も、このような分業を基本としている以上、日常生活のなかで共同性の身体の育成がはかられるとともに、ゲーム・スポーツの繁栄に代表されるように、遊び（スポーツ）の世界においても共同性の身体が成員に享受されている。

それではもう一方の側面である情報社会はどの身体に対応するのか。いうまでもなく、私たちは超個体性の身体と親和すると考えるのだが、実際に情報空間を生きている人びとに滑走感覚があるのかどうかを、2節でみた生きられた経験の規準に照らし合わせて調べてみる必要がある。

情報社会とは私たちの日常生活の空間が疑似環境によって包摂される社会といえる。疑似環境とは、行動することで直接に経験できる現実環境とは異なって、人の頭のなかで構成されたイメージの支配する世界のことである。現実環境のなかでは、人はみずからの身体を動かしたり知覚を介して、対象についての精確な知識を獲得することができる。たとえ誤った知識に基づいて対象に働きかけたとしても、対象からのリアクションによりその誤りが修正されずにはいない。ところが現代社会に生きる私たちは現実環境のなかでのみ生活することはできない。認識しなければならない対象が、時間的にも空間的にも私たちから遠く隔たっていたり、また対象があまりにも広大で複雑である場合には、人は対象を頭のなかでより単純な映像へと構成し直し、その映像に基づいて行動するほかないだろう。この映像が現実からズレていたとしても、私たちにはズレそれ自体を確認する術はなく、現実環境におけるような修正はきかない。情報社会とは私たちの日常生活の空間がこのような疑似環境＝イメージで構成されざるをえない社会のことである。

現実と私たちの間につねにイメージが挿入され、その結果、現実よりもイメージが人をとらえ、イメージに基づいて行動するということになる。本来、実在と表象とは次元を異にしているが、現実環境のなかではこれら両者をできうるかぎり一致させることが可能であるのに対して、疑似環境では、実在＝現実と表象＝イメージとのズレが増幅される。このズレの増幅が滑走感覚を生じさせる。二つの運動体つまり現実と知覚図式が出会い、そこに生ずるズレが私たちに滑るという感覚を与えるからだ。私たちは現実（トポス）の上を表象＝イメージに乗って滑っているとたとえることができるかもしれない。この滑走はスキーやサーフィンのように運動する身体の感覚ではなく、間接的な身体運動である知覚身体の感覚である。身体（肉）が移動しているのではなく、身体＝知覚が滑っているのである。

電子メディアの発達は日常生活のなかでのイメージの領域を飛躍的に膨張させることになった。イメージには外部を内部化する作用が強い。外部である現実をイメージが席巻していくならば、現実＝外部はイメージ＝内部に取り込まれていく。〈外部＝現実／内部＝イメージ〉の差異は、それを指示する規範の超越性によって支えられている。制度を構成する基本的な分節、〈実在／表象〉〈自然／文化〉〈自／他〉〈自我／他我〉は絶対他者が先方に投射され、擬制化された第三者（究極的な外部）という超越性に根拠を有している。情報システムは外部を絶えず内部化する、つまり超越性の消費の上に成立している（大澤真幸『資本主義のパラドクス』新曜社、一九九一年）。これは電子メディアが拡張させる知覚とりわけ視覚にみられる。テレビ映像は〈いま・ここ・私〉へと中心化している身体を、時・空間の隔たりを超えて、瞬時にして移行させる。私の眼＝身体は〈いつか・あそこ・誰か〉に向かって容易に膨縮できるわけである。この眼の膨縮は空間の膨縮であり、私＝身体はどこにでもいることになる。しかしこの空間の膨縮は逆に差異を消却させずにはいない。〈いま／いつか〉〈ここ／あそこ〉〈私／誰か〉が絶えず入れ換わるなら、日常的世界を成り立たせている分節の境界が曖昧となるからである。たとえば私は誰かとの境界を失い、自分＝私に中心化することすら困難となってくる。このとき日常の世界にあって、私たちの知覚身体は既成の制度としての知覚をはずされてしまうことになり、錯綜身体化せずにはいない。身体はイメージを介した知覚によって、世界・対象と一体化しやすくなる。

他者性と技術性

私たちには現実をすべてイメージのうちに取り込むことが一体可能なのだろうか。言い換えればあらゆる差異の曖昧化した世界は、世界といえるのだろうか。それはちょうど夢や妄想のなかでの生と同じであって、狂気に近い世界といってよいだろう。こうした非世界化した世界のなかで〈宙吊り状態〉になる私たちを世界内に引き戻すのはやはり他者でしかない。知覚身体において、制度身体がはずされて錯綜身体が露呈されるなら、運動身体においてそうであったように、二つの極性が作用する。すなわち世界との一体化への極の傾きは、逆に他者性の根拠である絶対他者を浮上させずにはいない。絶対他者は錯綜身体がどんなに一体化をはかっても遂にそれを拒絶する差異性の源泉であった。世界内存在とはこの絶対他者とともにある存在であることを意味していた。したがって一体化によって世界喪失に陥るとき、この一体化に差異を生じさせる絶対他者が出現する。しかし私たちの日常生活の知覚身体が錯綜身体化すればするほど、イメージを介して出会う日常の相対他者は両義的存在となる。なぜなら一方で知覚身体の脱中心化（拡散化）によって、相対他者との一体化が実現されればされるほど、他方で絶対他者が希求されるからである。他者はつねに自己と対称的であるとともに非対称的であるという両面的な性格を帯びることになる。この両義化した他者が私たちに破局の予感を与える。

　イメージを介して多方向に拡散した知覚身体は、複雑に入り組んだネットワークを形成し、知覚はこの網の上を神経パルスのように猛スピードで移行することによって可能となる。この知覚身体＝ネットワークのおかげでどのような対象ともまたどんな他者とも一体化が可能となるのだが、この回路は私だけではなく他者にも開通している。〈私〉は〈誰か（n_1、n_2……n_n）〉と入れ換わりうるとともに〈誰か〉がつねに〈私〉になりかわるのである。ここにパラドクスが生ずる。この知覚身体＝ネットワークは〈私〉に自由を与えるが、この身体が〈誰か〉のものでもあるのなら、この自由は〈誰か〉の手から与えられているのではないかという疑惑がつきまとわずにはいないからである。他者は入れ換わりうる（対称的）存在であるとともに、〈私〉を操る（非対称的）存在でもある。ネットワーク上の軽快な滑走も、実は他者が張りめぐらせた力線の上での操り人形の身ぶりにすぎないのではあるまいか。このような他者からの被操作の感覚あるいは他者からの被侵入の感覚が破局の予感をもたらすのである。

こうした情報社会の破局の予感はF・カフカによって描かれてきた。彼は短篇『穴巣』のなかで破局の予感を身体感覚としてとらえている。主人公のモグラは獲物をとるためにいくつもの穴を掘り、それらの穴を結ぶ通路を地中に張りめぐらせる。有能である彼の掘った穴には次々に獲物が落ちてくるので、彼はその獲物を回収しながら穴のなかを猛スピードで移行する。この網状化した穴巣はいわば彼の膨縮する知覚身体といえるだろう。ところがある日突然彼は恐怖にとりつかれてしまう。これほど複雑に入り組んだ自慢の作品は、獲物が落ちやすければ、また敵の侵入をも容易にするのではないかと思いいったからだ。獲物は同時に敵でもあるという他者の両義性に気づく。恐慌に陥ったモグラは、さらにやみくもに穴を掘りまくり、疲労困憊するのである。

情報空間を生きる私たちにとって、このようなパラドキシカルな状況は不可避であるといってよいだろう。情報空間を滑走する技術性とは実はこの困難な状況のなかで自壊（疲労困憊）することなく生き延びていく技術=権力であるだろう。カフカは別なところで逆説的な状況のなかで生き延びていくための示唆を与えている。それは簡単なものだ。つまり何もしないこと、自分の身体をできるだけ小さくして、逆説的状況の力が可能なかぎり及んでこないようにすること、と述べている。この技術を私たちの文脈に直せば、知覚身体を小さくして滑走をひかえること、ということになるのだろうか。先の図2を使うなら、状況は slip → slide → ride を必然化するのだから、これとは逆の方向をたどること、すなわち ride → slide → slip によって破局（fall）を避けることになるであろう。

二つの親和関係

以上、私たちは情報化された社会のなかでの滑走感覚についてみてきた。先に述べた点から遊び（スポーツ）のなかでの超個体性すなわちパフォーマンス・スポーツの追求と、日常生活（情報空間）での滑走感覚が、運動身体と知覚身体という違いはあれ、超個体性の追求という点においては親和していると理解してよいのではないかと思われる。この点をまとめをかねて図3で示してみよう。横軸に〈日常／遊び〉という世界区別の軸をとり、縦軸に〈超個体性／共同性〉という生きられる身体性の軸をとるなら、パフォーマンス空間、ゲーム空間、情報空間、分業空間の四つが図のようにそれぞれの象限に入るだろう。そして〈ゲーム空間／分業空間〉が共同性の身体を介して親和するのに対して、〈パフォーマンス空間／情報空間〉が超個体性の身体を介して親和するはずだ。

図3　空間の類別

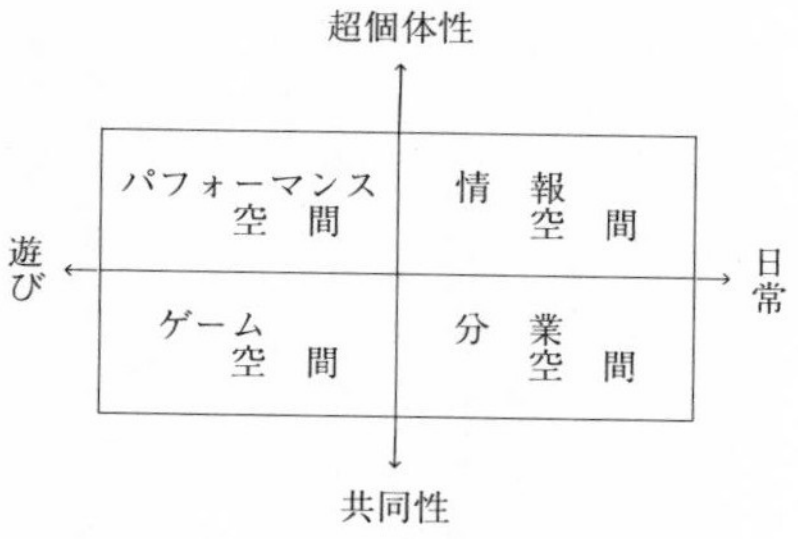

カイヨワは先のテーゼとともにもう一つの興味深いテーゼを提示した。それは、遊びの変遷は社会（文化）の変動と対応するというものである。このテーゼを使うなら、私たちの第二の課題であった現代社会におけるパフォーマンス・スポーツの台頭をつぎのように解釈できる。近代社会が産業（分業）化に主力を注いでいた時代には、共同性の身体と親和するゲーム型スポーツがスポーツの主力を占めていたが、情報社会の様相を強くするにつれて、この社会局面が要求する超個体性の身体を涵養するパフォーマンス・スポーツが人びとの好むところとならざるをえない。つまり社会の力点の移行（産業化→情報化）が遊びの力点の移行（ゲーム型→パフォーマンス型）と対応している、ということである。

参考文献

中井正一「スポーツ気分の構造」久野収編『美と集団の論理』中央公論社、一九六三年
唐木國彦「「やわらかいスポーツ」の台頭」『スポーツ批評』七、窓社、一九九〇年
市川浩『精神としての身体』勁草書房、一九七五年
M. Berman, *Coming to our Senses*, Unwin, 1989
大澤真幸『身体の比較社会学I』勁草書房、一九九〇年
J・ホイジンガ『ホモ・ルーデンス』高橋英夫訳、中央公論社、一九六二年
R・カイヨワ『遊びと人間』多田道太郎・塚崎幹夫訳、講談社、一九七三年
W・リップマン『世論』掛川トミ子訳、岩波書店、一九八七年
D・J・ブーアスティン『幻影の時代』星野郁美・後藤和彦訳、東京創元社、一九六四年
E・ダニング、K・シャド『ラグビーとイギリス人』大西鉄之祐・大沼監治訳、ベースボール・マガジン社、一九八三年
粉川哲夫『カフカと情報化社会』未来社、一九九〇年

第14章　文化としての現代医療

黒田浩一郎

1　医療と文化

病気への対応の民族差

アメリカ合衆国大統領ジョージ・ブッシュが来日した折、歓迎会の席上で当の大統領が食べ物を吐き気を失って倒れるというハプニングがあった（一九九二年一月八日）。この出来事には医療と文化の関わりを考える上で非常に興味深い点が二つあるように思われる。まず第一に、意識を回復した大統領が「みんな誰も自分に注目してくれないので、みんなの注意を引こうと思っただけだ」というジョークをいったこと。第二に、半日休養した後マスコミの前に姿を現した大統領が昨日の嘔吐と卒倒の原因をたずねられ、あれはインフルエンザによるものだと答えたこと。

第一の点について。もし日本の総理大臣が訪米して歓迎会の席であのように倒れたとしたらどうだろうか。国賓として招かれ、自分のために開かれた晩餐会で当の主賓が病気のために倒れて退席するという大失態を演じてしまったことをまずわびることであろう。そして、あのようなジョークをけっしていわないであろう。ところで、このジョークはどのような意味をもつのだろうか。緊張した場の雰囲気をなごませ、自分は大丈夫だから後はみなさんで楽しんでください、というメッセージだろうか。いやそうではない。病気で主賓が退席した歓迎会などどうとりつくろってもなごみようがない。このような意図でのジョークならかえって逆効果であろう。むしろ、病気で意識を失うという危機にあっても自分はうろたえてはいない、ジョークがいえるほど平静さを保っている、ということを人びとに示すためのものではなかったろうか。というのも、アメリカ人のなかでもアングロ・サクソン系は病気やその痛みに対してつとめて冷静であろうとし、感情的に痛みを訴えたりせず、客観的に自分の状態を述べようとする傾向がある、といわれているからである(M. Zborowski, "Cultural Components in Responses to Pain," *Journal of Social Issues*, 8, 1952)。ブッシュはこのような自分の属する民族での病気の際のしかるべきふるまい方に従っていたのではないか。

風邪とインフルエンザ

第二の点について。「風邪」といわずにわざわざ「インフルエンザ」という言い方はわれわれ日本人にはすこし奇妙に聞こえる。というのは、日本人は風邪とインフルエンザをそれほど区別しない。たとえば風邪かインフルエンザかで養生の仕方が変わるということはない。ところが、イギリス人の民間信仰ではこの両者を区別する。通常より体温が低いと感じる風邪(cold)は、たとえば気温が低いのに十分に着込んでいなかったなど、本人の不注意によるものとされ、風邪を引いたことに対する本人の責任が問われる。これに対して、通常より体温が高いと感じるインフルエンザ(flu)の場合は、細菌などの感染によるものでどんなに注意しても防ぎようのないものとされ、インフルエンザにかかったことに対する本人の責任は問われない。このような民間信仰は今日でもイギリス人の考えや行動のなかに生きている、といわれている(C. G. Helman, "Feed a Cold, Starve a Fever," *Culture, Medicine & Psychiatry*, 2, 1978)。イギリス人と同じアングロ・サクソンとして、このような区別がブッシュの念頭にあったのではないか。だからこそ、わざわざ、自分の不養生を公認することになる「風邪」ではなく、自分ではいかんともしがたかったとみなしてもらえる「インフルエンザ」といったのではないだろうか。

文化としての病気と医療

このように、人びとが身体と精神の正常と異常に関して抱いている観念は人びとの健康と病気に対する考えと行動を規定する。どのような身体と精神の状態が正常あるいは異常か、そのような異常はどのような原因によって引き起こされるのか、そのような状態に対してどう対処するべきか、そのような状態を正常な状態にもどすのに適切な方法は何か、などに関する観念の相違（たとえば、先の例のように民族による相違）が、どのように人びとの考えや行動の相違となって現れるのか、がこの章のテーマである。

つぎのところでは、このテーマに医療社会学がどのように取り組んできたのかをみてみよう。

2　しろうとの世界／専門職の世界──既存研究の概観

しろうと参照システム

一般住民を対象とする健康調査によれば、多くの人びとが医学の立場からは当然医者にかかるべき不健康な状態にありながら、実際に医者にかかっているのはその一部のごく少数の人びとである。では、どのような要因が人びとを医学の立場からは当然とるべき適切な行動をとることを妨げているのか。医療社会学において文化の論点が浮かびあがったのはこのような問題の脈絡においてである。

アメリカの医療社会学者E・フリードソンは、この問題に対して「しろうと参照システム」(lay-referral system)という概念を提示している(E. Freidson, *Profession of Medicine*, Harper & Row, 1970)。これはしろうとが自分や家族の健康と病気の問題に関して相談しあう住民のあいだのネットワークである。フリードソンはこれを構造と文化という二つの次元で分類し、これを医療サービスの利用と関連づけている。

文化の次元は、それが医学の考えと一致しているかそれとも異なっているか、構造の次元は、相談の相手が多く相談が頻繁か、それとも相談の相手が少なく相談がまれかで四つのタイプを考え、それぞれのタイプの医療サービスの相対的な利用度は、医学の考えと一致した文化をもち、構造が密で広いタイプのしろうと参照システムがもっとも医療サービスの利用度が高く、以下、医学と一致した文化で構造が粗かつ狭いタイプ、医学と異なった文化で構造が粗かつ狭いタイプ、医学と異なった文化で構造が密かつ広いタイプの順で利用度が低くなるであろうという仮説を提示している。

フリードソンのこのような提言の背景には、健康と病気の観念についての民族や社会階層による相違についての実証的な研究の積み重ねがある。ここでは、そのうち古典的な研究を一つ紹介しておこう。

社会階層と病気観

表1　社会階層別の，それぞれの症状を医療の必要ありと認めた回答者の割合（%）

症　　状	階層Ⅰ（N＝51）	階層Ⅱ（N＝335）	階層Ⅲ（N＝128）
食欲がない	57	50	20
しつこい腰痛	53	44	19
せきが止まらない	77	78	23
しつこい関節と筋肉の痛み	80	47	19
血便	98	89	60
血尿	100	93	69
多量の膣出血	92	83	54
関節の腫れ	77	76	23
体重の減少	80	51	21
はぐきの出血	79	51	20
慢性的な疲労感	80	53	19
息切れ	77	55	21
しつこい頭痛	80	56	22
少しの間気を失う	80	51	33
胸の痛み	80	51	31
乳房のしこり	94	71	44
腹部のしこり	92	65	34

（%）小数点第1位を四捨五入
（E. Koos, *The Health of Regionville*, 1954）

それは社会階層による病気観の相違を調査したE・クースの研究である(E. Koos, *The Health of Regionville*, Columbia University Press, 1954)。クースはニューヨーク州のある小さな町の五〇〇家族への面接調査において、表1に掲げるような症状が、医師にみせるべき重大な症状かどうかをたずねている。その結果は表1のごとくであるが、夫が専門職、会社経営者、管理職である上層階級（階層I）では、「食欲がない」と「しつこい腰痛」を除くと、すべての症状に対して七五%以上の回答者が医師にみせるべきだと答えているのに対して、夫が非熟練労働者からなる下層階級（階層Ⅲ）では、一七の症状のうち一〇の症状に対して七五％以上の回答者が医師にみせるほど重大ではない、と回答している。このように、階層が低くなるほど、医学的には医師にみせるべき重大な症状がそうはみなされなくなる。ただし、クースの調査では、これが病気観の違いによるのか、それとも医療サービスの経済的な利用可能性の違いによるものかについては明確にしておらず、この点が彼以後の研究の調査テーマの一つとなる。

熱い病気／冷たい病気

以上のような研究は、現代医学の病気観を標準として設定し、どうしてしろうとは医師が適切と考えるようには考え行動しないのか、という問題設定から出発しており、この点ではきわめて評価的な研究である。これに対して、しろうとの病気観を現代医学の病気観と対照させながら忠実に記述しようとする研究が考えられよう。さきに紹介したイギリス人の病気観における風邪とインフルエンザの違いについてのヘルマンの研究などはその一例だが、このように、病気を「熱いもの」と「冷たい」ものなど、二元的な分類図式で分類し、同時に、養生法、薬、食事なども同じ分類図式で分類し、「熱い」病気には「冷たい」養生法、薬、食事などを施し、逆に「冷たい」病気には「熱い」養生法、薬、食事などを施せばよい、という病気観の背後には、人間が自然や社会との関係のなかで二元的な要素をうまくバランスさせていれば健康であり、そのバランスが乱れれば病気となる、という考えがある。このような考えは現代のわが国にもみられる。たとえば、筆者が調査したことのある断食医療では、あらゆる病気は血液の酸性とアルカリ性のバランスの乱れ、とくに血液の酸性化によって起こるとされていた（拙稿「現代社会における民間医療」『ソシオロジ』二九巻三号、一九八五年）。この病気観は断食医療にかぎらず、

「肉を食べるときは野菜をたくさん食べないといけない」など、食物を酸性／アルカリ性で分類し、両者がバランスするように食べるのが健康によい、という民間信仰や、ポカリスエットをはしりとする「アルカリイオン飲料」の流行などにも現れている。

報いとしての病

また、自分や自分にとって大切な人の病気を、死んでいるあるいは生きている他者からの攻撃や社会規範や道徳の侵犯に対する罰の結果であるとする考えもしばしばみられる。つぎの一節は、夫をがんでなくした女性の手記からの抜粋である（児玉隆也『ガン病棟の九十九日』新潮文庫、一九八〇年）。この女性は、夫の母にいろいろ悲しい思いをさせたと悔やんでおり、とくに三年前に義母を亡くして以来、申し訳なかったという思いを募らせていた。

夫がガンだとわかった時、「来た！」と思ったのは、義母に悲しい思いをさせた当然の酬いなんだ、私は今その罰を受けているのだという思いもあった。

関西に住む夫の姉が、自分の信仰している会の先生と話してみないか、といわれたときも、義母だけでなく夫にも義姉にもすまなかったと思っていたので、素直に出かけた。（一二二頁）

ここにも現れているように、この報いとしての病気という考えはわが国の現世利益的宗教にしばしばみられる。しかも、このような現世利益的信仰は農村などに残る伝統の遺物というだけではとらえられず、都市においても今日多くの人びとを引きつけ続けている。たとえば、大阪と奈良の境を縦走する生駒山地は大阪大都市圏に隣接し、都市居住者を信者とする現世利益的信仰の一大メッカの観があり、そこでは病気治しは信者を引きつけるご利益の一つである（宗教社会学の会編『生駒の神々』創元社、一九八五年)。

以上にみたような、バランスの喪失としての病と報いとしての病という考えは、それぞれ近代以前の伝統的社会といわゆる未開社会において支配的な病気観であり、医療人類学者のG・M・フォスターはこのような病気観に基づく医療をそれぞれ「ナチュラリスティックな医療体系」および「パーソナリスティックな医療体系」と名づけている(G・M・フォスター、B・G・アンダーソン『医療人類学』中川米造監訳、リブロポート、一九八七年)。そして、今日においてもこのような病気観はしろうとのあいだで強く抱かれており、それに応える形で非正統的な医療が存在している。このような病気観を非科学的として、なぜ非科学的な信念に一部の人びとは染まりやすいのか、という問題設定ではなく、このような信念のほうがむしろ時代的にも地理的にも一般的なのであり、その信念の根強さはどこからくるのか、が問われなければならないのではないか。

現代医学における非科学的要素

しかしながら、このような非合理的・非科学的な要素は実のところ現代医学においてもみられるという指摘がある。たとえば糖尿病の治療において、患者の血糖値を一時点で測定し、それを薬剤やインシュリンによって正常値まで下げる、という治療法が一般的である。この根拠は、血糖値をうまくコントロールしないと症状がおさまらず動脈硬化などの併発症を引き起こしやすいということである。しかしながら、糖尿病の指標として血糖値以外にも他のいくつかのより重要な生化学的パラメーターがあるともいわれており、また、血糖値はいろいろな要因によって非常に変動しやすく一時点での測定では十分ではないとされており、しかも、薬剤やインシュリンによる治療は副作用が強くむしろ食事療法によるほうがよいとする意見もある。さらに、血糖値の高さやコントロールの程度と併発症の関係もけっして確定的なものではない。にもかかわらず、おざなりに測定された血糖値の薬剤やインシュリンによる治療に医師が固執するのはなぜか。これについてポスナーは、糖尿病についてあいまいな知見しかえられていない現状において、血糖値が糖尿病の「象徴」となっており、また、食事療法よりも薬剤やインシュリンといった化学物質の投与のほうが医療が行われていることの「象徴」となりやすく、医師にとっても患者にとってもそのほうが医療が行われているという実感をもちやすいからだ、と分析している(T. Posner, "Magical Elements in Orthodox Medicine," in R. Dingwall et al. eds., *Health Care and Health Knowledge*, Croom Helm, 1977)。

このような「呪術的な」要素は現代医療の他の領域でもみられ、とりわけ病院内での感染防止のための処置はこうした要素に満ちているといわれている(J. A. Roth, "Ritual and Magic in the Control of Contagion," *American Sociological Review*, 22 (3), 1957)。これに関する近年の話題は剃毛の問題であろう。これまでは手術の前に患者の身体のメスを入れる部位の毛をかなり広く剃っていたが、近年では剃毛の効果はほとんどなく、かえって細菌やウィルスに感染しやすくなる場合すらあるとして、アメリカなどでは手術の前の剃毛をしなくなっている。わが国ではいまだに行われているが、これも体毛が身体とその外部という象徴的な分類体系の境界にあり、そのため汚れたものとみなされる、という「呪術的な」思考に基づいたものであろう。

医学的コスモロジー

とはいえ、現代の医学は圧倒的に合理的・科学的であり、現代の糖尿病治療の実際が非科学的であり、剃毛が科学的にみて効果がないとするのも現代医学の立場からみてのものである。それでは、このような科学的な医学知識は客観的な実在を反映した真理であり、呪術や宗教の拘束を克服し、とらわれのない目で人体を観察すればおのずとえられるものであろうか。そうではない。科学といえども、経験によって修正を受けない、経験に先立ち経験を秩序だてる、世界のあり方についての基本的な前提をもち、そのような前提は集団によって担われ伝承されるものである、というのがT・クーンに始まる近年の科学史研究の教えるところである。この点では科学的知識といえどもその他の信念とまったく同じ資格で文化の一つであるといえる。

こうした研究に刺激されて、近代医学の背後にある前提を解明し、またそのような前提がなぜ抱かれるのかを医学知識がつくり出される社会的な場の構造から説明しようという試みが行われている。M・フーコーの『臨床医学の誕生』（神谷美恵子訳、みすず書房、一九六九年）はそうした試みの最初のものである。ここでは、フーコー以後のものとしてN・D・ジューソンによるもの(N. D. Jewson, "The Disappearance of the Sick-man from Medical Cosmology, 1770-1870," *Sociology*, 10 (2), 1976)を紹介しておこう。

彼はまず医学知識の産出の場の構造を、医学知識の生産手段をコントロールし動員するが、自身では直接に労働過程に参与しない集団または階級である「支援者」、なんらかの程度の自律性をもって医学知識の生産過程にたずさわる集団または階級である「医学探求者」、支援者と探求者を拘束する相互依存関係をなす一組の生産関係である「支援システム」などからなるとし、それを「医学知識の生産様式」(medical mode of production)と名づける。そして、ジューソンによれば、西欧社会では一八世紀後半から一九世紀の終わりにかけて三つの異なったタイプの医学知識の生産様式が順次優位となった。ベッドサイドの医療、病院の医療、実験室の医療の三つである。それぞれの医学知識の生産様式の特徴を要約すると、まず一八世紀の後半に支配的であったベッドサイドの医療においては、医師は支配階級の患者に対して患者の自宅で診療を行う。医師の収入は裕福な患者が支払う報酬に完全に依存している。そのため医師は患者の期待に沿うように病気の定義と説明を定式化しなければならない。つぎの病院の医療においては、国家の設立する貧困者収容施設としての病院におおぜい詰め込まれた患者に対して国家のエージェントとしての医師が診療を施す。患者はもはや医師をコントロールする力を失い、医師は尽きることのない従順な研究材料を手に入れる。この医療が最初に成立するのは一九世紀前半のパリにおいてである。最後の実験室の医療においては、医学探求者は国家の運営する大学に雇用された科学者であり、探求者と治療者が完全に分化している。探求者にとって患者の苦しみやその存在すら重要性をまったくもたなくなる。この医学が最初に成立するのは一九世紀後半のドイツとくにプロシアにおいてである。

それぞれ以上の特徴をもつ医学知識の生産様式はそれに対応する、人間の身体と精神の正常と病理についての前提、ジューソンのいう「医学的コスモロジー」(medical cosmology)をもつ。まず、ベッドサイドの医療における医学的コスモロジーでは、疾病分類の主題は精神と身体の分化していない全体としての人間の経験する症状である。疾患は外部に現れた症状や患者が主観的に体験する症状に基づいて定義される。病気の原因は、あらゆる病気に共通の第一次的原因に求められる傾向がある。それは特定の器官や細胞ではなく、たとえばある体液の過剰または過少といった具合に、全体としての心身のシステムの問題とされる。つぎの、病院の医療における医学的コスモロジーでは、疾病分類の主題は身体内部で生起する無数の病的な事象となり、患者の症状を身体内部の損傷と統計的に関連づけることによって客観的な疾患単位が記述される。また、病理学は局在論的固体論の形態を取る。病気の原因は器官の損傷にあるとされ、患者の体験する症状はもはや疾患を定義するものではなく、疾患の二次的な指標にしかすぎなくなる。最後の、実験室の医療における医学的コスモロジーは自然科学の概念と方法を医学の問題に適用することに基づいている。この医学の二つの主要な発展は組織学と生理学である。細胞の特性に関する多くの発見は細胞理論という一貫した理論にまとめられる。この理論では、すべての生物の構造および発達上の究極的な単位は細胞であるとされる。病理学は細胞病理学であり、病気の座は細胞にあるとされる。したがって診断は身体を構成する物質の一連の化学的検査に基づかせなければならないとされる。ジューソンによれば、このようなベッドサイドの医療から実験室の医療への医学的コスモロジーの展開は、人間の全体性、患者の経験の重要性、患者の個人的独自性、医師と患者の対話が失われていく過程でもある。

医療と社会統制

また医学の知識は人間の身体と精神の正常と病理に関する科学としてつねに社会の支配的な規範や価値観と関わりをもつ。この点でよく調べられているのは一九世紀の性規範と当時の医学の女性観との関係であろう (C. Smith-Rosenberg & C. E. Rosenberg, "The Female Animal," *Journal of American History*, 60, September 1973; E. Showalter, "Victorian Women and Insanity," in A. Scull, ed., *Madhouses, Mad-doctors and Madness*, University of Pennsylvania Press, 1981)。これらの研究によれば、当時の医学は当時の支配的な性規範を科学の名のもとに正当化するように働いていた。たとえば、中・上流階級の女性の一部からの教育の機会均等の要求に対して、女性の生殖器官が成熟する重要な時期に有限な生命力を知的活動に費やすことは生殖器官の発達を阻害し、彼女らの産む子どもは病弱で神経症的になりやすい、といったことくである。

支配的な性規範と医学とのこのような並行関係は、しかしながら、一九世紀に限ったことではなく、二〇世紀後半においてもあるという指摘もある。たとえば、アメリカで一九四三年から一九七二年のあいだに出版された二七の婦人科学概論の教科書を調査したD・スカリーとP・バートは、この期間にキンゼイ報告やマスターズとジョンソンの実験など女性解放的な知見があったにもかかわらず、これらの教科書はこうした知見をほとんど取り入れることがなく、女性は男性より性欲が弱く、女性のオーガスムはヴァギナでえられ、それは成熟した女性の反応である、という考えに固執していることを見出している(D. Scully & P. Bart, "A Funny Thing Happened on the Way to the Orifice," *American Journal of Sociology*, 78(4), 1973)。

ただし、これらの研究では、単に支配的な性規範と医学の描く女性像との並行関係の指摘だけに終わる傾向があり、なぜこのような並行関係が生じるのか、が今後は問われなければならないであろう。

3　現代医療の文化

ヘルシズム

これまでは現代における文化と医療との関わりについて既存の研究をみてきた。ここでは、今日の健康と病気をめぐる文化的状況をみてみよう。この点でまず指摘しなければならないことは今日健康への人びとの関心が非常に高まっていることである。健康を人生において追求するべき第一の価値とする人びとが増えており、その価値の実現のためにますます多くの人びとが健康に配慮し健康によいとされることにせっせといそしんでいる。この傾向は、人間ドックなどで定期検診を受ける人びとの増加、喫煙やアルコールやカロリーや塩分の多い食事やストレスの多い生活など健康に悪いとされることをひかえる努力をしている人びとの増加、ジョギングや体操など日頃から運動を心がけている人びとの増加、健康器具・健康食品などの流行、などに現れている。この傾向は「ヘルシズム（健康第一主義）」(healthism)と呼ばれることもあるし、わが国のマスコミはこの傾向を記述するために「健康ブーム」という言葉をつくった。

このような傾向を促している要因としては以下のものが考えられる。第二次世界大戦以後とくに一九七〇年代以降の政治と経済の安定と生活水準の向上により日々の衣食住にあくせくしないでもよい人びとが増加したこと、核家族化や血縁や地縁に基づく相互扶助の仕組みの崩壊のなかで家族における夫=父親および妻=母親の役割の代替可能性が低下したこと。乳児死亡率の低下や結核などの感染症死亡率の低下や国家による暴力独占による殺人の減少や戦死の減少など老齢での病死以外の死が相対的にまれになるにしたがい、老齢に達しない前の死が未完成で無意味な死とみなされるようになっていること。個人が精神的にも肉体的にも健全で若々しく活動的なことを強調する近代社会の価値観の浸透、など。

早期発見・早期治療

しかしながら、より重要な点は健康への関心の程度ではなく、むしろこの関心のあり方のほうである。この点では、まず第一に、病気の多くは当人の自覚なしにひそかに発生・進行し、自覚症状があった時点ではもう手遅れである場合が多いとされており、そのため病気を早期に発見し早期に治療することの必要性が強調されていることを指摘しなければならない。

ここでは、病気の実体とされるものと患者の感じる主観的な症状とが分離している。このような分離が起こったのは、フーコーやジューソンが明らかにしているように、一九世紀前半のパリを中心に展開された医学においてであった。ここにおいて、病者の自己の身体についての主観的知覚が病気の存在を決定づけるものではなくなり、かわって、病者の身体内部の器官や組織の器質的病変が病気の実体を構成するものとして概念化される。そして、病者の自己の身体についての知覚はその不完全な反映にしかすぎなくなる。

さて、以上のような特徴をもつ近代医学は当初はその対象が病院に収容されていた貧困者に限られていたが、貧困者収容施設であった病院が治療のための施設へと機能を拡大させていくに伴い、その対象を全社会階層へと徐々に拡大させていく。と同時に、当初は地域社会から病院という施設に隔離収容された患者を対象としていた医学がそのまなざしを地域で生活する人びとにも向けるようになる。そのなかで、病気の自覚がなく不適切にも医療機関にかかっていない多数の病人を発見するとともに、住民の医学的状態を計測し、種々の検査データの分布を明らかにすることによって、分布の平均からの偏りという新しい病理基準を適用可能なものとしていく。こうして、病気は本人の気づかないところで徐々に進行するので早期発見・早期治療が大切だという考えが普及していくが、この考えの普及を促したものとして以下のものがある。

まず、国民の発病率や有病率や死因の中心が、結核に代表される感染症からがんに代表されるような慢性病、成人病に移ったことである。これは「疾病構造の変化」と呼ばれているが、後者のような病気にあっては現代の医学は決定的な治療法を欠いており、現在のところ症状を薬や摂生などによって抑えるか、病んでいる部分を切り取るか、病んでいる部分が果たしていた機能が生命維持に不可欠な場合にはその機能を機械や他者の臓器で代替させるかしか方法がない。したがって、こうした病気ではより早期に発見し早期に治療するのがもっともよいということになる。

また、近代国家が最初は富国強兵策として、そして第二次世界大戦以後は社会福祉の一環として国民の健康増進をその重要な機能の一つとしているため、早期発見・早期治療の必要性を国民に普及させるのに積極的な役割を果たしていることがある。

最後に、CTに象徴されるような、ME機器と称される、検査・測定装置の発達をあげなければならない。当初の五感とくに視覚による検査・測定から、X線、電気、光、超音波、磁気などを用いる、エレクトロニクスの粋を集めたような機器による検査・測定への発達である。

このような早期発見・早期治療という考えの普及は、内部で自己の気づかぬうちに発生・進行する病気へのおびえを人びとのあいだに生み出し、こうした自覚できない初期の病気を医師に発見してもらうために、定期的にチェックアップを受けることへと人びとを駆り立てている。近年の人間ドックの流行はこの証左であろう。

犠牲者非難イデオロギー

今日の健康への関心のあり方の第二の特徴は、健康と病気を決定するものとして食生活、肥満、飲酒、喫煙、運動不足、不規則な生活、ストレスなど個人の社会生活が強調されている点である。この考えは「犠牲者非難イデオロギー」(the victim-blaming ideology) と呼ばれることもあるが、こうした考えの普及は今日では以下の二つをとおして行われている。

一つは危険因子という考えである。危険因子というものを非常に単純化して説明すれば、ある特定の疾患に関して、その原因と考えられるものとその疾患の発症との関連を、現地調査に基づいて調べ、その関連が確率・統計的に有意であれば、それがその疾患の危険因子ということになる。そして、そのような危険因子を避けることによって疾患の発生を予防しようということになる。危険因子というのはあくまで確率的なものであって、そのような危険因子にさらされているほど発症の確率がなんらかの程度高くなるというものだが、これを格律として、そのような因子を生活において努めて避けるべきだ、というのが危険因子の考え方の骨子である。

このような認識の基層には、「人口」という統計的な集団があるだろう。これは、労働生産物や労働の収奪からそれらを生み出す人びとの身体や精神の性能の管理へという支配様式の根本的な変化によって生み出されたものである。人びとを全体として、一国の労働力や軍事力や出産力の観点からとらえたものが「人口」にほかならない。

もう一つはストレス学説の普及である。ここでは生活上のさまざまな「負担」「緊張」「困難」「苦悩」(これらがストレスまたはストレッサーと総称されるのだが)や、これらのことを感じやすい性格などが病気とくに成人病の発生と関連づけられることになる。そして、これらの病気の予防や治療のためにはストレスを少なくするべしということになるのだが、そのための方法としてはリラックス、「社会的スキル」といわれるような良好な人間関係をつくれるような技能の習得、ごく狭い範囲の人間関係の調整など病者および病者とごく近しい人間を変容させるという個人的な解決方法が中心となる。

こうして病気とくに成人病の原因として個人の社会生活のさまざまな要素がとりあげられるにつれて、病気を予防するために自己のライフ・スタイルをより健康的な方向へと絶えずコントロールしていく、といった生活態度が生み出されている。

このようにみてくると、医学は病気の実体と原因や病気を防ぎ治療する方法を〈発見する〉というよりも、むしろそれらを〈つくり出す〉ものであるといえる。また、今日の医学はそれが人間の正常と病理に関する科学的知識を有している点とその知識の実践者である医師が専門職という地位を獲得しているという点で、警察・司法、教育、社会福祉など広く人間の正常と異常に関わる制度のモデルとなっている。その意味でも近代医学がつくり出す身体と精神の正常と病理の実相とその社会的な構成に注目する必要があろう（拙稿「情報の観点からみた現代医療」『思想』八一七号、一九九二年）。

4　文化と社会

正当化の語彙

人間や集団が身体と精神の正常と病理について抱く観念はしろうとのものであれ専門職のものであれ人間の健康と病気をめぐる考えや行動を規定するし、逆にこの健康と病気をめぐる行動である医療の行われる社会的な場の構造によってこれらの観念は規定される。またこれらの観念は社会規範や価値観によって影響され、逆にそれらを正当化するように作用する場合もある。本章ではこのような病気の観念と医療の場の社会構造や社会規範・価値との相互作用の現代社会における種々相をみてきた。

ところで、健康や病気に関わる観念を今日の医療をめぐるいろいろな現象を説明するものとしてもち出すということがしばしば行われている。その一つの型は、ある社会にはみられ、他のある社会にはみられない現象を説明する原因として文化的な観念をもち出すというものである。その例として、がんの告知が現在のアメリカではほぼ一〇〇パーセント行われているのに対して、現在のわが国ではがんが治療不可能な場合にはほとんど行われていないのは、日本人は特別に精神力の強い人を除いて普通の人間はがんの告知に耐えられず、生きる希望を失い、自殺につながるおそれもあると考えているのに対して、アメリカ人はそうは考えないからだ、と説明されることがある(S. O. Long & B. D. Long, "Curable Cancers and Fatal Ulcers", *Social Science & Medicine*., 16, 1982)。しかしながら、アメリカでも治療不可能ながん患者にも告知するようになったのは最近のことで、一九六〇年代まではアメリカも現在のわが国と同じような状況であった。しかも、このような変化はアメリカのみにみられることで、他の西欧諸国ではこれほどの急激な変化はみられていない。したがって、文化的な観念に原因を求めるとすると、アメリカ社会にのみみられる特殊な考えがあり、しかもそれがたかだか一〇年ほどのあいだに急激に生じたということになるが、そのような観念はおよそ見出しがたい。

同じことは、わが国の脳死と臓器移植をめぐる議論でもみられる。いわく、日本人は人間の本質が脳にあるとは考えないので、まだ息をして温かい人を死んでいるとはみなしがたい。いわく、日本人は死体を傷つけることを残酷なことだと考えており、また身体は神からの贈り物だという考えがないので、死体にメスを入れ臓器を取り出して見も知らぬ他人に提供するということを受け入れにくい、などなど。しかしながら、このように文化的観念と社会的な行動や制度とのあいだに一対一のタイトな対応を考えるのはまちがいであろう。たとえば、死体を火葬することを残酷だと感じる日本人がほとんどいないのと同じように、臓器移植のために身体にメスを入れることもまだ生きている人の身体を傷つける残酷なこととはみなされないようにならないともかぎらない。むしろ、こうした議論はおもに臓器移植に対して慎重派ないしは反対派から出されており、文化的な観念が政治的な主張の正当化のための語彙として利用されているという側面にも注目するべきであろう。

もう一つの型は、ある領域の種々の現象に共通する全体的な傾向（とみなされるもの）を記述・説明するものとして、人びとに共通する心的傾向を表すキャッチ・オールな概念を用いるというものである。その典型は、近代社会は死を否認する社会である、という説であろう（たとえばPh・アリエス『死と歴史』伊藤晃・成瀬駒男訳、みすず書房、一九八三年、N・エリアス『死にゆく者の孤独』中居実訳、法政大学出版局、一九九〇年）。この説にしたがえば、近代社会は死の事実を徹底的に否認する社会であり、そのため死を医療の手にゆだね、病院という社会から隔離された場で本人にすらその事実を知らせずに医師の管理のもとにひそかに死が処理されることを期待する。この説ではまた、死の否認の表れとして、現代の葬儀のやり方、墓地のあり方、遺族が喪の悲しみを人前で表すことが慎むべきことだとされていること、死について子どもにあまり話をしないこと、などがあげられる。

しかしながら、A・ケルヒアも述べているように（A. Kellehear, "Are We a 'Death-denying' Society ?," *Social Science & Medicine*, 18 (9), 1984）、死の医療化は死の否認の表れあるいは結果というより、むしろその原因であろうし、また、死の否認の表れとされているもの、たとえば墓地を公園のように美しく飾ることも、解釈によっては死の事実の否認というよりはむしろ死の事実を受け入れやすくするものだともとれる。

同じ傾向が近代医学をその前提とされる心身二元論から説明しようとする議論にもみられる。この議論にしたがえば、近代医学はデカルト流の心身二元論に基づいており、人間の身体を精神とはまったく関係しない、個々の部品からなる機械のごときものとみなす傾向があり、そのため、医療は身体の個々の部品を修理すればよしとし、痛みなど患者の主観的な症状をあまり重視しない、ということになる。

しかし、医師が患者の主観的な症状を重視しないのは、先に紹介したジューソンが明らかにしているように、なにも医師がデカルト哲学の信奉者だからではなく、それを顧慮しなくとも医療が行えるような社会的な場が用意されているからである。

このように、文化と社会の関係は前者が後者を一意的に決定するという単純なものではない。両者の複雑な関係を解明せず、すべての社会現象の原因を文化に還元するような単純化は政治的スローガンにはなっても社会科学的分析とはなりえない。

参考文献

H・E・フリーマン、S・レヴィン、L・G・リーダー編『医療社会学』日野原重明・橋本正己・杉政孝監訳、医歯薬出版、一九七五年
G・M・フォスター、B・G・アンダーソン『医療人類学』中川米造監訳、リブロポート、一九八七年
医療人類学研究会編『文化現象としての医療』メディカ出版、一九九二年
E・フリードソン『医療と専門家支配』進藤雄三・宝月誠訳、恒星社厚生閣、一九九二年
M・フーコー『臨床医学の誕生』神谷美恵子訳、みすず書房、一九六九年
L・ドイアル『健康と医療の経済学』青木郁夫訳、法律文化社、一九九〇年
I・イリッチ『脱病院化社会』金子嗣郎訳、晶文社、一九七九年
柳島次郎『脳死』弘文堂、一九九一年
波平恵美子『病と死の文化』朝日選書、一九九〇年
A・コルバン『においの歴史』山田登世子・鹿島茂訳、新評論、一九八八年
S・ソンタグ『隠喩としての病い』富山太佳夫訳、みすず書房、一九八一年
石川憲彦『子育ての社会学』朝日新聞社、一九八五年

階級文化の不在

大村英昭

「エリートの文化」・「中間層文化」・「貧困の文化」。かりに社会を三層に区分して、各々に独自のサブ・カルチャーがあると想定すると、欧米に比較して、わが国の近代は、かなり違った相貌をもっているように思える。まん中の「中間層文化」が両端の二つを圧倒し、欧米に見られるような「エリートの文化」も「貧困の文化」も、ともにそのユニークネスを主張できないまでに萎《い》縮し、いわばアングラ化してしまったからである。

簡単には、M・ウェーバーが「資本主義の精神」と呼んだ、あの「禁欲のエートス」の世俗化版。俗に〝ガンバリズム〟とも言われるような態度特性が、これほど社会のすみずみまで埋めつくした国はめずらしい。もちろん、それを蔑視し、揶揄《やゆ》するような言動が、時に（↓散発的に）出現することはあった。が、その言動を支持する「共鳴盤」が、一つの文化層として自立できるほどのまとまりは、ついにもてなかったように見える。

禁欲的な〝ガンバリズム〟ないし上昇志向が、欧米では、中間層に出自する一つのサブ・カルチャーに過ぎないことは、ほとんど自明の事柄である。かつて教育社会学ではやった「達成動機」論。あるいは同じくB・バーンステインの名で一時もてはやされた「言語コード」論など。いずれにせよ、中流階級の子弟と下層階級の子弟との文化的異同を問題にした議論を、いわば裏読みすればすぐに判る。ここでは一つだけ、むしろ宗教社会学の知見にもとづいて述べておこう。

当初、貧困層に共鳴盤を見出し、多くの人々を糾合していた新興宗教も、そのメンバーの社会的上昇にともなって次第に教養内容をも変えていき、やがて「中間層文化」としての宗教となり、時にはさらにごく限られた「エリートの文化」にまでなっていく場合がある。この意味での教団ライフ・サイクルを、多くの研究者が指摘してきた、という点である。

R・ニーバーの「デノミネーション」論など代表例だが、要は、現世的欲望を拒絶し、それ故に貧困を正当化していた（むしろ、貧しさが「選び」の証《あか》しですらある、といった）部分が、次第に緩和され、その教えも、まじめな努力を督励するだけの通俗道徳に変質していく、この経緯をニーバーは、〝デノミナリゼーション〟と呼んだのである。もっとも、この「苦難からの撤退」傾向がさらに進み、もし少数エリート層の宗教になったなら、通俗道徳を蔑視するという点で、かえってこの宗教の〝原点〟に回帰する可能性も出てくるのかどうか。この意味でのネオ・ファンダメンタリズムにおいて、案外、貧困層とエリート層とが出会うかもしれないという点についてまでは、ニーバーはなにも語っていない。

実際、「エリートの文化」と「貧困の文化」には、「中間層文化」を蔑視する共通した矜持《きょうじ》のようなものがあってしかるべきなのだ。業績主義的上昇志向なり、ここに言うガンバリズムなりを、いかにも〝ダサイ〟と感じさせるような、矜持あるカウンター・カルチャーが、エリートの側にも貧者の側にも十分には保持されなかった。明治期以降のわが国が、経済的に、どれほど豊かになっても、文化的には貧しいとの印象を与えるのは、この意味での階級文化の不在に原因がある、と私は思う。

考えてみれば、上層か下層かはあっても、中間層というのは、いわば暫定的にしかあり得ない存在である。せいぜい上に対するひがみと下への差別意識、いずれにしろ不安の温床とはなっても、そこに安定した固有文化を期待するのは、そもそも無理な話かもしれない。「上」の高雅《こうが》は当然として、下方にも「高貴なる敗北」といった矜持はあり得る。一言にして「反世俗性」とも呼べるカウンター・カルチャーの培養層。残念ながら、「一億総中流化」は、この「文化の芽」をつみとるようにしか作用しない。

第15章　愛・性・結婚
――男と女をめぐる文化――

牟田和恵

本章では現代社会を生きる人間が、異性間で互いに接近し深い関係をつくっている日常生活の側面を取り上げよう。それは「愛」の名で呼ばれ、「性」のつながりを結ぶ。「性」は、理性では説明できない「動物的本能」に駆り立てられる結果であるとしばしば信じられているし、「愛」も合理的な意図や社会規範を離れて自由な情熱の命ずる結果生じると考えられたりする。しかし、どのような他者を愛するようになるのか、どのように性的欲求を抱いてどのような性行動をとるのか、われわれは社会がわれわれに命ずるパターンから決して自由ではない。「愛」も「性」も文化の一形式なのである。

そしてそれらがわれわれの生活に占めるウェイトは大きい。われわれの日常は、本書で取り扱っているように、文学・映画などの芸術や娯楽、あるいは旅行やスポーツといった日常的時空間を「リクリエイト」する身体的実践など、多彩な様相を示して現れるが、そのなかでも、傾けるエネルギー量の差はあっても階層や趣味嗜好にかかわらずほとんどすべての者が人生の長い期間にわたって多かれ少なかれ関わりをもつという点において、異性間の愛や性のつながりはわれわれにとって何にも劣らぬ日常のたしかなひとこまであり、文化の重要な一側面である。

1　恋愛の海に泳ぐ若者たち

恋愛の花盛り

現代の性や愛に関する文化の特徴の一つは、とりわけ若い世代にとって男女を問わず「恋愛」という形をとった異性間のつながりがきわめて重要視されていることだろう。週末の街や公園にはデートするカップルが溢れ、シーズンのスキー場や海辺では若い男女が濃密な時間を過ごしている。バレンタインデー前のチョコレート売場は小学生までが「愛の告白」をしようと列をなしているし、大学のサークルは男女交際の場としてまず機能しているようだ。また、「恋人募集」をうたったテレビ番組が人気を博し、中学生向けから社会人向けまで、雑誌は「異性のハートを射止める」ノウハウを繰り返し特集し、現代の若者にとって恋愛が重大な関心事、体験することが望ましいとメッセージを送っている。現代社会の恋愛願望はまことに強いものがある。

さらに現代では、恋愛がみずから実践し体験するものである以上に、恋愛はこうあれかしとするテキストが熱意をもって受け入れられていることも興味深い現象である。若者向けの雑誌はさまざまなデートマニュアルを繰り返し紹介し、純愛や熱愛を描くテレビ番組やコミックが高い人気を集め愛のメッセージを語る作家やミュージシャンが教祖的存在となる。若者にとって恋愛が重要な関心事になったのは最近に始まった話ではないが、男女を問わずこれほどの関心事として社会的に認容されたのはきわめて現代的現象といってよいだろう。

そもそも「恋愛」という形式は、普遍的な男女のつながりではなく、歴史的に特殊に生まれてきたものであることをまず知っておく必要がある。「恋愛」の言葉自体、明治になって欧米文化の影響のもと、翻訳語として日本語に登場した。もちろん、男女が互いに情緒的・性的に深いコミットメントをすることは現代のみならず、時を超えて存在していただろう。日本の文学史を眺めても、『万葉集』の相聞歌や『源氏物語』などに著明なように男女の情愛は古代以来重要なテーマであるし、江戸期の好色文学もおくことはできない。また歴史的な事実として、近代以前の農村では夜這いや若者宿で知られるように、互いに好意をもった若い男女が性交渉を楽しむ伝統が存在していた。

しかし、明治になって到来した「恋愛」は、ロマンティックで理想主義的な観念に裏打ちされているという意味でそれまでの男女の愛の形式とは異なっていた。それはヨーロッパ中世の騎士の既婚の貴婦人への崇拝的な「騎士道的愛」に発するが、その画期的意味の一つは、ロマンティックな熱情が、それまでの「魂の病気」、一種の発狂であることから一転して、高められた魂の状態として社会的に正当化され、美しい生活にいたるものとしてポジティブな価値を獲得したことにある。そしてそれは近代ブルジョワジーの勃興とともに結婚という制度とのつながりを強めながらブルジョワ社会に拡散・普及し、そして後に上下の双方の階層に広がっていく。

「恋愛」の基盤であるロマンティックな熱情、すなわちロマンティック・ラブは単に一対の男女の主観的で個人的な情緒の発露であるだけでなく、彼（女）らを取り巻く社会関係の伝統的パターンを覆すものである点に大きな意味があった。社会史家エドワード・ショーターは、ロマンティック・ラブを一八世紀後半のヨーロッパに始まる「感情革命」の重要な一要素として位置づけているが、彼によれば、それは「自発性」と「感情移入の能力」の二点によって定義される（E・ショーター『近代家族の形成』田中俊宏他訳、昭和堂、一九八七年）。つまりこの新しい愛の観念は、当事者個人の人格や個性に基づき内面から自発的に生じる感情であるために、伝統的で慣習に定められた対人関係、共同体に強要された対人関係を否定する。また、感情移入によって、カップルは「一体感」や深い意思疎通を体験する。したがってそれは本質的にカップルの男女の互いの等価性を前提としており、共同体が強制してきた男女の性役割、地位の上下を脅かす契機を含むのである。

このようなロマンティック・ラブのイデオロギーが明治期の日本に受け入れられたのは、それが単に西欧の風俗慣習を模倣するというだけの誘因によるものではなかったことは明らかだ。おそらくそれは、未曾有の社会変動のただなかで、家や地域の共同体的拘束や旧来の価値観の重圧から個を析出させ脱出を可能にする水路と観念されたからこそ輝かしい地位を獲得することができたのだ。日本近代文学において恋愛観念を初めて登場させた北村透谷は、「恋愛は人世の秘鑰《ひやく》なり、恋愛ありて後人世あり、恋愛を抽き去りたらむには人生何の色味かあらむ」と恋愛の至上の価値を讃えている（「厭世詩家と女性」『女学雑誌』明治二五（一八九二）年二月号）。透谷のこのいささかオーバーにも聞こえる表現は、このような文脈のなかでよく理解できる。それは反社会的であるがゆえに解放であり、非日常的で稀少なものであるために最高の価値を有したのである。

恋愛のパラドックス

ところが現代において恋愛は、望ましいものとしての積極的な価値は変わらず備えているものの、決して「反社会的」なものでも「稀少」なものでもなくなった。誰にとっても、少なくともある時期には必ず体験することが期待される手近なもの、そこから楽しみと満足を得ることのできる生活の彩りとなった。このような変化のなかで、恋愛の意味付けは当然のこととして変容する。かつては恋愛そのものが一つの「事件」であり、それ自体が激しい感情移入をさせる要因となりえた。しかし「恋愛は当然のこと」である現代では「どのような恋愛をするか」に関心の重点が移らざるをえない。必ずしも激しい感情移入を感じないとしても、電話を掛け合い、しゃれたレストランで食事をし、海沿いのコースをドライブして、一連のいわば「恋愛行動」をとることから恋愛は始まる。互いに熱情を感じることよりも、自分の「恋人」であると認識し合うこと、「いま付き合っている人」がいること自体に恋愛の意味がある。ミュージシャンが、コミックが、テレビの素敵なタレントたちが讃え繰り広げている恋愛と同じことをしていることが満足感を呼び起こす。現代の恋愛においては、パターン化された「恋愛の型」を実践して恋愛の存在確認をすることが不可欠なのだ。

また、誰もが恋愛を楽しんでいるとすれば、それに無縁でいるのはライフコースの重要な必須科目を外してしまうことだ。「恋愛すること」は現代の若者にとってほとんど強迫観念といってもよい。大学生にもなって恋愛経験が皆無なのはきまりが悪いし、異性との付き合いに何の興味もないなどといえば「オタク」じゃないの、と変人扱いされかねない。いまや若い恋人たちの一年のメインイベントであるクリスマスを一人で過ごさなければならないのは「みじめ」の極致、そう思えばいま付き合っている「恋人」に多少不満があっても手放すわけにはいかない。

そして恋愛が必需品であり、飽和状態にあるとすれば、恋愛には際限なく付加価値が必要になる。クリスマスシーズンになると高級レストランとシティホテルがカップルで満員になるのを若者の贅沢、マニュアルにたよる無個性の現れとだけは片づけられない。本来、非日常性に支えられていた恋愛を日常化してしまった以上、恋愛は、洗練され高級化し付加価値を高めて差異を生じさせることなしには生き延びられないのだ。

恋愛の困難——揺れる性役割

したがって恋愛が飽和状態であることは現代において恋愛が「容易」であることを意味しない。恋愛をテーマとしたテレビドラマや小説・コミックがもてはやされマニュアルが必要とされるのは、どのように恋愛をするべきか不安があるからであり、恋人が果たすべき役割に迷いがあるためでもある。恋愛することがほとんど強迫的に期待される現代、人は異性として魅力ある存在であるにはどうあるべきかつねに意識させられないではいないが、男性・女性それぞれに対する性役割が動揺しつつある状況のなかでそれは簡単なことではない。

たとえば男性にとって現在、恋人として期待される性役割にはジレンマがある。最近では「たくましさ」や「頼りがい」以上に「やさしさ」が好ましいとされる男性の条件である。しかし男性に手段的役割が期待されていることには現在も変わりはなく、有名大学——一流企業へと進んで妻子を安楽に養える経済力や社会的威信をより多く獲得することが将来の期待としてのしかかっている。お洒落に気を遣い女の子を楽しませるジョークや話題が豊富、しかも将来へ向けた努力も忘れるわけにはいかない——これらの相反する役割期待は現代の男の子を怯えさせるに十分である。

事情は女性にとっても容易ではない。現代社会は両性の平等を理念とし、実際社会生活において男／女の役割の境界は徐々に垣根が低くなりつつある。能力と意志あるかぎり、女性も男性に伍して活躍することができるし、近代社会の理念はそれを奨励する。「キャリア・ウーマン」は新たに登場した望ましい女性像の一つのパターンだ。ところが恋愛の市場での女性への期待は、この近代的個人像とは一致しない。われわれの社会で女性に相変わらず期待される素直さ、ひかえめさを保ちながら新しい女性像に近づくにはどうすればよいのだろうか。現代の女性は二つの価値観の間で揺れ動かざるをえない。

また、現代では、伝統的で固定的な「男らしさ」や「女らしさ」の型が崩壊し望ましい男性像・女性像が混乱しているだけでなく、男女の双方にその性としての魅力を強く発揮する方向への圧力がきわめて強い。恋愛の市場に限らず、学校や職場の一般的な対人関係の場でも「自分らしさ」「個性を生かす」等のフレーズがとびかって、人は「魅力的」であることを期待される。高度消費社会のシステムのなかで溢れんばかりに提供される情報と商品を追いかけて、人は「いい男」「いい女」に近づこうと努力するのだ。

この過酷な要求の前に、恋愛の市場からリタイアしてビデオやアニメの二次元世界でファンタジーを満たそうとする者が出るのも無理はない。恋愛という他者への自己投企は現代においてさほど簡単なものではないのだ。

2　恋愛と結婚の微妙な関係

恋愛飽和時代のシングルたち

このように現代において恋愛のウェイトはますます大きくなっているけれども、それと結婚の関係は単純ではない。一九七〇年以降、日本の婚姻率（人口千人あたりの婚姻届出件数の比）は下降し続け、八〇年代後半からは過去百年来の最低水準にとどまっている。

婚姻率の下降は、適齢期人口の減少という人口構造的要因にも大きく影響されているが、それとともに若い女性の結婚回避傾向も一つの要因になっているという。実際、婚姻年齢の上昇、つまり晩婚化は顕著で、近年の日本の平均初婚年齢（男二八・四歳、女二五・八歳。一九八八年）は世界でももっとも高い数値である。日本と同レベルの晩婚国であるスウェーデン、デンマークなどでは届出婚にいたる前に事実婚を経過するのが一般的であることを考えれば、実質的には日本は世界で群を抜く晩婚国であるといえる。

恋愛には熱心でありながら結婚はなかなかしないというのは一見奇妙に思えるかもしれない。しかし一歩考察を進めれば、この二つの現象は当然の符合であることがわかる。

まず第一に、現代のように恋愛が当然の出来事になればなるほど、恋愛や恋愛の相手に対する要求水準は高くなる。人は、恋愛をするだけでなく、「よりすばらしい」「本当の」恋愛がしたいのだ。かつて恋愛が稀少な時代は、それは当然のこととして結婚という人生の重大事に結びつくことができた。しかし今、恋愛はいくつも経験しうるものだし、それならば今の恋愛が自分にとって真正の、究極のものだとどうして知ることができるだろうか。現代社会はいわば恋愛のアノミー状況を生じさせているのだ。

ジェンダー・パワー・ポリティクス

恋愛に過度の期待が抱かれ、恋愛が普通のことであればあるほど恋愛と結婚の距離が遠ざかってしまうのは、男女の恋愛と結婚に対する期待にズレがあることにも因がある。若い女性たちの結婚回避傾向が未婚率を上昇させているといわれるが、若い女性たちが結婚を望んでいないわけではない。各種世論調査を見ても、「独り立ちできればあえて結婚しなくともよい」という「選択的結婚観」こそ女性の間に広がりはじめているが、「結婚しないほうがよい」の確信的結婚否定はごくわずかである。若い女性たちに圧倒的な人気を得ているトレンディ・ドラマでも、華やかな恋愛模様は必ず結婚に収束していくし、ブライダル産業は相も変わらず幸せな花嫁を演出して結婚への憧れをそそっている。つまり女性たちが結婚を回避しているというのはあまり正確ではない。彼女たちは望ましくない結婚を回避しているのであり、さらにいえば結婚の後に続くであろう望ましくない生活を回避しているのである。

それでは何が望ましくない結婚であり生活なのだろうか。現代の女性が結婚相手に求める条件は「三高」、つまり学歴・収入・身長がそろって高いことだという。もちろんこれは多分にマスメディアが揶揄的につくり上げた「わがままな若い女性」の虚像に基づく図式であって、現実にそのような条件に固執する女性は少数だろう。しかし実際、男子の低学歴者や農業従事者、都市のマニュアル・ワーカーの結婚難から判断すれば、「三高」はたしかに望ましい条件であるらしい。だが、そこで「やっぱり現代の女性はわがままだ」と断じてしまう前に、なぜそのような「高望み」がされるのかを考える必要があるだろう。

収入にしろ学歴にしろ、高低は相対的なものだから、望ましい資源を備えている者はつねに少数である。ましてやそれが三つもそろうとなれば稀少である。したがって論理的に考えれば多くの女性にとって「三高」を望むのは不可能な企てのはずだ。それがしかしあまり不思議もなくほとんど常識化している背景には、現代の日本の女性が獲得した社会的地位のアンバランスさがある。一方では男女の法的平等が確立されて半世紀近くが過ぎた今も一生を通じて女性が社会経済的地位を確立するにはまだまだ程遠く、その代償として女性は恋愛という情緒的営みに関心を集中させ、結婚によって社会経済的安定を図る戦略をとらねばならない。つまり女性にとっては、「上昇婚」が今も人生の重要な実際的戦略の一つである。ところが他方、教育や職業における機会の平等化は徐々に進展し、短大を含めれば高等教育への進学者は女子が男子を上回った。職業についても、少なくとも職業生活の端緒では女性にもずいぶん門戸が開かれ賃金の格差も小さく、おしゃれやレジャーにつぎ込む余裕もある。しかも学校を出て働くようになっても独立せずに親元で生活することがとくに期待される女性は、親がかりのリッチな生活を楽しむ。つまり実際上は、学歴や経済状況で自分の現状を明らかに上回る男性の市場はそれほど大きくなく、上昇婚の可能な余地は狭まっている。ところが全体的にいまだ女性の地位が低いのでそのことはほとんど意識化されず、相変わらず上昇婚の規範が疑うことなく内面化されているために結婚へのハードルが高くなってしまうのだ。

さらに、男性にとっては恋愛から結婚にいたる若い時期は、一生を通じてみれば、決して勢力の大きい時期とはいえない。体力や外見では最盛期にあるかもしれないが、現代の社会で男性を評価する一般的ものさしである経済力や社会的威信では、ほとんど最低ラインに近く、これから上昇する前段階もしくは途上にある。ところが女性は、少なくとも女性差別の構造化された現代の評価で女性の魅力とされる、若さに溢れる身体的・外形的魅力において最盛期に近い。つまり、恋愛の市場にある男女はおおむね、そのジェンダーとしてのパワーが格段に違うのである。ただしそれはあくまで、女性を性的対象として矮小化しトータルではあくまで女性に不利益な社会構造を背景としてのことであって、女性の相対的に優位な時期ははかないことを女性は十分に承知している。だからこそ若い女性たちは、男性たちを「アッシー」や「メッシー」として振り回し束の間のわがままを楽しもうとしているように見える。

結婚生活に愛は必須か

カップルの結びつきが個別的でロマンティックな愛で満たされるべきであるとするイデオロギーは若者だけのものではなくなった。欧米に見られる近年の離婚率の上昇は、第一には結婚後もずっと、ロマンティックな愛の存在しないカップルはカップルである資格がないという考え方が根底にある。フランスの哲学者であり社会史家でもあるエリザベート・バダンテールは現代のカップルがはらむ根源的矛盾について的確に述べている。すなわち、かつてのカップルは法的・経済的・宗教的なさまざまな束縛によって夫婦仲をずっとながらえさせることができた。ところが現代人はそうした束縛に従うことを拒否する。ただ長続きさせるために妥協を受け入れるよりも、完全なカップルを実現させるために何度も試みを新たに繰り返すほうが忠実な生き方である。古典時代は、結婚の土台とするにはあまりにもろい、あてにならないものと意識されていた「愛」に、現代のカップルは絶対的優先権を与えている。また個人の尊厳と自立を理想とする社会において、親密な二人による共同性の構築は矛盾を含む。というのは、「自我がこれほど強くなったことも、愛を求める心がこれほど強くなったこともないのであるから」(E・バダンテール『男は女　女は男』上村くにこ他訳、筑摩書房、一九九二年)。

このような傾向は日本でも無縁ではない。井上俊はかつて、恋愛に基づく結婚、すなわち恋愛結婚がもっとも正当で望ましい結婚形態であるとする考え方が近代にいたって一般的になった経緯を考察したが(「『恋愛結婚』の誕生」『死にがいの喪失』筑摩書房、一九七三年)、その後もますます結婚に占める恋愛結婚の割合は増加し一九八〇年以降では七割を上回っている(厚生省人口問題研究所『第九次出産力調査』一九八七年)。見合いやその他の契機による人為的・意図的な出会いの場合でも、「見合い恋愛」という言葉もあるように、その結果、個別的な愛の感情を得られた場合に結婚するのが一般的で、親や周囲の強制や期待に応えるためだけの、あるいは資産や財産を得るためだけの手段的な結婚は、存在しないというわけではないが、積極的な評価は得られにくい。

そしてこれほど「恋愛結婚」が一般的になった今日、恋愛結婚をもっとも望ましい結婚の形とみなす「恋愛結婚のイデオロギー」はさらに肥大し、結婚にいたるまでが恋愛に基づいているだけでなく、継続する結婚生活も、親密でロマンティックな愛情で満たされるべきであるという観念は日本でも徐々に支持を得てきたように思われる。夫婦の会話が重視され、夫婦に愛情がなければ離婚してもやむをえないと考える人は増加している。結婚記念日のプレゼントや「夫婦のデート」は若者たちに対するのと同じく消費の市場でマスメディアを通じて売り込まれる商品である。また、昨今ではこれまでタブーとされてきた高齢者の恋愛や性愛が人生を積極的に生きる証として奨励される傾向も見られ、ロマンティック・ラブは、青年期の通過儀礼ではなく、いまや老若男女を問わず人間にとってライフサイクルの長期にわたって有意味な価値あるものとしての位置を獲得したかのようだ。

しかし他方、日本は他の先進産業国とやや違った様相を呈しているようにも見える。たとえばアメリカでは結婚したカップルの三組に一組、西ヨーロッパ・北ヨーロッパでは六～七組に一組は離婚にいたるといわれるが、日本では近年、これまで稀であった中高年層においても離婚率が上昇したとはいえ、まだまだ比較にならないほど低い。日本では夫婦関係が冷えきっている場合でも「家庭内離婚」が選ばれることが珍しくない。日本の社会では「愛情なき結婚」は否定的に受け取られても、「愛情なき結婚生活」はまだまだ十分に生き延びている。その理由として、離婚を非とする社会規範がいまだ力をもっていること、離別後の女性の経済力のなさなど離婚を思い止まらせている要因をいくつか指摘できるだろうが、しかしそれだけではなく、異性愛や夫婦のありようの文化的規範の違いがその背景にはあるように思われる。すなわち、われわれにとって夫婦の関係はまず家族の関係であって、われわれは生活の拠点である家族がロマンティックな愛の幻想で満たされることにいまだ慣れていないように見える。このことをつぎにセクシュアリティの問題に焦点をあてながらもう少し考察してみよう。

3　愛と性のファンタジー

突出する性

セクシュアリティに関していえば、性的な表現や性の価値が積極的にアピールされたり表現されるようになったことも現代文化をめぐる一つの大きな特徴としてあげられる。街中にはヌード写真など女性の性的魅力を強調した広告や雑誌が溢れている。それらは一部の特定のポルノショップに潜んでいるのではなく、ありとあらゆる場所、機会に登場する。ポルノまがいのマンガはいまや子ども向けのものにも登場し、いわゆるアダルトビデオ業界は年ごとに成長して年間に数千本の新作ビデオが制作され全国のレンタルショップから無数に流れていく。「風俗」産業は衰えることなく、テレクラやダイヤルQ[2]など、新種が途切れることなく登場する。

しかし現代の特徴は、露骨にセックスを取り扱ったものが蔓延していることだけではない。堅い、といわれてきた銀行でさえいまでは水着姿の女性のポスターを店頭に飾り、政府機関や地方自治体の公共広告にも身体の線をあらわにした女性が起用される。また、若い女性タレントのヌード写真が全国紙の広告に大々的に掲載され、それを巡って国民的ともいえる論議が巻き起こったりもする。これらは必ずしもセクシュアルな雰囲気を強調しているわけではなく、ヌードや水着姿は「さわやか」で「健康的」な「女性の美しさ」を表現したもの、「ソフト」さを演出するため、という。その真意や潜在的な意味はどうであれ、身体もあらわに性的な魅力を強調することが、堂々と市民権を得るにいたったのだ。したがって性的魅力を積極的に表出するのはもはやタレントやモデルだけではない。ごく普通の女性たちも「ハイレグ」の水着を着て、エステティックサロンで磨きをかける。風俗産業の裏の世界から、若い女性が性的魅力を誇らしげにさらす表舞台まで、セクシュアリティはわれわれの文化の主要なアイテムとして華々しく登場している。

このような事実をもって「性の解放」の証とわれわれは考えたくなる。たしかに裸体が描かれているというだけで「猥褻」のレッテルを貼られ、浜辺で女性が水着になることさえ大問題だった時代が一世紀も前のことではないことを考えると、それがいかに人間の精神を抑圧していたかと驚きを禁じえないし、今も、ただ性毛が見えているからという理由で奇妙なぼかしを入れた映画や写真を観ると馬鹿馬鹿しい時代錯誤にみえる。しかし性表現が溢れ、セックス産業が繁盛していることが性の解放だと考えるのはやや短絡的だろう。

性のスキャンダル

われわれの文化は性の突出を許容しているようにみえるが、しかしそれは必ずしも性に関する規制や規範が全般的に緩やかであることを意味してはいない。たとえば日本では通常の会話で性を話題にしたりすることは回避されるし、パブリックな状況下で夫婦や恋人が抱擁やキスなど愛情表現をするのは今も稀なことである。このことは一般的に文化的伝統の違いとして説明されるが、しかしそのように性をオープンにしないはずの日本で、コンビニエンスストアや駅の売店で売られている普通の新聞や雑誌に煽情的なヌード写真が載り、サラリーマンが電車のなかでポルノまがいの紙面をひろげて憚らないことに欧米人たちは驚きを隠さない。

また、性の低年齢化がいわれるが、少なくとも高校生以下の青少年が性関係をもつことにはいまだ強い拒否反応が見られ、欧米のように避妊具を高校で販売するなどは考えられない。これは、身体的成熟年齢が早期化し、しかも子どもをもターゲットにした性情報が溢れていることを考えると不思議な現象である。

花盛りの恋愛の主役である若い世代ではどうだろうか。たしかに性の規範は変化している。結婚外での性関係についての意識も、三〇年前は高校生の過半数、とくに女子では四分の三が結婚前の性行動は絶対にいけないと考えていたのが、一九八〇年代には完全な少数派となり、性行動の実態を見ても七〇年代前半から七〇年代後半で性交経験率は倍増している（井上輝子他編『女性のデータブック』有斐閣、一九九一年）。

しかし一九六〇年代から七〇年代に「性革命」を経験したといわれる欧米諸国に比すと、興味深い違いが顕著にある。とうに成人に達している場合でも、未婚の娘が性関係をもっていることを親は認めたがらないし、結婚を前提とせずに、あるいは婚姻にいたる前に男女が同棲したりするケースはごく少ない。スウェーデンなどを筆頭に、欧米諸国では男女が正式な結婚をせずに同居する同棲・事実婚はごく普通のこととなり、法的な保護の対象として市民権を得るにいたっている国もある。その結果、いわゆる婚外子も珍しい存在ではない。ところが日本では同棲も婚外子もいまだスキャンダラスな雰囲気を免れない。未婚で出産したことが「公務員の信用失墜行為を禁じた地方公務員法違反」であるとして、町立幼稚園の女性教諭が処分を受けたというニュースは一九九一年一二月のことだった（福井県）。

家族と性

このような事実を考え合わせれば、われわれの社会の性の文化は、愛の場合と同様に、婚姻や家族のありように深く結びついていることがわかる。

われわれにとって家族は、長く生産と家の継続の拠点であった。「家」の集団的要請のもとで夫婦の対の性愛のファンタジーを紡ぐことには重点がおかれてこなかった。制度としての家族の構造の強さは、性愛の幻想を打ち砕く。性愛の幻想は夫婦や家族の外部に育まれることが望ましい原則ですらあった。

現代では法律や制度上の変化が夫婦中心の家族を可能にしたものの、しかし家族は今もまず子どもを育て明日の労働力を再生産するための基地である。夫婦は互いに「お父さん」「お母さん」と呼び合って、家族という生活共同体のなかで性愛のファンタジーをかきたてる努力はしないし、子どももそこに属していると考えられるかぎりは性的存在であることを許されない。同棲や未婚の母は、家族外に存在するべき性愛の世界と生活共同体たる家族の境界を侵犯するものであるゆえに排斥され、婚外子は差別を受けるのだ。

そしてそのような状況のなかで、性は生活の本拠から隔離されるべきものであるがゆえに、今度は、人間の甘受している多様な統制と拘束からの束の間の逃げ場としての位置を占めることになった。風俗産業は性欲の放出のためである以上に、拘束や規制の多い日常の人間関係からの一時的な脱出の場として機能している。「不倫」や「金妻」が流行するのは、結婚に対する反逆というよりも、そもそも婚姻の外にあることがロマンティックな熱情への期待をかきたてるのである。また近年、海外旅行や留学が身近なものになるにしたがって、外国での日本の女性の性的行動の「放埓さ」が話題になるようになり、日本のなかでも、ディスコや盛り場で外国人男性に群がって簡単にベッドに入るという若い女性の姿がしばしば週刊誌等で取り上げられる。事の真偽はさておき、こうした事柄が恰好の話題になること自体、日本社会では未婚女性の性行動に相変わらず厳しい監視の眼が向けられている証であり、もし一片の事実が含まれているとすればそれは、女性に対してかけられているそうした強い重圧と社会的拘束から逃れる水路が性に求められているということではないだろうか。

性は現代のわれわれの社会で、個人の引き受けている役割、果たさねばならない義務の網から離れる幻想を提供してくれる。われわれは必ずしも、一般に信じられているように性欲の高まりの結果として性を求めるのではなく、求めて得られないもの、望みようもないものの代償にそれを求めるのである。

参考文献

E・バダンテール『男は女　女は男』上村くにこ他訳、筑摩書房、一九九二年
M・フーコー『性の歴史I　知への意志』渡辺守章訳、新潮社、一九八六年
井上俊『死にがいの喪失』筑摩書房、一九七三年
小木新造他『日本近代思想大系23　風俗　性』岩波書店、一九九〇年
瀬川清子『若者と娘をめぐる民俗』未来社、一九七二年
E・ショーター『近代家族の形成』田中俊宏他訳、昭和堂、一九八七年
中村真一郎『色好みの構造』岩波書店、一九八五年
井上輝子他編『女性のデータブック』有斐閣、一九九一年
江原由美子他編『ジェンダーの社会学』新曜社、一九八九年
L・ストーン『家族・性・結婚の社会史』北本正章訳、勁草書房、一九九一年

●現代文化を学ぶ人のための

キーワード

アウラ⇩複製芸術

アースコンシャス

地球を意識した、という意味。社会活動において、人間が自然の一部であることを考え、環境への影響などに配慮した行為を選択する「自然志向」をあらわす。日本では一九九〇年、環境庁が発表した『環境白書　平成二年度版』がサブ・タイトルに「地球にやさしい足元からの行動に向けて」というフレーズを採用したのを契機に、エコ・グッズの売り上げが好調になるなどエコ・ブームが到来した。企業活動において環境への配慮がアピールされ、エコ・マーク表記の商品が従来品よりいくらか高くても売れる。アウトドア・ライフなどのレジャーが流行となり、アース・カラーを基調に、動植物をあしらったファッション、インテリアがもてはやされた。倫理学もこのブームのなかで「環境倫理学」というジャンルを開拓している。

（永井良和）

アメニティ

環境の快適さや便利さを指す。都市計画においては、古くは「風致」と訳されていた。最近では単に閑静で文化的集積が高いことを示すのみならず、交通やショッピング、教育や医療などの基礎的な条件整備がいきとどいていることが重視される。一九八四年から環境庁では「アメニティ・タウン」の選定と補助を行っている。もともと都市空間や住居を評価するときに使われる言葉だが、自動車などの工業製品についても用いられるようになった。

（永井良和）

一望監視施設⇩パノプティコン

癒し

現代医学の欠点を補完する、またはそれを否定しそれにとってかわろうとする医療が自らの立場を、現代医学との相違を際立たせるために現代医学の「治療」に対して「癒し」または「ヒーリング」と称する場合がある。したがって、「癒し」という言葉には共通して現代医学への批判がこめられているが、現代医学をどのようにとらえ、それと対抗する形で自らの立場をどのように呈示するかに応じて、必ずしも相互排他的ではない、多様な意味をもつ。たとえば、現代医学が患者の身体の生物学的な異常にのみ注目するのに対して、患者の精神の退行や実存的・宗教的な不安やそれらの身体的な表れの解消をめざすこと。あるいは、現代医学が患者を精神や心をもたない物質として突き放して扱うのに対して、患者の心身の苦しみへの共感を原点とするような医療をめざすこと。また、現代医学が人間をその環境から切り離し、器官や組織や細胞といった個々の部分に還元するのに対して、それらが環境との相互作用のなかで互いに影響しあってつくり出す全体性として人間をとらえる立場。さらには、現代医学が生命を固体としてとらえるのに対して、生命現象の本質をある種のエネルギーに求める立場。このように「癒し」という言葉は、今日、支配的な現代医学への批判あるいは対抗を表現する中心的な語彙として現代医学の内外で用いられている。

（黒田浩一郎）

医療化

medicalization の訳語で、個々には、それまでは医療の対象とはみなされなかった人間の状態や行動が、病気あるいはそれに類する事態とみなされ、医療の対象となる過程を指し、全体的には、こうして一九世紀から今日にかけて近代医療がその扱うべき対象を拡大していく過程をいう。この時期に医療化された人間の状態や行動としては、①妊娠・出産、閉経やボケなど老化にともなう心身の不調、死など、人生の途上で誰もがあるいは多くの人びとが通過するような事態、②成人のアルコールや薬物の逸脱的な使用、子どものあるタイプの学習障害など、逸脱行動の一部、③不眠や不安などの精神の不調、醜いとされる容貌や容姿など、日常生活で何らかの支障となるような事態の一部、がある。医療化は、個々には、医師集団あるいはその一部が他の集団や人びととの相互作用のなかで自己が独占的に管轄し貢献する領域をつくり出してゆく利害追及活動の結果とみなすことができ、全体的には、人間の状態や行動の異常や逸脱のますます多くが、医学の名のもとでの管理や統制にゆだねられ、日常生活での医学への依存やその医学によるコントロールに服していく過程とみなすことができる。

（黒田浩一郎）

インフォームド・コンセント

医療において、検査や治療の内容、予想される利益や不利益、それにかわる他の方法などについて医師が患者に十分な情報を提供した上で、患者がその検査や治療に同意をすることである。アメリカにおいて、医療においては医療者が提供するサーヴィスの内容を最終的に決定する権利は患者にあるとされ、その権利の行使を実現する手続きの一つとしてインフォームド・コンセントが位置づけられている。わが国では「説明と同意」と訳されることもあるが、生体部分肝移植など実験的な治療を試みる際に事前に患者またはその家族からインフォームド・コンセントを得る傾向にある点など、ごく一部にこうした考えの影響を見ることができる。こうした考えを、個人の自らの運命についての自律的な自己決定を医療という場で確保するものとして手放しで歓迎することはできない。この考えの背後には、自らの病気に際しても科学的知識を十分に理解した上で合理的かつ自律的に判断する責任ある主体が想定されている点、そして、こうした判断を行うことのできる主体と、乳幼児や一部の精神障害者など、合理的で自律的な主体とはみなされない存在との区別や差別を生み出す点にも注目すべきであろう。

（黒田浩一郎）

ヴァーチャル・リアリティ

コンピュータ・シミュレーションなどによって人間に与えられる偽の現実感（仮想現実感）やその技術のこと。この「偽の現実」は、従来の映像のように人間の身体の外側に客観的に与えられるものではなく、知覚への直接的な働きかけによって作られる錯覚、すなわち身体ごと本当にその現実に入り込んでいる錯覚として与えられるものである。人工現実感（artificial reality）とも呼ぶ。NASAのエイムズ研究所を中心に開発されてきた。日本でも、たとえばモデルハウスを建てる代わりにヴァーチャル・リアリティとしてつくられた「偽の住宅空間」のなかに顧客を入らせ、完成前に住み心地を体験してもらう技術などとして利用されている。

（長谷正人）

大きな物語／小さな物語

J-F・リオタールが、『ポスト・モダンの条件』（一九七九年）において提出した概念。ここで「物語」と呼ばれるものは、社会的・政治的な諸制度や「知」のあり方などを正当化する役割をもつ言説を指す。前近代社会の正当化の言説としての「神話的物語」に対して、近代社会を正当化するのが「大きな物語」、ポスト・モダン社会において望ましい正当化の言説が「小さな物語」である。「神話的物語」が社会秩序の創設という歴史の原初的行為（過去）によって現実を正当化しようとする物語であるとすると、「大きな物語」は、認識による無知からの解放（啓蒙主義的物語）や労働の社会化による疎外からの解放（マルクス主義的物語）など、未来に到達すべき理念によって現実を正当化する物語である。これに対して「小さな物語」は、このような正当化の物語が失墜し、いかなる正当化の物語も信用されない時代（ポスト・モダン）において、この正当化の不可能性それ自体を正当化するようなパラドキシカルな物語（ゲーデルの不完全性定理のような言説）であるといえよう。

（長谷正人）

おたく（おたく族・オタッキー）

アニメやマンガ、SF、パソコンやゲームなどのファンのうち、モノまたは知識をマニアックに収集蓄積し、生活時間の多くをそのために使い果たすような若者を指す。命名は中森明夫。彼らが互いを名前で呼びあわず、「おたく」と呼びかけることに由来する。一般には「自閉的で他者とのコミュニケーションが苦手で、機械やモノを相手にする」とみなされているが、彼らのコミュニケーションが同世代の人びととくらべてとりわけ「異常」であるかどうかは疑わしい。にもかかわらず、「おたく族」に対して特定のイメージがつきまとうのは、連続幼女誘拐殺人事件の容疑者が、彼らの典型的な姿だという言説が撒き散らされたからであろう。みゆき族、暴走族などのように「族」として語られることも多いが、実体ある集団として把握できるわけでもない。したがって、「大衆文化」あるいは「対抗文化」、「ユース・カルチャー」など過去の分析概念で記述することがむずかしい。

（永井良和）

下位文化⇩サブカルチャー

仮想現実感⇩ヴァーチャル・リアリティ

カルチャー・ショック⇩文化摩擦

疑似イベント

D・J・ブーアスティンの用語。ブーアスティンは、複製技術革命以来、イメージの大量生産は、われわれの想像力にも、真実らしさの観念にも決定的影響を及ぼしたとして、大衆の欲望にあわせてこうした複製技術がつくりだす「事実」のことを「疑似イベント」と呼んだ。たとえば、疑似イベント化された社会では、旅行者たちは「現実によってイメージを確かめるのではなく、イメージによって現実を確かめるために旅行する」。つまり、さまざまな旅行ガイドやテレビからの情報によって、人びとはすでに旅先についてのイメージをもっており、それをアリバイ的に確認するために旅行に出かけるのである。また、観光地のほうでも、そうしたメディアのイメージに合わせて土地の風景を変えていく。同様のことは、都市やイベント、さまざまな政治的事件などについても当てはまるであろう。

（吉見俊哉）

限界芸術

鶴見俊輔の用語。鶴見は、日本で「芸術」という言葉が知識人の占有物のごとくとらえられてきたことを批判し、このような芸術の狭い理解に代えて、一部の知識人の表現行為を「純粋芸術」、専門家によって製作され、一般の大衆によって享受されていく芸術を「大衆芸術」、日常生活のなかで、非専門的な芸術家によって創造され、非専門的な人びとによって享受されていく芸術を「限界芸術」と呼び、そうした日常の生活表現も含めた広範な表現領域を「芸術」としてとらえることを提案した。彼はまた、芸術の根源が日常の遊びにあり、限界芸術こそが純粋芸術や大衆芸術の基盤になっているのだという点を強調した。このような限界芸術には、なぞなぞや諺のようなものから、日常の身振りや表情、泣き方や笑い方、あるいはかえ歌や落書き、うわさのようなものまでが含まれる。
（吉見俊哉）

誇示的消費

T・H・ヴェブレンが『有閑階級の理論』（一八九九年）で強調したのは、人間の消費行動の背後にある社会的な力であった。人は物を、それが役に立つからではなく、他人に勝ちたかったり、仲間外れにされたくなかったりする金銭的見栄（pecuniary emulation）から購入し、消費する。ノルウェーから移民した勤勉な農家の子であった彼は、いわゆる上流階級や成金階級のこのような「無駄な浪費」が、一九世紀末のアメリカ資本主義社会のすべての階層に、しだいに拡大・定着してゆくことを非難した。大衆消費社会史の、ほんの出発点にいたヴェブレンには、やがて明らかにされてくる「記号の消費」論的視野は開かれていなかった。「誇示的消費」は、彼にはただ、近代産業システムの合理的発展を阻害する「封建時代のヨーロッパや、日本のような高度後期野蛮社会」の残滓と映ったのであった。
（池井　望）

差異化

もともとは、J・ボードリヤールが消費社会論のなかで提出した概念。消費社会における商品は、生活の必要を充足してくれる有用なモノではなく、社会的ヒエラルヒーのなかでの自分のステータスを示してくれる「記号」に他ならない。商品によって自分の社会的地位を与えられる（示す）この過程が、社会的「差異化」と呼ばれた。しかし、近年の日本ではやや異なる意味で使われている。人並みな生活をめざして画一的・均質的な消費活動を送っていた「大衆の時代」に対して、人びとが一定の生活水準に達して画一化・均質化が飽和化した結果、購入する商品の微細な差異（形態、容器、商品名など）によって人びとが互いの生活様式を「差異化」しようとする時代を「分衆の時代」とか「少衆の時代」と呼んでいる。つまり、ボードリヤールが、消費活動を通じた個人の社会的象徴秩序への組み込みを批判するために使ったこの概念を、日本では個人の多元的な消費を賞揚する概念として使っていることになる。
（長谷正人）

サウンドスケープ

「サウンド」と「―の眺め」を意味する接尾語「スケープ」（scape）との複合語で、「音の風景」を意味する。それは、音楽ばかりでなく、自然の音、人間の出す音、機械の出す音をも含む、人間をとりまくさまざまな音からなる「音の風景」である。カナダの作曲家、マリー・シェーファーが、一九六〇年代に現代社会における音環境を意識させる戦略としてこの語を用いた。彼は、その主著『世界の調律』において、サウンドスケープの社会史を綴った上で、現代では単なる騒音防止にとどまらず、積極的にサウンドスケープ・デザインしていくことが必要であると主張した。サウンドスケープは、このような運動論的文脈ばかりでなく、広く音の文化を調査・研究していく上でも重要な概念である。サウンドスケープ研究は、音源のあり方のみならず音の聴き方をも問題にするので、音と人間の関係を根本からとらえかえす契機となる。（小川博司）

サブカルチャー

ある社会に一般的にみられる行動様式や価値観を全体的な文化とすれば、その全体的文化の内部にありながら、何らかの点で独自の性質を示す部分的な文化をサブカルチャー（下位文化または副次文化）という。それは、たとえば若者の文化（ユース・カルチャー）、ホワイトカラーの文化、農民の文化、軍隊の文化、やくざ集団の文化など、特定の社会層や集団を担い手とする「文化のなかの文化」であり、ときには逸脱的な傾向を含むが、他方では全体的文化の画一化、固定化を防ぎ、文化に動態的な活力を与える働きをもつ。また、それぞれのサブカルチャーに参与する人びとに対しては、全体文化のなかでは十分に満たされない欲求を充足したり、心理的な拠り所を与えたりする役割を果たす。その意味で、サブカルチャーは全体的な文化構造を補完し、その維持存続に貢献する場合が多いが、支配的な文化に対して明確に批判的あるいは敵対的なサブカルチャーは「対抗文化」（カウンター・カルチャー）として作用し、支配的文化構造の動揺や変動を導き、新しい文化形成の契機となることがある。（井上　俊）

サブリミナル効果

商品の広告ポスターの一部にほとんど分からないように情動を喚起させる言葉や映像をまぎれ込ませることによって、見る側の意識的領域の下部にある潜在的な意識（サブリミナル）に訴える方法のことである。このような言葉や映像は人びとの意識がもつ検閲の働きを越えて直接無意識に訴えることになるため、人びとは自分でも明確に意識することなく、暗示された行動をとってしまうことになる。それはちょうど催眠術をかけられた人がめざめた後に暗示行動をとるのに似ている。一九五〇年代からこの方法は広告や宣伝、映画などの領域で使用され、商品の販売方法として注目されたが、そのあまりにも素朴なフロイト主義的な考え方のため、一時すたれてしまった。近年ブライアン・キイの一連の著作（『メディア・セックス』など）が翻訳されるにおよんで、再び人びとの興味を集めている。それはおそらくメディアの高度な発達によって、以前よりもより洗練された形態が

可能となったことと無関係ではないだろう。（亀山佳明）

ジェンダー

文化・社会的に形成された男女の性別をいう。男性と女性の違いは、生物学的なレベルでは性染色体の組み合わせの違いに基づいて身体構造や生理・生殖機能の差異としてあらわれるが、この生物学的性差＝セックス（sex）が人間の男性性・女性性すなわちジェンダー（gender）を直接に規定しているのではない。ボーヴォワールの「人は女に生まれない。女になるのだ」（『第二の性』）という言葉のように、そしてまた男性も同様に、人は生まれおちた直後から「男の子」「女の子」として扱われ、性別に応じた役割期待を受け止め成長してゆくなかで、言葉、身ぶり、心理などさまざまな面においてそれぞれの文化に固有の「男らしさ」「女らしさ」を学習し獲得していく。それは決して生得的・本能的に備わったものではないのだ。これまで「中性」、「無性」の人間像を措定して社会を分析してきた既存の学問にとって、男女のジェンダーの観点からの見直しを図ることは重要なテーマである。（牟田和恵）

自己言及性

一般的には、言葉は言語外の事物や事態に「言及」することで記号としての役割を果たしている。それに対して、「この文は日本語で書かれている」という文のように、当の文それ自体に言及している場合、これを「自己言及的な」文であるという。しかし、この概念が注目されるのは、「この括弧のなかの文は読むな」という文のように、文が文自身と矛盾してしまう自己言及性のパラドックスが生じてしまう場合である。「嘘つきのパラドックス」以来有名なこのパラドックスは、哲学史のなかでは、たとえば「対象言語」と「メタ言語」のような言語の階層性の導入によって解決されるべき問題として考えられてきた。しかし、近年のダブル・バインド論、オートポイエシス論、自己組織化論などは、自己言及性のパラドックスを形式論理学の狭い領域から解放するのみならず、その創造的側面に注目し、むしろ人間の認識や生命組織を構成する原理そのものであると主張している。なお、文学や映画などの虚構的作品が自身の虚構性に言及する場合も「自己言及的」であるといわれる。（長谷正人）

シミュラークル

J・ボードリヤールの用語。オリジナルなき複製。疑似イベント論にしても、オリジナル対コピーという議論にしても、（複製されていない）「本当の」現実と（複製された）「偽りの」現実という二分法が前提とされ、前者の視点から後者のコピーなり、疑似イベントなりが批判されることが少なくなかった。これに対してボードリヤールは、現代社会では、こうした二分法そのものが意味を失っており、社会的記号全般が、オリジナルなき複製として再生産されるようになってきていることを指摘した。このような議論の背景には、ポスト構造主義の立場からの形而上学批判がある。（吉見俊哉）

情報誌
映画やイベント、ＴＶ番組の情報を提供するもの、就職やアルバイトの情報を提供するもの、不動産物件や海外旅行の情報を提供するものなどいくつかのジャンルがあるが、それぞれの領域の情報を網羅的に集め、フォーマットにしたがって整理配列したものを掲載する雑誌。七〇年代後半以降、若い世代の生活や娯楽に欠かせない情報源となった。発行は日刊、週刊などサイクルの短いものが多い。ジャンルごとに主要数誌が競合する状況にあり、情報の専門性の高低や加工の度合いに違いが見出されるが、数年で主流誌の交代劇が起こって受け手側のニーズの変化がうかがわれる。（永井良和）

食文化
食物の摂取は、動物としての人間が生命を維持するために行う本能的活動である。しかし、人間にとっての食事が単なる本能的活動ではなく、その多様な料理法や食事作法などを見ればわかるように、あらゆる側面を社会的規範によって決定づけられた高度に「文化」的活動であることはいうまでもない。このような意味で食は「文化」である。ただ、「食文化」とわざわざ呼ぶときには、もう少し異なる意味が付加されているように思われる。つまり、伝統的な生活共同体の規範によって意味づけられていた食事の文化が崩壊した後の、「商品」＝「記号」としての食行動や食製品が「食文化」と呼ばれるのである。いまや私たちにとって、三つ星レストランに行くことも、エコロジー的な自然食品を購入することも、さらには伝統的な地方料理をつくってみることさえも（メディアを通して知るのだから）、情報の消費になってしまっているといえよう。このような意味でこそ「食」はいま「文化」なのである。（長谷正人）

人工現実感⇩ヴァーチャル・リアリティ

清潔志向
近年、一〇代から二〇代の若年層に、そして女性だけでなく男性にもみられる清潔への極端な志向が注目されている。その典型とされるのが「朝シャン」であり、その他に、毎食後の歯磨きや口臭防止剤の使用、制汗デオドラント商品の使用などがある。ここで、「極端な」というのは他の世代の標準からみてそうなのであり、また、不潔とみなされ取り除こうとされているのは、髪のよごれやふけ、口臭、体臭とくに腋臭であり、このこと自体はとりわけ異常ということはなく、通文化的に、汚れや不潔とみなされやすいものである。こうした志向に、痩身、脱毛、歯列矯正、美容整形などを加えて、自己の身体をより清潔により美しくすることへの強迫的な志向を読みとるか、需要をつくり出そうとする産業の宣伝に煽られた、一時的な流行現象とみるかは議論の分かれるところであろう。（黒田浩一郎）

聖／俗／遊

宗教的なものの考え方は世界を聖と俗という二領域に分ける。聖とは力や威厳において俗なるものを優越する領域であり、それゆえに人はそれに魅惑されるとともに畏怖する。他方、俗なるものとはわれわれが暮らす日常的な領域のことであり、そこでは功利的な原則が支配している。この二項にR・カイヨワはJ・ホイジンガの示唆を受けて遊という領域を加えた。遊は実生活の配慮からも、また聖なる領域の義務や拘束からも離れた自由な領域をあらわし、そこでは人びとは生の横溢を享受する。この三項図式は宗教的な世界だけではなく、世界それ自体をとらえる枠組でもある。とりわけ世俗化が進行した近代社会では、聖俗の二項図式よりも、この三項図式のほうが枠組としては有効である。たとえば、一九六〇年代以降の若者たちの文化が、聖への離脱よりも、遊への離脱傾向を強くもち、それによって聖（価値）や俗（実利）への批判をなしたという井上俊の若者文化論にその成果をみることができる。（亀山佳明）

対抗文化⇩サブカルチャー

脱呪術化／再呪術化

M・ウェーバーは、世界史を普遍的合理化の過程としてとらえ、それを「世界の呪術からの解放」（Entzauberung der Welt）とよんだ。しかし、この「脱呪術化」は、必ずしも宗教の衰退のことではなく、むしろ宗教自体の合理化（宗教の呪術からの解放）が進展することで、宗教が宗教として純化する過程のことでもあった。ところが、現在の日本で観察される「宗教ブーム」では、教義信条が重視される「信の宗教」よりも、邪霊や守護霊を操る霊術（呪術）を前面に押し出す「術の宗教」の活躍が注目されている。つまり、今日みられる一種の宗教復興の動きは、実はたぶんに「世界の呪術への回帰」のことなのである。ただし、この「再呪術化」の流れがはたして時代の主潮流の大転換（の予兆）を意味するものなのか、あるいは部分的で一時的な逆流にすぎないのか、それとも逆行に見えてその実本流と同じ方向をめざすただの一支流なのかは、慎重に検討を要

する問題である。（芦田徹郎）

他人指向型

D・リースマンの用語。彼は、『孤独な群衆』（一九五〇年）において、人口の初期的減退期の社会においては、外部の他者たちの期待と好みに敏感である傾向によって社会のなかでの同調性を保証されるような社会的性格がゆきわたるようになることを指摘し、こうした社会的性格を「他人指向型」と呼んだ。他人指向型の人間に内在化されているのは、行動の規範ではなく、同輩集団やマス・メディアによって発信される信号に絶えず注意を払い、ときにはそうした信号の発信に参加する能力である。リースマンは、これらの人びとの特性を、不安定な「不安」に動機づけられたレーダー装置にたとえている。彼は、このような特性をもつ人びとが、第二次大戦後のアメリカ、とりわけ大都市の中産階級の若者たちの間に数多く現れており、やがてこの消費社会的なパーソナリティがアメリカ全体のヘゲモニーをにぎることは時間の問題であると論じた。（吉見俊哉）

ダブル・バインド

他人とのコミュニケーションにおいて、二つしかない（返答の）選択肢のどちらをも選択することができなくなるような「二重拘束」状況。G・ベイトソンを代表とする研究グループが一九五六年に、精神分裂病の原因と治療に関わる概念として提唱した。たとえば「自発的に勉強しなさい」と母親に命令された子どもは、それから勉強を始めても命令に従っているだけで「自発的」ではないので叱られ、勉強を拒否したとしても命令に従っていないのでやはり叱られるため、母親に気に入られようとする限りは、どちらの態度も選択することができないだろう。なぜ選択できないかといえば、母親のこの命令が、一方では「自発的になれ」といっていながら、他方では「この命令に従え」ともいう矛盾を孕んだものになっているからである。このような、矛盾を孕んだメッセージに対する金縛り状況は、広く人間のコミュニケーションに見られるものであるため、単なる分裂病の原因論としてではなく、人間のコミュニケーションの根源的な条件の問題として論じられることが多い。（長谷正人）

超常現象

現在の自然科学でははっきりと説明できないことがらを超常現象と呼ぶ。現象そのものが科学的に確認されていない（未確定）という段階のものもあれば、確認することによって科学理論が大幅な変革を迫られるので承認されていないというニュアンスも含まれる。具体的には①テレパシー、千里眼など何らかの精神的「内容」がコミュニケーションされるもの、②念力、ポルターガイスト、物体浮揚など、精神的な影響が物質的に現象となってあらわれるものとに大別され、前者はＥＳＰ（extra-sensory perception）、後者はＰＫ（psychokinesis）と略される。ほかに、ＵＦＯやオカルト・心霊現象なども超常現象として位置づけられている。このような思考の起源は一九世紀のスピリチュアリズムに遡ることもできるが、現代の自然科学とまったく対立的なものと考えることはできない。むしろ近代自然科学が知識の最高位につく過程に随伴して登場し、同一の基盤に立っていると考えたほうが理解しやすい。（永井良和）

トランス・パーソナル心理学

人間心理を「自己」のなかに閉じ込めて分析する従来の個人主義的心理学を批判して、「自己」を超越した心的統合の経験に人間の「真の自己」をみいだし、さらにはそうした理想的な状態へと「自己」を成長させるための訓練方法を探究する新しい心理学。一九六〇年代末のカリフォルニアから広まったニューサイエンス系の心理学であり、提唱者としてはＫ・ウィルバーなどが有名。心身二元論を否定し、個と外界との境界を超えたところに得られる全宇宙との一体感を求めるなど、宗教や東洋思想との間に親近性が強い。ただし、単なる神秘的体験の賞揚ではなく、その体験を科学の土俵の上で分析する点で宗教とは異なる点が強調される。（長谷正人）

ニューサイエンス

一九六〇年代、米国を中心に先進諸国に広がった若者たちの反乱は、従来の大人たちの文化や世界知に反対して対抗文化を形成した。彼らがとなえた反科学主義の世界観はその後米国のカリフォルニアに端を発する新しい文化となって再びよみがえり、多様な領域に浸透しはじめた。この新しい思想運動は、科学の要素還元主義に基づく機械論的な世界観に対して、全体論（ホーリズム）のパラダイムを提起する。たとえば科学主義の心理学は人の行動を部分からなるものとして分析するのに対して、トランス・パーソナル心理学は、人の心を個人の内部に限定せず、世界と結びあうさまざまな関係の総体としてとらえる。また、科学の行きついた先が地球規模の環境破壊であったのに対して、全体論の考え方はエコロジーの概念を対置する。個々の生物は他の生物や環境との結びつきの内に生を得ているのであって、部分の病は全体を通していやされなくてはならないとする。この全体論の考え方はフェミニズムや医療の領域にも大きな影響を及ぼしつつある。代表的な思想家にフリッチョフ・カプラなどがあげられる。（亀山佳明）

ネットワーキング

女性解放運動、反戦反核運動、環境保護運動、消費者運動、反差別運動などさまざまな市民運動が、それぞれの団体の主体性、参加者個人の自発性を維持しながら連携し、特定の「問題」について活動をともにすること。既成の政党や運動団体の組織と活動が硬直化していくなかで、より迅速で柔軟な対応ができるメリットがある。また当面の目標を限定することによって、複数の組織が連合し多くの参加者を動員できる。このような形態が展開した背景には、通信メディアが普及し、電話やパソコン通信、ミニコミの発行などによって情報交換が簡便化されたことがある。なお、市民運動などとは直接関わりがない場合でも、複数の組織の情報網づくり、連携体制整備を指す言葉として使われることがある。（永井良和）

ノリ

もともとは能楽や義太夫で用いられる専門用語である。しかし、ロック音楽の浸透とともにポピュラー音楽の領域でもノリという語が使われるようになった。ロック音楽のコンサートの評価はノリがいいかどうかで決まってくる。さらに日常生活においても音楽の文脈を離れて、「ノリがいい」「ノリが合う」「○○といったノリ」といった具合にノリという語が頻繁に用いられるようになった。そして、今日、プロ野球のスタジアムでは、あたかもロックコンサートであるかのように観客は歌いノリまくる。いずれの場合にも、ノリという言葉には、個人を超えた集合的な意識の流れに乗るという意味合いが含まれている。今日のノリ現象には、何らかの「元気」が要請される現代消費社会への過剰適応という側面と、個を超越した新たな秩序への志向という側面（ノリ＝「法」「規」「憲」「則」「範」）の両面が含まれていると見ることができる。（小川博司）

ハイパーメディア

従来のパソコンでは、文字、映像、音声などをそれぞれ別々に処理することが普通だった。しかし、情報処理速度の高速化やメモリの大容量化などにより、パーソナル・ユースにおいてもひとつのソフトウエアでテキスト、図形、画像、音声などを関連づけながら同時に扱えるようになってきた。このような複合的情報をハイパー・メディアと呼ぶ。情報の収集や管理、検索を多次元的に実行できることで、パソコンでの知的生産は新たな段階を迎えたといわれている。（永井良和）

ハイパーリアリティ

J・ボードリヤールは、『象徴交換と死』（一九七六年）で、「あらゆるものが決定不可能になる」と書いた。現代では、あらゆる物質的生産が複製の刻印を押されており、モノはシミュラークルとなっている。モノは実体としてではなく、記号として生産されている。そこでは、オリジナルとコピーという関係は消滅し、そのことが等価性の法則を可能にする。差異がなくなり、モノは「無限のシミュラークル」となる。こうした段階では、現実と虚構の境界がきわめてあいまいになってくる。ボードリヤールは、「現実は、ハイパー・リアリズム、すなわち現実そのものを緻密なコピーにしてしまう過程で崩壊」し、「メディアからメディアへと移行するたびに、現実は蒸発して、死のアレゴリーとなる」と表現している。そして、ついには、現実そのものがハイパーリアリティと化してしまうという逆転がおこるのである。

（木股知史）

パノプティコン

英国の思想家ベンサムが考案した、円形刑務所施設の名前。panopticon の pan は「全て（汎）」を、opticon は「見ること」を意味するギリシア語。つまり、「全て」の囚人を一カ所から「見渡す場所」として中央に高い監視塔を置き、その周囲に円周上に監房を配置した、効率的監視を可能とする刑務所。一望監視施設と訳されている。このベンサムの施設案を有名にしたのは、M・フーコーの『監獄の誕生』（一九七五年）である。フーコーは、パノプティコンの監視方法を、刑務所だけでなく、学校、工場、病院、軍隊といった近代的施設のいずれをも貫いている、近代社会の権力の基本的メカニズムとしてとらえている。すなわち、パノプティコンの光学的工夫（囚人からは監視者が不可視）によって、囚人たちは実際に監視者がいなくとも「見られている」ことを意識し続けなければならないのと同様に、近代社会の人間は、監視者のまなざしを内面化することによって、自分で自分の行動を律してしまうような「主体」として形成されているというのである。

（長谷正人）

ハレ／ケ（ケガレ）

晴れ着という言葉からも分かるように、ハレとは日常とは異なった特別な日や状態を意味する。これに対してケは日常の時間・場所・状態をあらわし、日本の文化ではハレとケによって世界を分別するとともに、両者がサイクルをなして入れ換わるとしてきた。ハレの日には特別な衣服を着、赤飯や酒などの特別な食物を食べる。神社や公的な場所がしめ縄や幟・幕で飾られ、特別な空間となる。個人の人生も重要な折り目、たとえば誕生、成人、結婚、厄年には祝い事を行った。ケの世界は日々の反復を通してどうしても活力の消耗が避けられないが、ハレから特別な力を注入されることで再びよみがえる。この点においてハレはケに対抗するのであるが、ケはもう一方においてケガレとも対抗する。ハレの神聖性、清浄性に対してケガレにもケを超える力が認められるからである。死はケガレとして忌むべきものとされ、初盆や葬式を行うことで信仰の対象とされた。ハレに聖と穢の両面をみる考え方もある。

（亀山佳明）

ファジー

「あいまい」という意味。一九九〇年代初頭に、コンピューターのファジー制御を利用した家電製品が大規模な宣伝とともに数多く登場し、流行語となる。ファジー制御とは、これまでのコンピューターのように「0か1か」「ONかOFFか」という単純な二元論によって制御するのではなく、数学のファジー集合論（L・A・ザデー）を応用して、「やや0に近い」「やや1に近い」といった、より人間の日常感覚に近い「あいまい」な命令によって、状況に応じた機械制御を行うものである。たとえば、センサーで洗濯物の汚れの量や質を見極め、布の質をもファジー理論で判断し、それに適応した洗濯の仕方と時間をマイコンが制御する電気洗濯機がある。こうした制御はたしかに、より一層の機能性を製品に与えるという側面をもつが、と同時に、この機能性が奇妙な倒錯を起こしていることにも注意しなければならないだろう。なぜならファジー制御が目指しているのは、単なる道具としての使いやすさではなく、機械が人間そのものの代替（アンドロイド?）になろうとすることだからである。

（長谷正人）

フィランソロピー⇩メセナ

ヒーリング⇩癒し

フェミニズム

女性の解放と男女の平等化をめざす思想・運動。フェミニズムはまず一九世紀末から二〇世紀はじめの欧米で婦人参政権獲得運動として登場した（第一期フェミニズム）。このとき女性たちは近代的人権概念の女権への拡張を求めて、主として女性の法的・政治的権利を主張した。これに対し、アメリカの公民権運動を背景に登場したウーマン・リブを起点として展開した一九六〇年代以降の第二期フェミニズムは、男女の形式的な平等だけでなく、女性の社会参加・経済活動の自由とその保障など実質的な平等を求めて闘った。家庭内の性別役割や男女の関係を問題視し女性の性的自己決定権を主張するなど、その射程は、これまで私的とされてきた領域にも広く及んだ。また「男性並みの権利」を獲得することを超えて、これまでの男性中心の社会構造や学問・思想のありかたをラディカルに問い直す点においてフェミニズムはいまや、一つの有力な社会思想となっている。

（牟田和恵）

複製芸術

W・ベンヤミンは、『複製技術時代の芸術』（一九三六年）で、写真や映画の発明は、芸術に対する大衆の関係のあり方を変えたと考えた。たとえば、ルネサンスの絵画を例にあげてみよう。ほんものは「いま・ここに」ただ一つしかなく、「アウラ」（aura）つまり、輝きと権威をともなっている。そしてその美は、一部の人びとに「礼拝」される。それに対して、映画のように、それ自体が複製である芸術は、多くの人びとに開かれている。多田道太郎『複製芸術論』（一九七八年）は、複製芸術について、オリジナルがないゆえに万人に開かれていることと、芸術に対してメディアの果たす役割の重要性の二点を指摘している。文化の大衆化には、危険な面もあった。ベンヤミンは、ナチズムに象徴されるような、複製技術による大衆管理の危険について懸念していた。現在では、さらに複製技術が高度化し、音を合成してつくられるCDのように、オリジナルがない、複製の複製（シミュラークル）の段階に達している。（木股知史）

ブレイン・マシン

生体に安定や制御を与えるよう設定されたプログラムにしたがって、視覚や聴覚などに刺激を加え、精神的なリラックスや高揚感をえる機器。現在までのところ、マインド・ウェア、ブレイン・マインド・マシン、マインド・ツールなど、はっきりした呼称は定まっていないが、武邑光裕（『メディア・エクスタシー』一九九二年）にしたがって、本項ではこの語を掲げておく。最もポピュラーかつ有名なのは「シンクロ・エナジャイザー」で、いくつかのパターンにプログラムされた発光ダイオードの明滅と、脳波に同期させたパルス音によって、情緒の安定やトリップ感に到達することができる。他にはボディソニック（体感音響）を利用したものや、G（重力加速度）感覚をシミュレートするものなども現れている。いずれも「フィットネス・ブーム」に代表される健康産業の隆盛という背景のもとに成立したものだが、近年の脳科学の発展や、電子メディアの高度化によるヴァーチャル・リアリティなどに見られるような仮想の「リアリティ」を追求しようとする傾向と、軌を一にしている点も見逃してはならない。（岡田朋之）

文化記号論

言語を記号として探究してゆくと、言語を成り立たせている文化というシステムの問題にぶつからざるをえない。たとえば、C・S・パースの記号論（セミオティック）の「象徴」という考え方は、記号とその表象の関係に文化的コンテクストの関与を認めている。ソシュールは、言語記号の分析が文化総体の解読につながると考えて、記号学（セミオロジー）を構想した。記号と表象という関係が、ある文化の体系のなかで安定的に成立しているのではなく、文化そのものを記号の体系ととらえるのである。「人間がある出来事や実態を意味を持つ記号として知覚できるようにするシステムの研究」（R・スコールズ『記号論の楽しみ』）としての記号論の対象領域は、文化全般に拡大することができる。芸術、ファッション、都市、しぐさ、広告、性などの多彩な領域の隠された意味作用をさぐるのが文化記号論である。

（木股知史）

文化産業

複製技術によって、文化的生産物が大量につくられ、消費されるメディア環境が整ったとき、資本が文化の領域に参入してくる。資本による文化の管理を「文化産業」という言葉でとらえてみせたのが、M・ホルクハイマー、T・W・アドルノ『啓蒙の弁証法』（一九四七年）である。「今日では文化がすべてに類似性という焼印」を押し、「文化産業が提供する製品の一つ一つは、否応なしに全文化産業が当てはめようとしてきた型通りの人間を再生産する」というのだ。批判性を失った同一性の繰り返しが、文化産業のつくり出す大衆文化の本質だとされる。先進資本主義の画一的な大衆文化が、第三世界のメディアを支配し、土着の民族文化を衰弱させてしまう「文化帝国主義」の問題も、文化産業に関連している。ただ、大衆文化によって娯楽の美学的課題が問題として設定されたのであり、具体的な表現過程に踏みこむ分析も必要なのである。

（木股知史）

文化資本

フランスの社会学者P・ブルデューの用語。広い意味での文化に関する有形・無形の所有物の総体を指す。支配の構造を、経済だけでなく文化にも見ようとする考え方である。具体的な内容としては、第一に家庭・地域環境や学校教育を通して身についた知識・技能・感性・趣味など、第二に学校制度や試験によって獲得された学歴・資格など、そして第三に、所有する書物・絵画・レコードなどの文化財、である。このうち、第一と第二に関連して、学校の場で得られた文化資本が特に「学歴資本」と呼ばれる。文化資本は、たとえば音楽や絵画についての知識の程度や美的性向の違いといったものにもあらわれる。こうした文化資本がどのように獲得され継承されるかは、階級や出身階層によって異なっている。

（今津孝次郎）

文化遅滞

アメリカの社会学者W・オグバーンの用語。彼は文化を物質文化（家、工場、生産物など）と非物質文化（宗教、科学、法律、慣習など）にわけ、非物質文化のなかには、物質文化に対処して調節的な働きをする適応的文化があると考えた。そして、社会変動においては、相互依存性をもつ文化の諸部分が同じ割合で変化しないという変化速度の違いの観点から、物質文化の変化が先行し、法律や家族といった適応的文化の変化はそれよりも遅延するという命題を立てた。文化遅滞の概念は一九二〇年代にはじめて提起されたけれども、社会生活の危機と混乱をともなう現代のテクノロジー時代に、なおその新鮮さを失ってはいない。たとえば、公害や大都市の交通、住宅などの諸問題は、急速な技術革新のなかで生じた文化遅滞現象としてとらえることができる。（今津孝次郎）

文化摩擦

国際化と情報化が広がるなかで、異文化の出合いによって生じるコンフリクトのことである。たとえば、日米貿易摩擦に代表されるような経済摩擦の背後には、経済活動をめぐる慣行の違いをはじめ、一般的な国民の生活様式や基本的な価値観の違いといった文化摩擦が潜んでいるだけに深刻なギャップをもたらしている。ただし「摩擦」という表現は、互いの葛藤が激しくなって、明らかな「紛争」となるような段階にまで至っていない状態を示しているとともに、相互理解の努力によって紛争を回避しうるという期待も込められている。この文化摩擦を個人のレベルでとらえたのが「異文化ストレス」であり、そのストレスが極めて大きくなって、身体的不調や心理的不適応が生じた状態が「カルチャー・ショック」と呼ばれる。

（今津孝次郎）

ポスト・モダン

一切の装飾を排除して機能主義に徹する近代建築（モダニズム）に対抗して、装飾性を復活させ、さまざまな伝統的建築様式をコラージュ的に引用する折衷主義的建築様式をポストモダニズムと呼ぶ。しかし、建築用語としてのポストモダンは、J‐F・リオタールの『ポスト・モダンの条件』（一九七九年）によって、より広い思想的・社会的文脈にもち出されることになった。リオタールによれば、ポスト・モダンとは、モダンを支えていた「大きな物語」（人類の進歩の物語）への信頼が、ナチズムやスターリニズムへのこの物語の帰結などによって失墜させられた時代である。そしてリオタールは、この大きな物語の無効な状態のなかで、再び大きな物語を要請するべきではなく、世界を構成する多種多様で相互に異質な諸要素が、互いの異質性を保持するようにゲームを繰り広げ続けるべきだと考える。しかし一般的にはこの概念は、そのような主義主張（ポストモダニズム）としてではなく、主義主張（大きな物語）が不可能なニヒリズム的な社会状況を指すものとして使われることが多い。

（長谷正人）

ホットなメディア／クールなメディア

M・マクルーハンの用語。メディアを人間の感覚の拡張としてとらえる彼は、さまざまな情報メディアを、大きく「ホット」と「クール」に分類した。マクルーハンによれば、ホットなメディアとは、単一の感覚を高精細度で拡張するメディアであり、クールなメディアとは、全身的な感覚を低精細度で拡張するメディアである。しかも、ホットなメディアは受け手の側の参与性が低く、クールなメディアは受け手の側の参与性が高い。たとえば、ラジオはホットで電話はクール、映画はホットでテレビはクールである。ここには、メディアを流れる情報が、(1)単一の感覚に働くか、全身的な感覚に働くか、(2)高精細度か、低精細度か、(3)受け手の参与性が高いか、低いか、という三つの尺度が混同して用いられている。マクルーハンが強調したかったのは、クールなメディアとしてのテレビの可能性であった点は留意しなければならないが、それでもこうした単純な二分法には多くの問題が含まれているといえよう。

（吉見俊哉）

ポピュラー・カルチャー

ポピュラーという言葉の意味あいをどうとらえるかによって、「通俗文化」とも「民衆文化」とも訳されるが、近年では、「通俗」という否定的な価値評価を嫌って、後者の意味で用いられることが多い。とくに一九七〇年代以降、従来の「大衆文化」（マス・カルチャー）という用語にかわって、このポピュラー・カルチャーという表現が広く用いられるようになったが、それも、一つには、マスという言葉につきまとう否定的な価値評価を避けるためであった。また、マス・メディアによって媒介される文化という含意をもつマス・カルチャー概念に対し、ポピュラー・カルチャーの概念は、マス・メディアによっては媒介されない（あるいは、直接マス・メディア出現以前の）民衆的な文化や娯楽をも含む広汎な内容をカヴァーするので、近年のポピュラー・カルチャー研究は、従来のマス・カルチャー研究よりもずっと広い領域を対象とするようになり、したがってまた学際的な研究分野として発展しつつある。

（井上　俊）

ホログラフィー

光の干渉を利用して立体像を再生する技術。記録したい対象物に、物体光と参照光という二種類のレーザー光を同時に当て、このときの光の位置のズレによってできる干渉模様を特殊なフィルムやプラスチック板に記録する（これをホログラムという）。そして、撮影時と同様の参照光をこのホログラムに当てると立体感をもった画像が再生される。ホログラフィーが画期的であるのは、単に、三次元映像の再生を可能にするからではない。従来の写真や映画のように、フィルムに定着された像をそのまま光学的に再生するのではなく、被写体の像とは似ても似つかぬ「情報」がフィルムに定着され、その「情報」から映像が再現されるという全く異なるメカニズムによってホログラフィーは成り立っているからである。したがって、ホログラフィーをモデルにした世界観を唱えるニューサイエンス系の思想家もいる。（長谷正人）

マインド・ウェア⇩ブレイン・マシン

マルチメディア

主にパソコンで、文字情報や数値情報とともに、音声、動画像なども一つの端末で統合的に処理、保存、送受信する技術をさす。以上の定義にかぎっていえば、「ハイパーメディア」とほぼ同義であり、今のところは一定のマニュアル的知識と慣れが要求される高度情報機器の普及に向けてすすめられている傾向が強い。ただし今後の展開としては、CD―I（対話型CD）や光磁気ディスク、ISDN（ディジタル統合サービス網）といった高度な伝達媒体の展開によって、電話やテレビ＝ビデオ、オーディオなどにとって代わるオール・イン・ワンのコミュニケーション・メディアとなるべく期待されている。また、携帯電話や小型液晶テレビのような携帯メディア、ヴァーチャル・リアリティなどのマン・マシン・インターフェイスの技術革新などと結びつくことで、将来的には全く新しいメディア体験に基づく感覚の変容をもたらす可能性を秘めている点も重要といえよう。（岡田朋之）

メセナ

メセナ（mécénat）とは、古代ローマの大臣で大金持ちの文芸パトロン、マエケナスに由来するフランス語で、国家や企業による芸術文化の擁護（庇護）を意味する。歴史的には、芸術の庇護者は王侯貴族から、大商人、市民へと移り、二〇世紀には国家や企業が実質的な援助をするようになった。メセナは、パトロネージの現代的な形態である。日本では一九九〇年、日本企業メセナ協議会が発足、また国が企業からの寄付金も求めて芸術文化振興基金を設立し、本格的なメセナ活動の体制が整えられた。日本では、メセナは企業によるものを指すことが多い。企業のメセナ活動には、財団をつくっての文化支援や冠公演などさまざまな形態があるが、単なる広報活動を超えて、いかに持続的に実のある支援ができるかが問われている。同時に、社会問題解決のための、個人や企業による自発的な活動を意味するフィランソロピーにも関心が寄せられ、社員のボランティア活動を有給扱いにする企業も出てきている。（小川博司）

物語マーケティング（物語消費）

大塚英志によれば、子どもたちを過激なまでの消費行動にかり立てた「ビックリマン・チョコレート」の成功は、インド叙事詩「マハーバーラタ」にも匹敵する巨大な神話物語にあるという。ビックリマンシールの種類（その一枚一枚が登場人物になっている）は百種類をゆうに超えている。子どもたちが欲しいのは、チョコレートでないことはもちろん、シール自体でもない。オマケのシールが増えるたびに、しだいに明らかになっていく物語の姿である。「物語」はアニメやコミック、玩具の背景にあるだけではない。レコード会社の筋書通りに「普通の女の子」がアイドルとして選ばれ、ヒットチャートの連続トップに立つ。レコードを買うファンたちは、彼女の歌を買うのでなく、この「物語ゲームへの参加権」を買っている。ここでも消費されるのは物でなく、プログラム化された場面（シーン）、ボードリヤールのいうシミュレーションである。しかもファンたちは買うことによって、この物語の展開を積極的に左右できる。

（池井　望）

ユース・カルチャー⇩サブカルチャー

リゾーム

ドゥルーズ＝ガタリによって提出された概念。ただしこの概念は、あらゆる統合化作用を拒むような意味を担っており、辞書的な定義を与えるのに最もふさわしくない概念だというべきであろう。リゾームについて本当に知りたい者は、彼らの著書（豊崎光一訳『リゾーム』朝日出版社）自体を読んで、彼らの思考や記述のスタイルと共にこの概念を「体得」すべきである。それを怠って理解した気でいると、必ずや誤用してしまう概念であることにくれぐれも注意されたい。こうした注意を促したうえで解説すると、リゾーム（rhizome）とは、もともとは植物の「根茎」のこと、すなわち地中を横へ横へと無方向的、多方向的に伸びていって個体を形成しないような茎（シダ類、タケ類等）のことである。ドゥルーズ＝ガタリはこれを、西洋の伝統的な形而上学の比喩としての「樹木」や「側根」と対比しながら、全く新しい思考様式、実践様式の比喩として提示している。つまり、リゾームとは、単一の原点から枝分かれしていくような統一的階層をもった樹木とも、一見、原点も階層ももたないようで実は「多数性」というまとまりをもつ側根とも異なり、このような統一性をもたないように絶えざる差異化と階層間の横断的結合によって生成変化を続ける錯綜した網状組織のことである。なお、さらに注意を促すが、西洋のような樹木的階層による支配が発達せず、むしろリゾームに近い自然生成的秩序形成を原理とする権力をもつ日本において、安易にこの概念を使用すべきではないだろう。

（長谷正人）

亀山佳明（かめやま・よしあき）

1947年，岡山県に生まれる。1978年，京都大学大学院教育学研究科博士課程単位取得退学。現在，龍谷大学社会学部教授。コミュニケーション論，教育社会学専攻。
『子どもの嘘と秘密』（筑摩書房），『スポーツの社会学』（編著，世界思想社），「生成する身体」（『ソシオロジ』36巻1号）など。

黒田浩一郎（くろだ・こういちろう）

1957年，福岡県に生まれる。1986年，京都大学大学院文学研究科博士課程学修退学。現在，神戸女学院大学総合文化学科教授。医療社会学専攻。
「臨死患者の看護」（『ライフサイエンス』18巻2号），「情報の観点からみた現代医療」（『思想』817号），「わが国における戦後の死亡場所の変化」（『神戸女学院大学論集』39巻3号），『現代医療の社会学』（編著，世界思想社）など。

牟田和恵（むた・かずえ）

1956年，福岡県に生まれる。1987年，京都大学大学院文学研究科博士課程中退。現在，甲南女子大学文学部助教授。歴史社会学，家族社会学専攻。
「戦略としての女――明治・大正の『女の言説』を巡って」（『思想』812号），「日本近代化と家族――明治期『家族国家観』再考」（『「近代日本」の歴史社会学』所収，木鐸社），「家族の社会史から家族社会学へ」（『家族社会学研究』 3号）など。

〈見開きエッセイ〉

富永茂樹（とみなが・しげき）　京都大学人文科学研究所助教授。
井上章一（いのうえ・しょういち）　国際日本文化研究センター助教授。
竹内　洋（たけうち・よう）　京都大学教育学部教授。
大村英昭（おおむら・えいしょう）　大阪大学人間科学部教授。

執筆者紹介

永井良和（ながい・よしかず）
1960年，兵庫県に生まれる。1988年，京都大学大学院文学研究科博士課程学修退学。現在，関西大学社会学部助教授。都市社会学，大衆文化論専攻。
『社交ダンスと日本人』（晶文社），『にっぽんダンス物語』（リブロポート），『子どもというレトリック』（共編著，青弓社）など。

小川博司（おがわ・ひろし）
1952年，東京都に生まれる。1979年，東京大学大学院社会学研究科修士課程修了。現在，桃山学院大学社会学部教授。コミュニケーション論，音楽社会学専攻。
『消費社会の広告と音楽』（共著，有斐閣），『波の記譜法――環境音楽とはなにか』（共編著，時事通信社），『音楽する社会』（勁草書房）など。

芦田徹郎（あしだ・てつろう）
1946年，兵庫県に生まれる。1981年，京都大学大学院文学研究科博士課程学修退学。現在，甲南女子大学文学部教授。宗教社会学専攻。
「祭り-宗教ブーム――心の時代のアイロニー」（宗教社会学研究会編『いま宗教をどうとらえるか』海鳴社），「祭りと現代社会・序説」（『熊本大学教養部研究紀要人文・社会科学編』25号），「『ボシタ』を滅ボシタ？――祭りの罪と社会学の責め」（『ソシオロジ』37巻3号）など。

岡田朋之（おかだ・ともゆき）
1965年，大阪府に生まれる。1994年，大阪大学大学院人間科学研究科博士課程単位取得退学。現在，関西大学総合情報学部助手。メディア論，文化社会学専攻。
「電話コミュニケーションの展開と日常空間」（『大阪大学・年報人間科学』13号），『鉛筆と人間』（共訳，晶文社）など。

高田公理（たかだ・まさとし）
1944年，京都府に生まれる。1968年，京都大学理学部卒業。現在，武庫川女子大学教授。観光社会学，比較文明学，都市文化論専攻。
『情報快楽都市――街を生かす空間美学』（学芸出版社），『自動車と人間の百年史』（新潮社），『酒場の社会学』（PHP研究所）など。

河原和枝（かわはら・かずえ）
1952年，三重県に生まれる。1992年，大阪大学大学院人間科学研究科博士課程中退。現在，武庫川女子大学講師。文化社会学，社会意識論専攻。
「近代日本における〈子ども〉のイメージ」（『ソシオロジ』35巻3号），「『赤い鳥』の子どもたち」（『大阪大学・年報人間科学』12号），「童心の時代」（『ソシオロジ』36巻3号），「「フィットネス」現象への視点」（『スポーツ社会学研究』3巻）など。

執筆者紹介（執筆順）

井上　俊（いのうえ・しゅん）
後掲（奥付）の「編者紹介」を参照。

吉見俊哉（よしみ・しゅんや）
1957年，東京都に生まれる。1987年，東京大学大学院社会学研究科博士課程修了。現在，東京大学社会情報研究所助教授。都市論，文化社会学専攻。
『都市のドラマトゥルギー』（弘文堂），『博覧会の政治学』（中央公論社），『メディアとしての電話』（共著，弘文堂）など。

池井　望（いけい・のぞむ）
1923年，（旧）台湾・台北市に生まれる。1947年，京都大学大学院文学研究科（旧制）中退。現在，大阪学院大学教授。哲学的人間学専攻。
『現代文化論』（法律文化社），『盆栽の社会学』（世界思想社）など。

今津孝次郎（いまづ・こうじろう）
1946年，徳島県に生まれる。1974年，京都大学大学院教育学研究科博士課程単位取得退学。現在，名古屋大学教育学部教授。教育社会学専攻。
『新版　生涯教育の窓』（第一法規出版），『エスニシティの社会学』（共編著，世界思想社）など。

長谷正人（はせ・まさと）
1959年，千葉県に生まれる。1988年，大阪大学大学院人間科学研究科博士課程中退。現在，千葉大学文学部助教授。理論社会学，映像文化論専攻。
『悪循環の現象学』（ハーベスト社），「ダブル・バインドへのシステム論的アプローチ」（『社会学評論』40巻3号），「視姦された映画とマゾヒズムのまなざし」（『イマーゴ』1992年11月号）など。

木股知史（きまた・さとし）
1951年，兵庫県に生まれる。1982年，立命館大学大学院文学研究科博士課程単位取得退学。現在，甲南大学文学部教授。日本近代文学専攻。
『＜イメージ＞の近代日本文学誌』（双文社出版），『イメージの図像学』（白地社），『読むための理論』（共著，世織書房），『子どもというレトリック』（共著，青弓社）など。

編者紹介

1938年　宮城県に生まれる
1963年　京都大学文学部（社会学専攻）卒業
1967年　京都大学大学院文学研究科博士課程中退
現　在　大阪大学人間科学部教授
著　書　『死にがいの喪失』（筑摩書房）
『遊びの社会学』（世界思想社）
『悪夢の選択―文明の社会学』（筑摩書房）など。
編　著　『うその社会心理』（共編，有斐閣）
『地域文化の社会学』（世界思想社）
『命題コレクション社会学』（共編，筑摩書房）
『風俗の社会学』（世界思想社）など。
訳　書　D.プラース『日本人の生き方』（共訳，岩波書店）
R.コリンズ『脱常識の社会学』（共訳，岩波書店）など。

現代文化を学ぶ人のために

定価 1,950円（本体1,893円・税57円）

1993年3月20日　初版発行
1993年7月10日　2版発行
1995年6月20日　3版発行

編　者　井《いの》上《うえ》　俊《しゅん》
発行者　高島国男

世界思想社
京都市左京区岩倉東五田町77　〒606
電話 075(721)6506〜7
振替 01000-6-2908

（共同印刷工業・藤沢製本）

ISBN4-7907-0452-1